2-50

Nosotros MORIMOS SOLOS

DAVID HOWARTH

Nosotros MORIMOS SOLOS

DAVID HOWARTH

Introducción

Andy McNab

Traducción

Clara Ministral

Capitán Swing

Título original:
We Die Alone: A WWII Epic of Escape and Endurance (1955)

Corrección ortotipográfica:
Victoria Parra Ortiz

ISBN: 978-84-948710-0-9
Depósito Legal: M-13302-2018
Código BIC: FV

Impreso en España / *Printed in Spain*
Artes Gráficas Cofás, Móstoles (Madrid)

Índice

INTRODUCCIÓN

Aprendí acerca de la resistencia noruega durante mi formación militar, pero sus audaces intentos de sabotear la ocupación nazi habían sido una fuente de inspiración desde mi infancia. Veía *Los héroes de Telemark*, con Kirk Douglas, cada vez que la ponían en la televisión y, pese a la pátina de glamur hollywoodiense, me impresionaba la crudeza del paisaje y me conmovía el increíble valor con el que aquellos hombres y mujeres se enfrentaron a los alemanes. Fue esa admiración profesada durante tanto tiempo lo que me llevó a visitar el Museo de la Resistencia de Oslo el año pasado y lo que, cuando me pidieron que escribiera un prólogo para este libro, me hizo aceptar encantado.

Nosotros morimos solos es la historia de la capacidad de un hombre para soportar las peores experiencias que uno pueda imaginarse y salir con vida. Jan Baalsrud, un soldado expatriado de la resistencia noruega, se ve en una situación complicada nada más comenzar su misión. Viaja en barco desde las islas Shetland (Escocia) hasta el extremo septentrional de Noruega con otros tres compatriotas. Su objetivo: formar a los habitantes de la zona en el arte del sabotaje y recabar información secreta sobre los movimientos navales de Alemania. Sin embargo, como ocurre con tantas operaciones (incluida la mía en la guerra del Golfo), y a pesar de la minuciosa preparación, el «gran plan» se va al garete en cuanto llegan a tierra. Los delatan a los nazis, sus tres compañeros mueren y solo Jan sobrevive.

Su misión se convierte entonces en una de las historias de fugitivos más extraordinarias que el lector encontrará jamás. Con los pies en estado de congelación y ciego a causa de la nieve, huye hacia la neutral Suecia con más de cincuenta soldados alemanes pisándole los talones. A temperaturas bajo cero, soporta penalidades físicas y un suplicio mental a los que no se esperaría que sobreviviese nadie.

Como parte de nuestro entrenamiento en el 22.º Regimiento del Servicio Aéreo Especial, asistimos a charlas de antiguos prisioneros de guerra para aprender de sus experiencias. Recuerdo haber escuchado a un piloto de aviones Phantom norteamericano que fue derribado en territorio enemigo en Vietnam y pasó seis años encarcelado. Le habían tenido incomunicado en una celda de 1,8 × 1,2 metros y sometido a torturas sistemáticas. Le habían roto los principales huesos del cuerpo. Cuando me capturaron durante la guerra del Golfo, me serví de la experiencia de aquel piloto. Si él había sobrevivido a aquel trato, yo también podría hacerlo.

Si hubiera conocido la historia de Jan cuando fui encarcelado y torturado en Bagdad, no me cabe ninguna duda de que habría sido una fuente de inspiración parecida. Recomiendo el libro no solo a quienes se dediquen al estudio de los conflictos bélicos modernos, sino a cualquier persona interesada en la capacidad de resistencia del espíritu humano. Nos muestra claramente lo que hace falta para sobrevivir, pero, lo que es más importante, nos enseña que el ánimo necesario para la supervivencia se encuentra dentro de todos nosotros.

Hay tres elementos que a todos los soldados les inculcan hasta la saciedad durante su carrera militar: formación, experiencia y conocimientos. Fueron estas tres cosas las que contribuyeron a salvar a Jan. Cuando tenía los pies tan congelados que apenas podía caminar, cuando la nieve le había dejado ciego y su mente estaba tan agotada que no podía pensar con claridad, fueron otras cosas las que entraron en funcionamiento. Se había formado durante mucho tiempo para esa clase de operación, tenía años de experiencia a sus espaldas y contaba con los conocimientos necesarios para ser capaz de sobrevivir en esas condiciones.

Además, Jan tenía una cosa más: estaba absolutamente empeñado en no morir. Es ese empeño en no rendirse, en no permitirse a sí mismo hundirse en la desesperación, en mantener el equilibrio mental incluso cuando el cuerpo le falló, lo que me hace profesarle la máxima admiración.

Pero esta no es la historia de un único hombre. También es la historia de la extraordinaria valentía de los habitantes de esa remota región de Noruega, hombres y mujeres corrientes que estuvieron dispuestos a arriesgar sus vidas y las de sus familias por un absoluto desconocido. Es impresionante que tanta gente estuviera dispuesta a ayudar como pudiera, sin tener en cuenta las consecuencias, incluso cuando sabían que Jan no tenía prácticamente ninguna posibilidad de sobrevivir. Quizá aquello les dio una oportunidad única de contraatacar, de llevar a cabo un acto de atroz rebeldía contra los nazis que los ayudaría a sobrevivir también a ellos. En última instancia, fue sin duda el coraje y la perseverancia de estas personas lo que hizo posible la huida de Jan.

Nosotros morimos solos es un libro excepcional. Si tuviera que volver a participar en una operación, escogería a un Jan Baalsrud para que viniera conmigo sin pensármelo dos veces. Y si, cuando las cosas se pusieran difíciles, pudiera contar con la clase de ayuda y auxilio que recibió él, me consideraría un hombre afortunado.

ANDY MCNAB

Nota del autor

Los componentes esenciales de esta historia llegaron a mis oídos durante la guerra, poco después de que se produjeran los hechos, y los mencioné brevemente en mi libro *The Shetland Bus*. Todo lo que sabía por aquel entonces sobre esta historia procedía de un informe redactado en un hospital sueco por un hombre llamado Jan Baalsrud. Era un relato muy gráfico, pero Baalsrud estaba muy enfermo cuando lo escribió y muchos datos habían sido omitidos. Se podía apreciar que la historia tenía mucha más miga, detalles que Baalsrud había olvidado y otros que, a pesar de haber sido su protagonista, nunca había llegado a conocer. Sin embargo, no fue hasta diez años más tarde cuando tuve la oportunidad de hablar con él de todo ello y de convencerle de que viniera conmigo a la región más septentrional de Noruega, donde habían tenido lugar los hechos, para intentar averiguar toda la verdad sobre lo ocurrido.

Ahora que la he averiguado y la he puesto por escrito, tengo miedo de que se me acuse de exagerar. Algunas partes de la historia resultan difíciles de creer, pero he visto casi todos los lugares que aparecen en este libro y conocido a casi todas las personas que en él se mencionan. Ninguna de estas personas conocía la historia completa, pero cada una de ellas conservaba un vívido recuerdo de su propio papel en ella. Cada uno de sus relatos individuales encajaba en el conjunto y, además, confirmaba los recuerdos del propio Baalsrud. Algunos hechos accesorios son el resultado de la deducción, pero nunca de la invención. En alguna que otra ocasión he alterado un nombre o un detalle sin importancia para evitar ofender a alguien, pero, por lo demás, tengo el convencimiento de que este relato es verídico.

Nosotros MORIMOS SOLOS

«On mourra seul»

PASCAL
(1623-1662)

01

Recalada

En la costa ártica del norte de Noruega, ni siquiera a finales de marzo hay indicio alguno de la llegada de la primavera. Para entonces, la noche polar invernal ha llegado a su fin. En torno al solsticio de invierno, ha sido de noche durante las veinticuatro horas del día; cuando llegue el solsticio de verano, lucirá el sol durante toda la noche. Entre medias, en el equinoccio de primavera, los días se alargan a tal velocidad que se puede apreciar cómo cada uno tiene mayor duración que el anterior. Pero todo el terreno sigue cubierto de gruesas capas de hielo y nieve que llegan hasta la orilla del mar. No hay verdor alguno: ni flores, ni hierba, ni brotes en los raquíticos árboles. En esta época del año a veces hay días despejados, y entonces la costa resplandece con un fulgor deslumbrante a la luz del sol, pero lo normal es que esté azotada por fuertes vientos y oculta por la niebla congelada y la nieve acumulada.

Fue en esa costa, el 29 de marzo de 1943, donde verdaderamente comenzó esta historia. Ese día, un barco pesquero avistó tierra en ese lugar, a seis días de las islas Shetland, con doce hombres a bordo. Su llegada en el tercer año de la guerra a aquellas lejanas aguas enemigas, visibles desde un territorio ocupado por los alemanes, fue el resultado de mucha deliberación y de minuciosos preparativos. Un día después de la llegada, sin embargo, todos los planes que se habían trazado saltaron por los aires, y todo lo que sucedió después —las tragedias, las aventuras, los sacrificios y también el triunfo último— fue tan solo una cuestión de azar y no el resultado de ningún plan, sino simplemente de la suerte, tanto buena como mala, así como del valor y la lealtad.

Ese día en concreto lucía el sol y los doce hombres contemplaron el amanecer con entusiasmo. Llegar a tierra después de una travesía arriesgada siempre es emocionante, más aún cuando el barco se aproxima a la costa de noche, ya que al despuntar el día uno se encuentra con ella ya bien cerca. Aquella recalada suponía una emoción añadida para estos hombres, ya que todos eran noruegos y la mayoría estaban a punto de ver su país por primera vez desde que la invasión alemana los había obligado a abandonarlo, casi tres años antes. Por encima de todo, sentían la enorme emoción de estar jugando a un juego peligroso. Ocho de los doce eran los tripulantes del pesquero. Habían pilotado la embarcación sin ningún percance a través de más de mil quinientos kilómetros de océano considerados tierra de nadie y tenían que regresar una vez que dejaran en tierra a sus pasajeros y su cargamento. Los otros cuatro eran soldados entrenados para la guerra de guerrillas. Su viaje tenía dos objetivos, uno de tipo general y otro más concreto. Su objetivo general era instalarse en la costa y pasar el verano formando a los habitantes de la zona en el arte del sabotaje; su plan específico era atacar una gran base aérea alemana, llamada Bardufoss, en otoño. En la bodega del barco llevaban ocho toneladas de explosivos, armamento, comida y equipos para la supervivencia en el Ártico, así como tres radiotransmisores.

Mientras despuntaba el alba, se sintieron como se sentiría quizá un jugador que hubiera apostado toda su fortuna a un sistema en el que confiaba, con la salvedad de que ellos se estaban jugando sus propias vidas, lo que añade aún más emoción a cualquier apuesta. Confiaban en que a bordo de un pesquero noruego podrían burlar las defensas costeras alemanas y en que, a pesar del clima ártico y de la ocupación, con sus planes y sus equipos podrían vivir en aquella tierra estéril, y de aquella confianza dependían sus vidas. Si estaban equivocados, nadie podría protegerlos. La ayuda de Inglaterra no podría llegar tan lejos. Hasta entonces todo había ido bien; por el momento no había ningún indicio de que los alemanes tuvieran alguna sospecha. Pero las resplandecientes montañas que avistaron al sur, tan hermosas y serenas bajo aquella luz matutina, estaban preñadas de amenazas. Entre ellas se encontraba apostada la vigilancia costera alemana, que con el avance del amanecer enseguida avistaría la embarcación, solitaria en el centelleante mar. Aquella mañana se pondría a prueba la primera teoría y esa noche o la siguiente llegaría el momento álgido de la travesía para el barco y para sus ocupantes: el desembarco secreto.

En esa época, en 1943, aquella costa remota y apenas habitada gozaba de una enorme importancia en el ámbito internacional, que había adquirido de manera forzosa y repentina. Normalmente, en tiempos de paz, no existe lugar más tranquilo que el extremo septentrional de Noruega. Todos los veranos, durante dos meses, disfruta de una temporada turística, cuando los extranjeros acuden a ver las montañas, a los lapones y el sol de medianoche. Durante los otros diez meses del año, sin embargo, los humildes habitantes de la zona se ganan la vida a duras penas mediante la pesca y el trabajo en pequeñas granjas situadas a la orilla del mar. Están prácticamente aislados del mundo exterior, por el mar a un lado y por la frontera sueca al otro, por el mal tiempo y la oscuridad y por la enorme distancia que tienen que recorrer para llegar a la capital de su propio país o a cualquier otro núcleo de civilización. Su vida es dura pero plácida, pues no viven acuciados por muchas de las preocupaciones que afectan a los habitantes de las ciudades o de zonas rurales más pobladas. Apenas prestan atención al paso del tiempo.

Cuando los alemanes invadieron Noruega en 1940, sin embargo, los miles de kilómetros de costa atlántica que cayeron en sus manos fueron su mayor logro estratégico, y, cuando Rusia entró en la guerra, el extremo septentrional de la costa cobró aún más importancia y adquirió todavía más valor para Alemania. Los convoyes aliados con rumbo a los puertos árticos rusos, Arcángel y Múrmansk, tenían que pasar por la estrecha franja de mar abierto situada entre el norte de Noruega y la banquisa ártica, y era desde territorio noruego desde donde los alemanes los atacaban con un éxito que en ocasiones había sido apabullante. Bardufoss era la base desde la que efectuaban sus ataques aéreos y sus operaciones de reconocimiento, y la propia costa daba cobijo a sus submarinos y proporcionaba una vía de paso segura desde los puertos alemanes hasta el océano Ártico.

En cuanto los alemanes se instalaron en la costa norte, su posición se volvió impenetrable. Ese tramo de costa se encontraba a más de mil quinientos kilómetros de la base aliada más cercana y su geografía no podría haber sido más propicia para las labores de defensa. Quedaba protegido del mar por un cordón de islas de treinta kilómetros de ancho, entre las cuales un sinfín de senos permitía el desplazamiento seguro por mar de las fuerzas defensivas. La costa en sí está atravesada por una serie de enormes fiordos, entre los que se alzan montañosas lenguas de tierra. Más allá de las cabeceras de los fiordos hay un altiplano, deshabitado, prácticamente inexplorado y cubierto de nieve durante nueve meses al año, entre cuyas desiertas colinas y señalada con algún que otro mojón está la frontera con Suecia, por aquel entonces un Estado neutral completamente rodeado por países ocupados por Alemania. Atacar a los alemanes en las regiones árticas de Noruega mediante un dispositivo militar normal era del todo imposible. Cada isla y cada fiordo podían convertirse en una fortaleza, y, si en algún momento los alemanes se hubieran visto en apuros en la zona, podrían haber reforzado su posición ocupando Suecia, lo que no habría convenido a los aliados.

En estas circunstancias, la importancia potencial de la travesía que había llegado a su fin aquella mañana de marzo no guardaba ninguna proporción con el tamaño de la expedición. En Londres se tenían depositadas grandes esperanzas en el resultado. Solo iban a desembarcar cuatro hombres, pero, con un poco de suerte, serían capaces de inutilizar la base aérea de Bardufoss el tiempo suficiente para que pudiera pasar un convoy sin ser descubierto. Asimismo, el momento era propicio para entrenar a los habitantes de la zona. La gran mayoría de los noruegos de aquella región habrían emprendido acciones contra los alemanes con mucho gusto, y lo habrían hecho mucho antes si hubieran tenido armamento e instrucciones sobre cómo proceder. Una vez que comenzaran los entrenamientos, el movimiento crecería como una bola de nieve.

La única razón por la que no se había hecho nada parecido en Noruega hasta entonces era la enorme dificultad para llegar hasta allí. Por las montañas, a través de la frontera con Suecia, podían entrar grupos reducidos esquiando, y así era como se había introducido un radiotransmisor que se había instalado en la ciudad de Tromsø. Pero un equipo de sabotaje era demasiado voluminoso y pesado para transportarlo por la montaña o para pasarlo de contrabando sin que lo interceptaran los suecos. La única forma de transportarlo era por mar.

Para entonces, un gran número de barcos pesqueros con armamento escondido a bordo habían llegado al sur de Noruega procedentes de una base situada en las islas Shetland, por lo que el movimiento de resistencia en el sur estaba bien abastecido y prosperaba. Sin embargo, hasta entonces ninguno de esos barcos había emprendido un viaje tan largo y peligroso como la travesía al norte de Noruega. La embarcación que acababa de lograrlo había partido de la misma base escocesa. Se llamaba *Brattholm*. Tenía veintitrés metros de eslora y un motor de un solo cilindro que le permitía alcanzar una velocidad de ocho nudos. Su aspecto se había preservado cuidadosamente para que fuera como el de cualquier barco pesquero noruego y tenía un número de matrícula falso pintado en la proa, pero llevaba siete ametralladoras con soportes escondidas en la cubierta y cada uno de sus ocupantes tenía su propia ametralladora guardada en algún lugar al que pudiera acceder a toda prisa.

La fecha de partida de las islas Shetland que se había escogido, la tercera semana de marzo, había sido un acuerdo que no resultaba del todo satisfactorio para nadie. El patrón y la tripulación del barco tuvieron que decidir entre navegar en pleno invierno, cuando contarían con la protección de la noche polar, pero también tendrían que capear las tormentas árticas, o realizar la travesía a finales de la primavera o principios del otoño, cuando seguramente el clima sería más moderado, pero las defensas alemanas, en especial las patrullas aéreas, contarían con la ventaja de la luz del día. Atendiendo a todos los factores, desde el punto de vista del patrón habría sido mejor zarpar antes de marzo, ya que su barco habría podido hacer frente a todo tipo de condiciones meteorológicas. Pero también había que tener en cuenta a sus pasajeros: si hubieran desembarcado en lo más crudo del invierno, quizá no habrían podido mantenerse con vida una vez en tierra.

En cualquier caso, la decisión de viajar en marzo quedó justificada por el éxito de la travesía. El tiempo los había acompañado. Al ir avanzando lentamente día tras día rumbo al norte, habían tenido la sensación de que el pequeño barco llamaba mucho la atención, pero solo habían sido avistados una vez, a unos quinientos kilómetros de la costa, por un avión alemán que probablemente estaba realizando un vuelo de reconocimiento meteorológico y no tenía demasiado interés en un pesquero apartado de su rumbo. Se había limitado a dar una vuelta a su alrededor antes de alejarse.

Por lo tanto, pasara lo que pasase cuando los avistaran desde la costa, al menos parecía que las defensas costeras no podían haber recibido ningún aviso sobre su presencia allí y no tendrían motivos para sospechar que la modesta embarcación que tenían delante había recorrido más de mil quinientos kilómetros a través del Atlántico. Sin embargo, aún estaba por ver si la inocente apariencia del *Brattholm* engañaría a la vigilancia costera. Aunque más al sur había funcionado muchas veces, en un nuevo tramo de costa siempre existía el riesgo de infringir alguna normativa pesquera local y descubrir el pastel. Ni los tripulantes ni los pasajeros podían afirmar con seguridad que no estuvieran fingiendo pescar en medio de un campo de minas, un campo de tiro o alguna otra zona prohibida, ya que antes de salir de las Shetland nadie había sido capaz de proporcionarles la ubicación exacta de esa clase de defensas.

En el tenso momento del amanecer, los cuatro pasajeros se encontraban en la cubierta. Las guerras a menudo unen a personas de muy distinto carácter y, tratándose de cuatro noruegos, las trayectorias y experiencias de aquellos hombres no podrían haber sido más diferentes. El jefe de la expedición era un hombre de unos cuarenta y cinco años llamado Sigurd Eskeland. Había emigrado a Sudamérica de joven y había pasado la mayor parte de su vida adulta al frente de una granja de peletería en una zona remota de Argentina. El día que escuchó en la radio que Noruega había sido invadida, se subió a su caballo, dejó la granja a cargo de su socio y cabalgó hasta la población más cercana para enviar un telegrama y ofrecerse como voluntario para el Ejército del Aire. Las fuerzas aéreas le rechazaron por su edad, pero consiguió llegar hasta Inglaterra y alistarse en el Ejército de Tierra. Después de entrar en los Comandos, fue trasladado a la Compañía Linge, el nombre de la unidad militar que entrenaba a agentes secretos y saboteadores para desembarcar en la Noruega ocupada. Años atrás, antes de marcharse al extranjero, había sido inspector de correos en el norte de Noruega, por lo que aún recordaba algunos detalles de la zona que le habían asignado.

Los otros tres eran mucho más jóvenes. Había un radiotelegrafista llamado Salvesen, miembro de una conocida familia de navieros. Era primer oficial de la marina mercante cuando Noruega entró en la guerra, pero al cabo de un tiempo aquel trabajo defensivo había empezado a aburrirle y, cuando oyó hablar de la Compañía Linge, se ofreció voluntario para alistarse como agente secreto.

Los otros dos, especialistas en armas de pequeño calibre y explosivos, eran amigos íntimos y juntos habían vivido un buen número de peculiares experiencias. Ambos tenían veintiséis años. Uno se llamaba Per Blindheim. Era hijo de un maestro panadero de Ålesund, en la costa occidental de Noruega, y en su juventud le había tocado hacer su parte de trabajo en la panadería. A primera vista era un joven alegre y con un gran atractivo al estilo de los vikingos: alto, rubio y de ojos azules. Bajo su apariencia y comportamiento juveniles, sin embargo, se ocultaba un profundo sentido de la justicia. Cuando los rusos atacaron Finlandia, le pareció tan injusto que dejó su trabajo y su casa para alistarse en el Ejército finlandés. Cuando empezó la Guerra Mundial y su propio país fue invadido, regresó a toda prisa para luchar contra los alemanes. Una vez que se perdió la batalla por Noruega, puso rumbo a Inglaterra para empezar otra vez, para lo cual huyó de los alemanes por Rusia, el país contra el que había luchado unos meses antes.

El otro integrante de esta pareja de amigos, y el cuarto miembro del destacamento de desembarco, era Jan Baalsrud. Físicamente, Jan contrastaba con Per: tenía el pelo oscuro y los ojos azul grisáceo, y en general era de constitución menor. Pero ambos tenían el mismo carácter juvenil, combinado con la misma seriedad bajo la superficie: una profundidad emocional que ninguno de los dos dejaba ver a los desconocidos, pero que los cuatro hombres debieron de necesitar para soportar sus duros entrenamientos y llegar hasta donde ahora se encontraban.

Jan había trabajado de aprendiz con su padre, que se dedicaba a la fabricación de instrumentos de medición en Oslo, y acababa de comenzar su carrera cuando se produjo la invasión. Combatió en el ejército y se escapó a Suecia cuando fue imposible seguir luchando. Para entonces le había cogido el gusto a la aventura, por lo que se ofreció voluntario para llevar información secreta entre Estocolmo y Oslo y empezó a viajar entre la Suecia neutral y la Noruega ocupada, al servicio de una organización creada por los noruegos para ayudar a quienes intentaban salir del país. Por suerte para él, le descubrieron y arrestaron los suecos antes de que le cogieran los alemanes. Fue condenado a cinco meses de prisión, pero al cabo de tres le liberaron y le dieron dos semanas para salir del país.

Dictar esta orden era mucho más fácil que cumplirla, pero Jan consiguió un visado ruso y voló a Moscú, donde aterrizó en el momento menos oportuno, en medio de las celebraciones rusas de las victorias alemanas. Sin embargo, los rusos le trataron bien y le mandaron a Odesa, en el mar Negro. Fue allí, mientras esperaba a que saliera un barco, donde conoció a Per Blindheim, que se encontraba en la misma situación. Juntos viajaron a Inglaterra, pasando por Bulgaria, Egipto, Adén, Bombay, Sudáfrica, Estados Unidos y Terranova. Cuando llegaron a Londres, lo primero que fueron a ver fue la plaza de Piccadilly Circus. Mientras estaban allí, contemplando con pesadumbre aquel símbolo del final de su viaje y preguntándose qué iba a pasar ahora, Jan vio entre la muchedumbre a un oficial inglés al que había conocido en Estocolmo. Aquel hombre los reclutó a los dos inmediatamente para la Compañía Linge, donde encontraron un trabajo que satisfacía todas sus ansias de aventuras.

Estos, pues, eran los cuatro hombres que se encontraban en la cubierta del barco aquella mañana de marzo, en la culminación de un año de preparativos. Se habían entrenado juntos en las Tierras Altas escocesas, haciendo marchas forzadas de cincuenta y sesenta kilómetros por las montañas con fardos a la espalda, viviendo a la intemperie en la nieve, estudiando armas y formas de organización clandestina, efectuando el número de saltos con paracaídas que les correspondía, aprendiendo a desenfundar y montar una automática y hacer seis blancos en un objetivo de medio cuerpo desde una distancia de cuatro metros y medio, todo ello en tres segundos, familiarizándose con todos los puntos vulnerables de una base aérea y, dicho sea de paso, pasándoselo en grande. Eran hombres fuertes y sanos y estaban eufóricos por la inminencia del peligro y convencidos de que serían capaces de cuidar de sí mismos, deparara lo que deparase el amanecer.

02

Combate en Toftefjorden

En una operación de ese tipo, era inútil elaborar un plan detallado, ya que nadie podía predecir con exactitud lo que iba a ocurrir. El jefe de la expedición tenía un grado de responsabilidad que a muy pocos se les exige en una guerra. Las órdenes que había recibido eran muy generales y, a la hora de cumplirlas, no tenía a nadie que le asesorara. Su éxito, así como su propia vida y la de sus compañeros, estaba exclusivamente en sus manos.

Como responsable de este destacamento en el norte de Noruega, Eskeland cargaba con un gran peso sobre sus hombros. A Inglaterra había llegado gran cantidad de información procedente del sur del país (así como de otros países de los que habían huido muchos refugiados) sobre la disposición de las tropas alemanas y sobre el carácter y las tendencias políticas de infinidad de individuos, información que además se actualizaba constantemente. Al jefe de una expedición dirigida a uno de esos destinos se le podía decir, con mayor o menor detalle, de quién podía fiarse, a quién debía evitar y dónde era más probable que encontrara guardias o patrullas enemigas. Pero la información sobre el norte de Noruega era muy escasa. Muchos habían salido del país desde allí, pero la única ruta que podían seguir era por las montañas hacia Suecia, donde los retenían en campos de internamiento. Muchos se contentaban con permanecer allí y esperar a que llegaran tiempos mejores, e incluso los que hacían el esfuerzo de volver a escaparse y lograban transmitir lo que sabían a los servicios de inteligencia británicos normalmente lo hacían después de haber pasado meses retenidos por los suecos, por lo que toda la información que podían proporcionar estaba obsoleta. A Eskeland le habían facilitado los nombres de unas cuantas personas que se sabía que eran de fiar, pero, más allá de eso, era muy poco lo que se había podido hacer para ayudarle. Una vez fuera de Gran Bretaña, solo contaba con su propia formación, su ingenio y su destreza.

Había sido lo más concienzudo que pudo con los preparativos. Desde que había sabido que encabezaría un desembarco desde un pesquero, había estudiado con detenimiento todas las emergencias que fue capaz de prever. En alta mar, el patrón del barco era quien estaba al mando, y allí los problemas habían sido relativamente sencillos. El barco podría haberse visto asaltado por las inclemencias del tiempo, lo cual era una cuestión de dominio del arte de la navegación; el motor podría haberse estropeado, lo que habría constituido una tarea para los maquinistas; el pesquero podría haber sido atacado por un avión, a lo que habrían respondido con el armamento de «buque señuelo» con el que contaba la propia embarcación. Pero ahora que se aproximaban a la costa, él tenía que tomar el mando, y en esta fase de la expedición podría pasar cualquier cosa y podría ser necesaria una decisión inmediata. Por el momento, la primera línea de defensa del barco era mantener las armas escondidas para que pareciera que no eran más que unos inocentes pescadores. Una vez que entraran en las aguas de los estrechos senos que discurrían entre las islas, en cualquier momento podrían darse de bruces con un barco mayor que llevara armamento más pesado a bordo, y entonces las armas del pesquero no serían más que un estorbo. Quizá aún podrían escabullirse fingiendo ser una embarcación de pesca, pero no combatir a una distancia de doscientos o trescientos metros. Entre otras cosas, un solo disparo a su cargamento podría hacerlos saltar a todos por los aires. La única forma de prepararse para esa clase de encontronazo, tal como lo había previsto Eskeland, era esconder todo rastro del equipamiento bélico y atraer al barco enemigo hasta donde pudieran alcanzarlo a punta de pistola. Entonces tendrían la posibilidad de realizar un abordaje por sorpresa y aniquilar a la tripulación.

Durante la noche, mientras el *Brattholm* se aproximaba a la costa, Eskeland y sus tres hombres habían empezado a prepararse para esa posible crisis. Habían limpiado y cargado sus armas de corto alcance —subfusiles Sten, carabinas y revólveres— y habían cebado las granadas de mano antes de guardarlas en lugares a los que pudieran acceder fácilmente: en la caseta del timón, la cocina y a lo largo de la amurada, desde donde podrían lanzarse por sorpresa a un barco que estuviera a su lado. Por si acababan muy próximos al enemigo, los cuatro se habían puesto uniformes navales, a pesar de pertenecer al Ejército de Tierra, para que los alemanes no pudieran identificar que se trataba de un destacamento de desembarco.

Incluso mientras hacían estos preparativos, sin embargo, todos sabían que, si bien con suerte podrían salir victoriosos de un combate cuerpo a cuerpo de esas características, sus probabilidades de salir con vida serían mínimas. Entre ellos y su seguridad se interponían los mil quinientos kilómetros de mar que habían atravesado. Podían aspirar a matar o capturar a toda la tripulación de un barco, incluso si era de mayor tamaño que el suyo, pero, a menos que fueran capaces de hacerlo tan deprisa que el enemigo no tuviera tiempo de enviar ninguna señal por radio y que ocurriera en un lugar tan remoto que nadie oyera los disparos, todas las defensas alemanas serían puestas sobre aviso y entonces era evidente que, a ocho nudos, el *Brattholm* no llegaría muy lejos. En esas circunstancias, la única esperanza de escapar —y era bastante escasa— sería hundir el barco y llegar a la orilla.

Eskeland también había previsto esa posibilidad. Además de los tres radiotransmisores, de un modelo nuevo todavía clasificado como secreto, su cargamento también incluía unos cuantos documentos importantes: mensajes en clave, mapas y notas sobre las defensas alemanas y sobre personas de confianza de la zona. Todos entendían perfectamente que debían proteger aquel cargamento con sus vidas. No hacía falta ni mencionarlo; era una de las reglas básicas que les habían enseñado. Al entrar en aguas enemigas, habían puesto los documentos en un lugar accesible junto con unas cerillas y una botella de gasolina, y sobre las ocho toneladas de explosivos de alta potencia que transportaban en la bodega habían colocado un cebo, detonadores y mechas. Los radiotransmisores estaban encima del cebo. Había tres mechas. Una tardaría cinco minutos en arder y debía utilizarse si parecía posible destruir el barco y el cargamento y después escapar. La siguiente tardaría treinta segundos en consumirse y la última era instantánea. Los doce hombres que iban a bordo eran capaces de contemplar con sobriedad la posibilidad de encender la mecha instantánea y comprendían las circunstancias en que deberían hacerlo: por ejemplo, si habían intentado emprender un combate cuerpo a cuerpo con un barco alemán y habían sido derrotados. Lo principal era que los alemanes no se hicieran con el cargamento.

Al aproximarse a la costa, Eskeland tendría que haberse sentido satisfecho con aquellos preparativos: estaban pensados con cabeza y ejecutados con esmero. Pero ese mismo día se vio obligado a hacer un cambio de planes que le recordó, por si le cabía alguna duda, lo imprecisa que era la información de la que disponía. Tenían pensado desembarcar en una isla llamada Senja, a unos sesenta y cinco kilómetros al suroeste de la ciudad de Tromsø. Sin embargo, al acercarse a ella navegando tranquilamente por la zona de pesca, divisaron un arrastrero que venía hacia ellos. Cambiaron el rumbo y se dirigieron hacia el este mientras esperaban a ver qué sucedía. El arrastrero llegó a mar abierto al alcanzar el extremo de las islas y, a continuación, dio la vuelta y volvió a meterse en uno de los senos. Cuando giró, vieron un cañón en su cubierta de proa. Era un patrullero, en una zona donde no se había informado de la presencia de patrulleros.

En esa fase de la expedición, su misión era evitar problemas en lugar de buscarlos, así que, habiendo cientos de islas en la zona, no tenía sentido intentar depositar su cargamento en la única que ahora sabían con seguridad que estaba patrullada. Por ahora el disfraz había funcionado; habían visto su barco y lo habían tomado por un pesquero. Lo más sensato era escoger otro lugar y, tras debatirlo, acordaron dirigirse a una isla situada un poco más al norte. Se llama Rebbenesøya y se encuentra directamente al norte de Tromsø, a unos cincuenta kilómetros de la ciudad. En la carta náutica vieron que en la zona nororiental de la isla había una pequeña bahía; parecía un buen sitio donde ponerse a cobijo y uno de los hombres que había estado antes en la región lo recordaba como un lugar remoto y desierto. En torno al mediodía del 29 de marzo, pusieron rumbo a la bahía. Su nombre es Toftefjorden.

Pasaba la media tarde cuando alcanzaron el grupo de islotes desperdigados que se extiende a lo largo de unos diez kilómetros frente a la costa de Rebbenesøya y empezaron a navegar entre ellos con precaución. La ruta que siguieron resulta impracticable con mal tiempo. Hay miles de escollos a ambos lados y la zona entera queda cubierta por una cortina de espuma en la que es imposible ver ninguna marca. Aquel día, sin embargo, el mar estaba en calma y el ambiente, despejado. Vieron los mojones de piedras construidos sobre algunas de las rocas más grandes para hacer de balizas y se abrieron paso hasta llegar a aguas más protegidas. Pasaron junto a una isla diminuta llamada Sørfugløya, cuyo terreno se eleva escarpado por todos sus lados hasta un negro peñasco de trescientos metros de altura; bordearon la costa norte de Rebbenesøya, donde un empinado y liso manto de resplandeciente nieve ascendía hasta la curvada cornisa de hielo de un monte llamado Helvetestind, que significa «Pico del Infierno», y, cuando empezaba a anochecer, entraron lentamente en Toftefjorden y echaron el ancla en sus claras aguas de color azul pálido.

Cuando detuvieron el motor, les pareció que en la bahía reinaba un silencio absoluto. Después de seis días oyendo el traqueteo y la vibración de un pesquero noruego en marcha, la mera ausencia de ruido se les hizo extraña, pero en los lugares abrigados en los que el terreno está cubierto de gruesas capas de nieve siempre se nota especialmente el silencio. Todos los sonidos familiares quedan apagados y no resuenan. No se oyen pisadas, cantos de pájaros ni el rumor del agua, ni tampoco zumbidos de insectos ni el susurro de hojas o de animales en movimiento. Hasta la propia voz parece distinta. Incluso cuando no hay motivos para ello, el modo en que los sonidos quedan amortiguados en los lugares sumidos en el silencio por la nieve resulta amenazador.

Aun así, la aparición de Toftefjorden los tranquilizó. Una vez finalizada la operación de fondeo, permanecieron en la cubierta y miraron a su alrededor, hablando en voz baja sin darse cuenta. Era prácticamente el escondite perfecto. Por el sur, el este y el oeste, la bahía estaba rodeada por redondeadas colinas de pequeña altura. Las cimas estaban desnudas, pero en las hondonadas junto a la orilla asomaban ramitas de raquíticos abedules árticos, negras en contraste con la nieve. Al norte se encontraba la entrada a la bahía, pero quedaba bloqueada por un islote, por lo que el interior no se veía desde el otro lado. El *Brattholm* estaba completamente a salvo de la vigilancia desde el mar y no podía verse desde el aire a menos que un avión pasara volando casi por encima de ellos.

El aspecto de las playas indicaba que la bahía siempre estaba en calma. En las rocas e islas expuestas al mar, la orilla siempre tiene una ancha franja desnuda en la que la nieve ha sido arrastrada por las olas. Sin embargo allí, en aquel fiordo a cobijo del mar abierto, la gruesa capa de lisa nieve llegaba hasta la línea de marea alta. No había ninguna huella. Cerca de la orilla, el agua del propio mar había estado congelada, pero el hielo se había deshecho en pedazos transparentes que flotaban alrededor del barco. El aire era frío y tonificante.

Pese a todo, el lugar no estaba completamente desierto. En la cabecera de la bahía, al pie de la colina, había un granero y una diminuta casa de madera. Cerca de allí, en la playa, había rejillas para secar pescado. No se veía a nadie, pero de la chimenea de la casita salía humo.

Una vez que el barco estuvo anclado, lo primero que había que hacer era averiguar quién vivía en esa casa y si era probable que sus habitantes fueran a causarles alguna dificultad o a ponerlos en peligro. Eskeland y el patrón del barco se cambiaron los uniformes navales por prendas de pescador y remaron hasta la orilla. Quizá quisieran ser los primeros en pisar Noruega. Aquel siempre era un momento de emoción contenida.

Al poco rato volvieron y dijeron que no había de qué preocuparse. Había una mujer de mediana edad con sus dos hijos, un muchacho de unos dieciséis años y una niña más pequeña. El marido estaba fuera, trabajando en la pesca del bacalao en las islas Lofoten, y no le esperaban hasta varias semanas más tarde. Eskeland le había dicho a la mujer que habían parado allí para hacer unas reparaciones en el motor. Ella no tenía motivos para sospechar y en la casa no había teléfono. Sería muy fácil mantener vigilados a la mujer y a sus hijos. La señora también había mencionado que los alemanes nunca habían estado en Toftefjorden. De hecho, ella no había visto a un alemán en su vida. Su marido había tenido que entregar su radio a las autoridades y sus vecinos más cercanos vivían a más de tres kilómetros. Estaba completamente aislada del mundo y de la guerra.

Los miembros del destacamento de desembarco y los tripulantes cenaron por turnos, dejando a alguien de guardia en la cubierta. Estaban de muy buen humor. Entre otras cosas, era la primera vez que disfrutaban de una buena cena a bordo, no solo porque no es fácil cocinar en un pesquero en alta mar, sino también porque el cocinero había estado indispuesto y las ideas de Jan Baalsrud, que le había sustituido en la cocina, habían sido bastante limitadas. Los miembros del destacamento también estaban contentos porque la travesía había concluido con éxito y ahora podían ponerse a trabajar de verdad. Para los soldados, un viaje por mar siempre es aburrido y normalmente es un placer dejar de estar en manos de los marineros.

Mientras cenaban, discutieron sus planes para la noche que se avecinaba. Cuando los cuatro miembros del equipo de sabotaje habían empezado a prepararse para la expedición, se habían repartido el enorme territorio que tenían que cubrir y cada uno había estudiado su parte a fondo. Al no desembarcar en Senja, sin embargo, habían acabado en un lugar situado más al norte que cualquiera de las zonas que conocían mejor. No obstante, Eskeland conservaba algunos recuerdos de Rebbenesøya de sus días de inspector de correos y había tenido la precaución de aprenderse los nombres de unas cuantas personas de la zona a las que podían recurrir. Una de ellas era un comerciante que regentaba una pequeña tienda en el lado sur de la isla. Eskeland no le conocía, pero su nombre figuraba en una lista de hombres de confianza disponible en Londres. Su tienda estaba a tan solo unos kilómetros y decidieron ponerse a trabajar esa misma noche e ir a verle para preguntarle si podía esconder el cargamento. La experiencia en el sur de Noruega había demostrado que los tenderos solían ser los más hábiles a la hora de proporcionar lugares en los que esconder los pertrechos temporalmente. La mayoría de los comercios tenían trastiendas o almacenes anexos que en época de guerra estaban casi vacíos. A menudo se habían almacenado cajas de armamento junto a cajas de comestibles. También era probable que un comerciante pudiera decirles dónde podrían tomar un barco para llegar a Tromsø, donde encontrarían a sus principales «contactos».

De modo que, en cuanto se hizo de noche, Eskeland partió a bordo de la lancha motora del *Brattholm*. Se llevó con él al maquinista del barco para que se encargara del motor y a otro hombre al que habían reclutado como tripulante adicional porque conocía la región. Salieron de la bahía y siguieron la costa de Rebbenesøya en dirección este, por el seno que la separa de la siguiente isla, Hersøya, para después girar y seguir navegando frente al lado sur de la isla, muy cerca de la costa. Vieron la tienda, junto a la que había unas cuantas construcciones más, así como un embarcadero de madera cuya silueta se recortaba contra el arrebol del cielo de poniente. Había una luz en la tienda y otra en un barco detenido con el motor encendido a unos metros del extremo del embarcadero.

Al aproximarse al embarcadero, pasaron junto al barco. Era una pequeña embarcación de pesca con dos o tres hombres a bordo. Habría sido raro pasar de largo sin decir nada, además de que un pequeño pesquero de la zona era una de las cosas que querían, así que saludaron a sus ocupantes y les contaron la historia que habían preparado: que tenían problemas con un motor y necesitaban que alguien los llevara a Tromsø para conseguir unas piezas de repuesto.

Los hombres fueron cordiales y no hicieron muchas preguntas, como suele ser habitual en los pescadores. Hablaron largo y tendido del tema, con la actitud enormemente pausada de los isleños. Preguntaron de qué marca era el motor, de cuántos caballos era y qué piezas de repuesto necesitaban. Les recomendaron a un vendedor de Tromsø y sugirieron que le telefonearan a la mañana siguiente y le pidieran que enviara las piezas en el barco del correo, lo que seguramente sería igual de rápido que ir a buscarlas y, desde luego, más barato. Les preguntaron cómo estaba yendo la pesca del arenque y hacia dónde se dirigía el *Brattholm*.

Todo el que vive ocultando su verdadera identidad está acostumbrado a recibir consejos completamente inútiles con paciencia y astucia. Durante aquella conversación espuria mantenida sobre las oscuras aguas del mar, Eskeland y el maquinista respondieron con cuidado a todas las preguntas hasta que surgió la oportunidad de formular la única pregunta que a ellos les interesaba:

—Vosotros no podríais llevarnos a Tromsø, ¿verdad?

Esto dio lugar a una larga contestación con la que los pescadores les explicaron que estaban esperando a que un hombre les trajera cebo que ya tenían pagado, por lo que no podían arriesgarse a no estar allí cuando llegara. Volvieron a repetir que no le veían ningún sentido a ir hasta Tromsø a buscar las piezas teniendo un teléfono en la tienda, pero le dijeron a Eskeland que, si estaba empeñado en tirar el dinero en ir allí, el tendero tenía un barco y quizá podría llevarle.

Eskeland les dio las gracias y se despidió. Posiblemente entendiera que, para alguien que vive en las islas más remotas, Tromsø es una ciudad muy lejana y un viaje hasta allí no es algo que se emprenda a la ligera. Al menos ahora sabía que la tienda junto al embarcadero era lo que realmente quería.

El tendero estaba en la cama cuando llamaron a su puerta, pero bajó en ropa interior y los condujo a la cocina. Se disculparon por presentarse allí tan tarde y le contaron la misma historia que a los pescadores. Con él, sin embargo, solo lo hicieron a modo de introducción, para darle conversación hasta que se sintiera cómodo y pudieran revelarle el verdadero motivo de su visita. A lo largo de su charla con él, fueron dejando caer algunas preguntas sobre los alemanes. No, contestó el tendero cuando le preguntaron, realmente los alemanes no habían causado ninguna molestia en esa zona. Nunca habían desembarcado en las islas. Solía ver pasar los convoyes por el canal al sur de Rebbenesøya, habían estado instalando campos de minas y, por supuesto, también distribuían letreros que había que colocar por todas partes: «El contacto con el enemigo está penado con la muerte». Tenía uno en el piso de abajo, en la tienda. Había oído historias sobre cosas que habían hecho en Tromsø, pero él nunca había tenido ningún trato con ellos.

Mientras iba tanteándole con precaución, Eskeland empezó a sacar el tema de su cargamento y su necesidad de ir a Tromsø. El tendero estaba dispuesto a llevar a uno o dos hombres a la ciudad en su barco. Eskeland le ofreció una suma considerable de dinero a cambio de su ayuda. Fue la cantidad lo que primero le sugirió al tendero que le estaban pidiendo algo más que alquilar un barco. Se mostró extrañado. A continuación, puesto que no sería justo involucrar a alguien en lo que estaban haciendo sin transmitirle una idea de los riesgos que corría, y dado que aquel hombre tenía tan buena reputación, Eskeland le reveló que habían venido desde Inglaterra.

Al oír esto, al tendero le cambió el gesto. Al principio se mostró incrédulo. Le dieron un cigarrillo y, al encenderlo, el tabaco inglés pareció convencerle de que lo que decían era cierto. Entonces, para su sorpresa, advirtieron que el hombre tenía miedo.

Empezó a poner excusas. No podía dejar la tienda. No era justo dejar a su mujer sola en casa en esos tiempos. Tenía que ocuparse de los animales. Era difícil conseguir combustible para el barco.

Poco a poco y a su pesar, tuvieron que admitir que era inútil intentar convencerle. Un colaborador nervioso y renuente sería un peligro y un lastre. Sin embargo, no entendían cómo un hombre que les habían recomendado tan encarecidamente podía haber resultado ser tan cobarde en la práctica. Todo el mundo sabía que la inmensa mayoría de los noruegos habrían estado encantados de tener la oportunidad de hacer algo contra los alemanes. Después de darle muchas vueltas a su incomprensible actitud, le hicieron ver que los había decepcionado.

—Pero ¿por qué han acudido a mí? —preguntó lastimeramente—. ¿Qué les ha hecho pensar que yo haría una cosa así?

Le dijeron que había llegado a sus oídos que era un patriota. Fue entonces, ya demasiado tarde, cuando la verdad salió a la luz y comprendieron el error que habían cometido. El tendero les contó que solo llevaba unos meses a cargo del negocio. El anterior propietario había muerto. Se llamaban igual, así que no había sido necesario cambiar el nombre de la tienda.

No les quedó otra cosa que hacer que transmitirle de la forma más clara posible que jamás debía contarle a nadie lo que le habían dicho. El tendero se lo prometió de buen grado, contento de ver que habían aceptado su negativa; aliviado, incluso les recomendó a otros dos hombres que pensaba que les prestarían la ayuda que precisaban. Sus nombres eran Jenberg Kristiansen y

Sedolf Andreasson. Los dos eran pescadores y vivían en la costa norte de la isla, pasado Toftefjorden. Estaba seguro de que estarían dispuestos a ayudarles.

Eskeland y sus dos acompañantes se marcharon, no sin advertirle una última vez que jamás debía mencionar lo que había oído esa noche.

Volvieron a su lancha, disgustados y algo intranquilos. No había motivos para pensar que el tendero era una persona hostil o que fuera a hacer algo para perjudicarlos. Ni una persona de cada mil se habría complicado la vida para ayudar a los alemanes. Pero muchos de los noruegos más pedestres tenían tendencia a chismorrear, y cualquier hombre cuya propia seguridad no estuviera en riesgo podía ser el germen de un rumor. Era una lástima que los acontecimientos se hubieran desarrollado así, pero les pareció que el riesgo era pequeño y, salvo que cambiaran completamente sus planes, no podían hacer mucho. Había sido auténtica mala suerte que el único hombre al que habían seleccionado de las listas de Londres hubiera muerto, y peor suerte aún que otro hombre llamado igual se hubiera hecho cargo de su casa y su negocio. Pero no se podía remediar. Al menos les había dado los nombres de nuevos contactos.

Emprendieron el trayecto de vuelta a Toftefjorden para contar lo sucedido al resto del grupo. Por el camino los adelantó el pesquero que estaba esperando junto al embarcadero de la tienda. Los pescadores habían recibido su cebo y se dirigían hacia las zonas de pesca. Remolcaron la lancha motora, pero, justo antes de llegar a la boca de Toftefjorden, el patrón gritó que se habían dejado una de las cuerdas de sus aparejos de pesca y tenían que volver a la tienda a buscarla. Soltaron la lancha. Eskeland entró en Toftefjorden y vio cómo el pesquero daba la vuelta y se alejaba.

Lo que sucedió cuando el patrón y los tripulantes de aquel barco pesquero volvieron a la tienda nunca se sabrá con exactitud. El tendero se había vuelto a acostar, pero de nuevo le sacaron de la cama y esta vez su mujer también vino a enterarse de lo que estaba pasando. Dijo que estaba mareado y no se encontraba bien. Pensaba que era por los cigarrillos que le habían dado aquellos hombres. Su hermano era uno de los pescadores y, junto con el patrón, le asedió con preguntas sobre el extraño barco y los tres desconocidos. Al poco tiempo, el tendero se lo había contado todo.

Fue seguramente durante esta conversación cuando le asaltó un nuevo y terrible temor. ¿Y si aquellos tres hombres eran agentes alemanes enviados para ponerle a prueba? Había oído que los alemanes mandaban a hombres a las islas, vestidos de civiles, precisamente para eso: decir que venían de Inglaterra y después denunciar a cualquiera que les ofreciera ayuda. ¿No sería probable que lo escogieran a él, un comerciante, un hombre con cierta posición en la comunidad y que acababa de montar un negocio? Al pensar en esto, se alegró de haberse negado a ayudarles. Sin embargo, ¿había tenido suficiente cuidado? Se estuvo estrujando la cabeza para recordar lo que había dicho exactamente sobre los alemanes. Estaba seguro de que había sido indiscreto. Había mencionado algo sobre los campos de minas, lo que seguramente fuera información secreta. Estaba claro, les dijo a los otros, que la única forma de guardarse las espaldas, lo único que le garantizaría su seguridad, sería denunciar lo que le habían contado esos hombres. Suponiendo que fueran agentes alemanes, haberse negado a ayudarles no bastaría. Ahora estarían esperando a ver si los denunciaba. Si no lo hacía, vendrían a por él.

Los tres hombres estuvieron una hora debatiendo aquel dilema. La esposa del tendero escuchó la conversación, angustiada ante el nerviosismo de su marido. El hermano era partidario de no hacer nada. Reconocía que sería mal asunto si aquellos hombres eran alemanes, pero, por otro lado, si los denunciaba y resultaba ser cierto que habían venido de Inglaterra, sería mucho peor. El problema era que no había forma de estar seguros, pero su opinión era que, teniendo en cuenta la situación en su conjunto, lo más adecuado sería arriesgarse y no hacer nada.

Una vez tomada esta decisión, tras un largo y embarullado debate, el patrón y el hermano del tendero volvieron a irse a pescar. El tendero regresó a la cama, todavía mareado y con náuseas. No pudo dormir. Sabía lo que suponía mostrar deslealtad a los alemanes o, mejor dicho, ser descubierto mostrándola: le mandarían a un campo de concentración, a él y quizá también a su mujer, y sería el fin del pequeño negocio que había empezado a levantar, el fin de todo. Se pasó la noche allí tumbado imaginándoselo. Sin embargo, garantizar su seguridad era facilísimo. Tenía un teléfono en la tienda, en el piso de abajo. Pero si era verdad que eran noruegos y que habían venido desde Inglaterra y si los vecinos se enteraban de que se lo había contado a los alemanes, sabía perfectamente lo que diría la gente y lo que harían sus clientes. Aquellos hombres le habían parecido noruegos; no eran de la zona, pero hablaban noruego a la perfección. Claro, que tampoco podía afirmar con seguridad que no fueran noruegos nazis, quienes harían esa clase de encargo para los alemanes. ¿Acaso era posible viajar desde Inglaterra en un barco pesquero en el mes de marzo? No parecía una historia muy verosímil. Quizá lo mejor sería levantarse, ir a Toftefjorden y volver a hablar con ellos para ver si podían demostrarlo. Pero los alemanes eran demasiado listos para hacer las cosas a medias; tendrían sus pruebas preparadas. ¿Cómo podría saber la verdad? ¿Qué podía hacer para averiguarla?

El tendero se pasó la noche en vela, muerto de miedo y hecho un mar de dudas. Según se acercaba el amanecer, fue perdiendo todo el coraje que le quedaba. Sobre las siete de la mañana, bajó a la tienda y descolgó el teléfono. Se le había ocurrido una solución intermedia. Pidió conferencia con un conocido suyo que era funcionario en el Ministerio de Justicia.

En Toftefjorden, cuando Eskeland les contó a los demás la historia de los dos comerciantes con el mismo nombre, estuvieron de acuerdo con él en que no había nada que hacer. El tendero había prometido no decir nada y, a menos que lo mataran, no se les ocurría ninguna otra forma de asegurarse de que no lo hiciera. De modo que Eskeland volvió a ponerse en marcha, no demasiado desalentado, para ir a ver a los dos pescadores que les había recomendado.

Esta vez obtuvo la respuesta que esperaba. No servía de nada contar la historia de las piezas de repuesto a aquellos hombres. Para entonces eran en torno a las tres de la madrugada e incluso en el Ártico, donde la gente no presta demasiada atención a la hora que es, nadie espera que lo despierten a esa hora con una petición normal. Tampoco les pidió que le llevaran a Tromsø. Ya casi había pasado toda la primera noche y la necesidad más urgente era llevar el cargamento a tierra para que el *Brattholm* pudiera regresar a las Shetland.

Los dos pescadores reaccionaron con gran entusiasmo y accedieron de inmediato a esconder el cargamento en unas cuevas que conocían. Eskeland no les contó toda la historia. No mencionó Inglaterra, sino que les transmitió la impresión de que el cargamento procedía del sur de Noruega y de que contenía víveres y equipamiento que utilizarían las tropas que quedaban en el país cuando la situación empezara a cambiar. Pero los dos hombres no quisieron oír más: si era una acción contra los alemanes, a ellos parecía bastarles. Quedaron en que irían a Toftefjorden a las cuatro y media de la tarde del día siguiente y guiarían al *Brattholm* al escondite que conocían, de manera que todo estaría preparado para depositar el cargamento en cuanto anocheciera.

Ya era de día cuando la lancha regresó a Toftefjorden. Eskeland y aquellos que le habían acompañado estaban cansados, no solo por haber estado fuera toda la noche, sino por las largas horas de cautelosas conversaciones. Cuando volvieron al barco, vieron que Jan Baalsrud, el único miembro del destacamento de desembarco que no había ido ni a la tienda ni a ver a los dos pescadores, se había pasado toda la noche revisando una vez más el armamento de pequeño calibre. Como fabricante de instrumentos de medición, a Jan le encantaba el mecanismo de las armas y siempre las cuidaba con especial esmero y, al igual que a Eskeland, la historia del tendero le había dejado algo intranquilo.

Prepararon el desayuno y volvieron a discutir el incidente del tendero. Alguien señaló que cualquier barco de guerra tardaría apenas dos horas en llegar desde Tromsø, por lo que, si realmente habían tenido la mala suerte de dar con un nazi y los había denunciado, ya los habrían atacado. El amanecer habría sido el momento lógico para un ataque alemán, pero ya era de día y Toftefjorden seguía tan silencioso y tranquilo como antes. Al final acordaron que el destacamento seguiría de guardia hasta las diez. Si para entonces no había ocurrido nada, realmente sería de suponer que ese peligro en concreto había pasado y entonces se acostarían y dejarían vigilando a parte de la tripulación hasta que vinieran los pescadores, a las cuatro y media.

La mañana fue transcurriendo. Lo único fuera de la común era la cantidad de aviones que se oían, a lo que de vez en cuando se sumaba el ruido de ametralladoras. Todo el ruido procedía de alta mar. Sin embargo, ninguno de los aviones sobrevoló Toftefjorden. Sonaba como si hubiera un campo de prácticas más allá de donde terminaban las islas, lo cual parecía una explicación posible. Las fuerzas aéreas de Bardufoss tenían que tener algún sitio para sus entrenamientos, y el mar o los islotes más remotos serían un lugar apropiado. A medida que fue transcurriendo el día, empezaron a relajarse. Para cuando llegó el mediodía, estaban tranquilos. Eskeland y su equipo bajaron a dormir y dejaron a la mitad de la tripulación en la cubierta.

Se despertaron al grito de: «¡Alemanes! ¡Alemanes!». Fueron corriendo a la escotilla. Los tripulantes que se habían quedado vigilando estaban horrorizados. A menos de doscientos metros, entrando lentamente en el fiordo, había un buque de guerra alemán. Justo cuando el último de los ocupantes del pesquero estaba llegando a la cubierta, el buque abrió fuego. Inmediatamente comprendieron que los aviones que habían oído eran patrullas encargadas de bloquear las salidas por los senos. El *Brattholm* no tenía escapatoria. Eskeland gritó: «¡Abandonen el barco! ¡Abandonen el barco!».

No hicieron falta más órdenes. Todos sabían lo que tenían que hacer. Alguien izó la bandera naval en el mástil de popa. Los tripulantes se subieron a uno de los botes, soltaron amarras y echaron a remar hacia la orilla. El buque alemán se detuvo y echó dos barcas al agua. Las tropas se amontonaron en ellas y se dirigieron a tierra, un poco más hacia el norte. Jan Baalsrud y Salvesen rociaron los documentos cifrados con gasolina y les prendieron fuego, antes de soltar las amarras del segundo bote y dejarlo preparado a sotavento, donde los alemanes no podían verlo. Eskeland y Blindheim abrieron la cubierta de la escotilla apresuradamente, bajaron a donde estaba el cargamento y prendieron la mecha de los cinco minutos.

Cuando sus barcas se alejaron, el buque alemán de nuevo empezó a aproximarse a ellos. Los estaba atacando con fuego de ametralladora y proyectiles de tres libras, pero los disparos les pasaban por encima. Los alemanes querían capturarlos con vida y no esperaban encontrar mucha resistencia. Eskeland gritó desde la bodega: «¡Jan, mantenlos alejados!». Jan agarró un subfusil y vació el cargador sobre el puente de mando del barco alemán. El buque se detuvo durante un instante y después siguió avanzando. Eskeland salió de la bodega de un salto, les anunció que la mecha estaba encendida y todos se subieron al bote y aguardaron. Sabían lo que tenían que hacer: esperar escondidos tras el *Brattholm* hasta el último minuto y, a continuación, intentar alejarse a remo.

Eskeland estaba sentado mirando a su reloj de pulsera, con el brazo firme delante del cuerpo. Uno de los otros estaba agarrado al costado del casco del *Brattholm*. Los otros dos estaban preparados para remar. Ya había transcurrido un minuto. Desde donde estaban no podían ver el buque alemán. Lo oían acercarse por el otro lado del *Brattholm*, disparando en ráfagas al pesquero y a la tripulación que iba en el otro bote. Per Blindheim dijo: «Bueno, Jan, lo hemos pasado bien durante veintiséis años». Eskeland anunció: «Dos minutos». Jan vio a los tripulantes, que habían llegado a la orilla. Dos seguían en el bote, con las manos en alto. Tres estaban en la playa. Uno se encontraba tendido en la orilla; otro estaba intentando trepar por las rocas mientras las balas de las ametralladoras desportillaban las piedras sobre su cabeza y rebotaban por todo el fiordo. «Tres minutos», dijo Eskeland. Entonces alcanzaron a ver a los alemanes que habían desembarcado, corriendo por la orilla hacia el lugar donde había tomado tierra la tripulación, saltando de roca en roca. Cuando estuvieron cerca de los tripulantes, los disparos se interrumpieron y durante unos segundos no se oyó otra cosa que los gritos de los alemanes dando órdenes. «Tres y medio —dijo Eskeland—. Soltad amarras».

Empezaron a remar, manteniendo el *Brattholm* entre su bote y los alemanes. En aquella dirección, hacia la cabecera del fiordo, la orilla se encontraba a unos doscientos metros. Pero el buque alemán estaba muy cerca y era mucho más grande que el *Brattholm*. No habían recorrido más de cincuenta metros cuando los alemanes los vieron y comenzaron a dispararles a bocajarro. El bote se llenó de agujeros de bala y empezó a hundirse. Pero el buque alemán se acercaba lentamente al *Brattholm*, a la mecha le quedaban quince segundos para consumirse y la fascinación de observar cómo su enemigo caía en la trampa les impidió apreciar el milagro de que hasta ahora no hubieran resultado heridos.

El buque y el *Brattholm* se tocaron y en ese momento se produjo la explosión. Sin embargo, no tuvo prácticamente ninguna fuerza, apenas una mínima parte de la que debería haber tenido. Solo había explotado el cebo. La cubierta de la escotilla saltó por los aires y la parte delantera de la caseta del timón quedó destrozada, pero el buque alemán no sufrió ningún daño. Hubo gritos y cierta confusión en su cubierta y los disparos se interrumpieron durante unos segundos. El buque retrocedió a toda máquina. El *Brattholm* empezó a ser devorado por las llamas. Aprovechando aquella tregua, los hombres del bote remaron para intentar ponerse a salvo, pero el buque giró hasta que su cañón quedó apuntándoles directamente. El primer disparo no los alcanzó. En ese momento, el cargamento entero explotó. El *Brattholm* desapareció dentro de la onda expansiva, en el prolongado estruendo que recorrió las colinas, en el hongo de humo atravesado por restos del barco y gasolina en llamas. Eskeland salió disparado y cayó al mar. Jan se inclinó hacia el agua, le agarró de las axilas y tiró de él hasta subirle a la borda, pero entonces el artillero alemán recuperó su posición y un proyectil de tres libras hizo pedazos el bote. Ahora todos estaban en el agua, nadando. Unos sesenta metros los separaban de la orilla. Todas las armas de los alemanes apuntaron a las cabezas que asomaban en el agua. Ellos siguieron nadando entre la espuma producida por los disparos, apartando los trozos de hielo con la cabeza y las manos.

Los cuatro llegaron a tierra. Jan Baalsrud salió del agua a trompicones con su amigo Per Blindheim a su lado. Al llegar a la orilla, Per recibió un disparo en la cabeza, cayó hacia delante y quedó tendido en el suelo con medio cuerpo fuera del agua. Con un último esfuerzo, Jan subió por una ribera llena de piedras y consiguió ponerse a cubierto tras una roca. Mientras subía se había dado cuenta de que su jefe, Eskeland, había caído en la playa y de que Salvesen, herido o agotado, también se había desplomado, incapaz de emprender la subida. Les gritó que le siguieran, pero no hubo respuesta. Una bala alcanzó la roca que tenía encima de la cabeza, rebotó y recorrió todo el fiordo con un silbido. Le estaban disparando desde ambos lados. Miró atrás y vio a los alemanes que habían desembarcado. Cuatro de ellos habían avanzado por la costa y, subiendo por la ladera de una colina, se habían situado a cincuenta metros sobre él para cortarle la retirada. Estaba rodeado.

En la cabecera del fiordo hay un montículo de poca altura, cubierto de pequeños abedules. Tras él, las colinas se alzan abruptamente hasta una altura de unos sesenta metros, separadas por un estrecho barranco. Este contiene una gruesa capa de nieve que forma una lisa y empinada pendiente, solo interrumpida por dos rocas de buen tamaño. Los miembros de la patrulla descendieron dificultosamente por la colina y se detuvieron para arrodillarse en la nieve y disparar a Jan con sus fusiles. Atrapado entre ellos y los disparos del buque, no tenía donde ponerse a cubierto. Para alcanzarle, sin embargo, la patrulla tenía que atravesar la pequeña hondonada de detrás del montículo, donde Jan los perdió de vista durante unos instantes. Se levantó y corrió en dirección a ellos. No sabía si aparecerían sobre el montículo, entre los abedules, o si lo rodearían por la izquierda. Él lo bordeó sigilosamente por la derecha. En el barco llevaba puestas botas de goma, pero había perdido una en el agua y tenía descalzo uno de los pies. Oyó a los soldados abrirse paso entre los quebradizos arbustos. Enseguida, cuando tanto él como la patrulla hubieron rodeado el montículo, se topó con sus huellas y pasó por encima de ellas. Ellos no podrían tardar más de unos segundos en encontrar las suyas, pero ahora el pie del barranco estaba cerca. Jan salió al descubierto y echó a correr hacia él.

Le vieron inmediatamente y ahora estaban incluso más cerca que antes. Un oficial le dio el alto. Jan trepó con dificultad por la nieve blanda y resbaladiza del primer tramo del barranco. El oficial le disparó con un revólver y falló, y él logró ponerse a cubierto detrás de la primera roca y desenfundó su automática.

Al volverse para mirar hacia la parte inferior de la pendiente, vio al oficial subiendo hacia él, seguido muy de cerca por tres soldados. El oficial llevaba el uniforme de la Gestapo. Avanzaban con actitud confiada y Jan recordó que hasta entonces no había efectuado ningún disparo, por lo que posiblemente no supieran que iba armado. Se mantuvo a la espera para no malgastar su munición. Detrás de las cuatro figuras más cercanas a él, percibió cierto revuelo y confusión y escuchó gritos y balas perdidas en el fiordo. Sin dejar de ascender, el oficial le gritó que se rindiera. Estaba sin aliento. Jan fijó la vista en un punto en la nieve, a cinco metros de donde estaba. Cuando llegaran allí, dispararía.

El oficial fue el primero en llegar. Jan apretó el gatillo y la pistola hizo un ruidito seco. Estaba llena de hielo. Lo intentó dos veces más, pero no funcionaba y aquellos hombres estaban a tres pasos de él. Expulsó dos cartuchos y entonces funcionó. Disparó dos veces al oficial de la Gestapo, que se desplomó sin vida sobre la nieve; su cuerpo cayó rodando por la pendiente hacia los pies de los otros. Jan volvió a disparar y el segundo hombre cayó al suelo, herido. Los dos últimos se dieron la vuelta y echaron a correr, deslizándose por la nieve en busca de un lugar en el que guarecerse. Jan se levantó de un salto y emprendió la larga subida por el barranco.

Durante un rato hubo un extraño silencio. Uno de los lados del barranco impedía que le vieran desde el fiordo. La capa de nieve era blanda y gruesa; resultaba difícil avanzar sobre ella y a menudo la bota de goma le hacía resbalarse. Aun utilizando todas sus fuerzas, no podía subir deprisa.

Una vez sobrepasada la segunda roca, en los últimos treinta metros, el barranco se ensanchaba y daba paso a una amplia pendiente cubierta de una nieve completamente limpia, blanca y lisa. En cuanto llegó a ella, quedó a la vista del buque alemán.

Con su uniforme naval de color oscuro, en contraste con la resplandeciente nieve, quedaba convertido en un blanco perfecto para toda la artillería del buque y para los fusiles de los soldados de las playas. Desesperado, avanzó a duras penas por la nieve en polvo, ascendiendo un metro y resbalando de nuevo hacia abajo, intentando angustiosamente agarrarse a la blanda superficie, en la que no había asidero alguno. La capa de nieve virgen de la pendiente quedó destrozada por la lluvia de balas disparadas a su espalda. Los proyectiles de tres libras que hacían explosión sobre la pendiente levantaban nubes de polvo de nieve. Jan aguardaba con espanto el impacto y el intenso dolor en la espalda que pondrían fin a todo. El impulso de esconderse, de buscar algún lugar en el que refugiarse de aquel horror, era irresistible, pero no había donde meterse, no había ayuda posible ni forma alguna de escapar de la terrible situación en la que se hallaba. Solo podía seguir avanzando sin parar, ahogándose con los cristales de hielo que le llenaban los pulmones, sollozando de cansancio, rabia y lástima de sí mismo, dando pisadas sobre una superficie que se desmenuzaba bajo sus pies, trepando y cayendo, agotando sus últimas fuerzas sobre aquel grueso y mullido colchón de nieve.

Llegó a lo alto del barranco. En esa zona había rocas una vez más, nieve dura acumulada, la cima de la colina y, justo detrás, un lugar en el que refugiarse. Jan cayó desplomado y por primera vez se atrevió a mirar atrás. Los disparos se interrumpieron. Desde allí arriba podía contemplar la totalidad del fiordo. Sobre la bahía flotaban nubes de humo. El buque alemán estaba en el lugar en el que había estado anclado el *Brattholm*. A lo lejos, en la orilla, un grupo de soldados tenía rodeados a los tripulantes del pesquero. Más cerca, donde él había salido del agua, vio a sus compañeros tendidos en la playa, inmóviles, y pensó que los tres estaban muertos. Por todo el fiordo había grupos de alemanes, algunos mirando hacia el punto en el que había llegado a lo alto del barranco y desaparecido y otros empezando a moverse en esa dirección. Delante de él, donde estaban sus propias huellas, la nieve era de color rojo, lo que le hizo tomar plena conciencia de un dolor en el pie y dirigir la mirada hacia él. Su única herida era casi ridícula. Era en el pie derecho, el que llevaba descalzo; había perdido la mitad del pulgar de un disparo. No sangraba mucho, ya que tenía el pie congelado. Se levantó, dio la espalda a Toftefjorden y trató de echar a correr. Apenas diez minutos antes estaba durmiendo en el camarote con sus amigos; ahora estaba solo.

03

Persecución

Si Jan se hubiera parado a pensar, le habría parecido que todo era inútil. Estaba solo, vestido de uniforme, en una pequeña isla pelada, perseguido por unos cincuenta alemanes. Al caminar por la nieve, dejaba un profundo rastro que cualquiera podría seguir. Tenía la ropa empapada y llevaba un pie descalzo, que estaba herido y empezando a congelarse. La isla estaba separada del continente por dos estrechos, ambos de varios kilómetros de ancho y patrullados por el enemigo, y todo su dinero y sus documentos habían saltado por los aires en el barco.

Cuando se tiene la mente entumecida por una catástrofe repentina, sin embargo, se actúa más por instinto que con la razón. En contextos militares, es en momentos así cuando la formación resulta esencial. La formación de los tripulantes del pesquero había sido de tipo náutico; su ambiente era el mar, y cuando su barco desapareció ante sus propios ojos y acabaron en la orilla sin tiempo para recuperarse y ponerse a pensar, su reacción fue perder la esperanza y rendirse. Jan, en cambio, había sido entrenado para ver aquel territorio estéril y hostil como un lugar en el que podría vivir y trabajar durante años. Él había planeado desembarcar y vivir de la tierra, de modo que, cuando sobrevino el trance, acudió a ella en busca de refugio de forma inconsciente y empezó a luchar por salvarse. Sin duda sus compañeros habrían hecho lo mismo si no hubieran resultado heridos o vencidos por el agua helada, aunque entonces ninguno de ellos sabía lo que aprenderían más tarde: que cualquier riesgo y cualquier sufrimiento eran mejores que la rendición.

Por el momento, los planes de Jan no abarcaban más que los minutos siguientes. No pensó más de lo que pensaría un zorro herido perseguido por una jauría aullante y actuó con la astucia instintiva de un zorro. En aquella primitiva situación, le resultaba más útil que los complicados mecanismos de la razón. En las laderas que miraban al sur había menos nieve. En ciertas zonas rocosas, donde el terreno era escarpado, había pequeñas superficies sin nieve, así que se dirigía a ellas renqueando y caminaba por encima para no dejar huellas, dibujando rastros falsos, volviendo sobre sus pasos, saltando de una piedra a otra para no pisar la nieve acumulada entre ellas. Pero no había donde ponerse a cubierto: dondequiera que fuera se le vería desde alguna parte de la isla. Cuando la impresión causada por el combate se fue mitigando y su corazón y sus pulmones empezaron a recuperarse del esfuerzo de la subida por el barranco, empezó a pensar que, si bien había logrado escapar, los alemanes no podrían tardar más de unos minutos en darle caza.

Al ir corriendo a ciegas entre las colinas, entorpecido por la herida del pie, no tenía ni idea de la distancia que había recorrido desde Toftefjorden, y antes de lo que esperaba se encontró de nuevo frente al mar. Más abajo, en la orilla, había unas cuantas casas y un embarcadero, y Jan reconoció la tienda por la descripción de Eskeland. Ya había atravesado toda la isla. Recordó que el tendero tenía un barco y pensó en intentar robarlo, pero la masa de agua que se extendía ante sí era ancha y se encontraba despejada y los alemanes iban a aparecer sobre la colina que tenía a su espalda en cualquier momento. Sabía que no conseguiría alejarse de allí en barco antes de que llegaran y le vieran.

Descendió en dirección al mar y llegó hasta la orilla, a cierta distancia del embarcadero. Al menos allí había una estrecha franja de playa en la que no había nieve y por la que, aunque despacio y con gran dolor, podía caminar sin dejar huellas. Echó a andar hacia la izquierda, alejándose de la tienda, de nuevo en dirección a Toftefjorden. Se sentía tremendamente solo.

Junto a la orilla había dos pequeños cobertizos para almacenar heno. Le entraron ganas de meterse en uno, esconderse allí, taparse con el heno para entrar en calor y echarse a dormir. Era un lugar obvio en el que esconderse. En cuanto se puso a pensarlo, sin embargo, supo que era demasiado obvio. No había nada alrededor. Se imaginó estando allí escondido a oscuras, oyendo a los alemanes acercarse por la playa y gritar con expectación al ver los cobertizos, y a él mismo allí acorralado mientras le rodeaban. La pura inutilidad de los cobertizos le dejó claro que realmente no había donde esconderse en aquella horrible isla. Si se quedaba en ella, se escondiera donde se escondiera, le encontrarían.

Aunque él no lo sabía, al avanzar dificultosamente por la playa se estaba aproximando al seno por el que habían navegado Eskeland y los otros para llegar a la tienda. Se llama Vargesundet y está lleno de rocas, a diferencia de las grandes masas de agua que se extienden sin interrupción al norte y al sur de esa zona. La roca más grande tiene una superficie de unos dos mil metros cuadrados. En cuanto vio aquel islote, Jan supo lo que tenía que hacer y por primera vez albergó un atisbo de esperanza. Se acercó corriendo a la orilla, se metió en el agua y empezó a nadar de nuevo.

Solo había unos cincuenta metros hasta el islote y, a pesar de la ropa, la pistola y la bota, no le costó atravesarlos a nado. Cuando salió de la mezcla de agua y hielo y se subió a la roca por el lado más alejado de Rebbenesøya, sin embargo, el efecto de ese segundo baño empezó a pasarle factura. Tenía que empezar a tener en cuenta que existía la posibilidad de que muriera congelado.

En el islote había un diminuto montículo de turba que alguien había estado cortando. Se metió detrás y empezó a hacer ejercicios, sin dejar de vigilar las colinas de la isla principal. No sentía nada en el pie que llevaba descalzo, aunque la carrera le había dejado hecha cisco la punta del dedo gordo y la tenía en carne viva. Se quitó la bota y se cambió el calcetín del pie izquierdo al derecho. Parecía buena idea llevar una bota en un pie y un calcetín en el otro. Agachado detrás del montículo, se puso a dar patadas en el suelo para hacer circular la sangre e intentar evitar la congelación.

Los alemanes no tardaron mucho en aparecer. Durante las dos horas siguientes los estuvo observando, primero con recelo y después con una sensación cada vez mayor de encontrarse en una situación de ventaja. Se aproximaban despacio, avanzando desordenadamente en línea, deteniéndose a inspeccionar cada piedra, acompañados por una mezcla de gritos, órdenes y contraórdenes. Jan, observándolos con el espíritu crítico adquirido gracias a su propio entrenamiento en el terreno, recordó una de las muchas cosas que le habían contado y que no había llegado a creerse del todo: que las guarniciones de aquella remota zona de Noruega estaban formadas por soldados de baja graduación que tenían la moral minada por el aislamiento y los largos periodos de inactividad. Poco a poco, mientras era testigo de sus torpes labores de búsqueda, empezó a despreciarlos y a reconocer indicios de falibilidad e incluso de temor bajo aquellos imponentes uniformes. Seguramente fueran oficinistas, cocineros y ordenanzas, trasladados de un día para otro y contra su voluntad desde sus cómodos alojamientos en el centro de operaciones de la ciudad. Se imaginaba perfectamente lo que pensarían de tener que estar persiguiendo a un fugitivo armado y desesperado por el hielo, las rocas y la nieve.

Estaba anocheciendo cuando el primer grupo de alemanes empezó a aproximarse por la playa, pero las linternas que iban dirigiendo a los oscuros recovecos le permitieron verlos con claridad. Pasaron por delante del islote sin volverse ni una sola vez para mirar hacia el mar. Parecía que por ahora no se les había pasado por la cabeza que pudiera haberse ido nadando.

Una vez que se hizo de noche, la confusión fue en aumento. Los alemanes estaban desperdigados por las colinas en pequeños grupos y cada grupo hacía señas con sus linternas a los demás. Gritaban sus propios nombres, por miedo a que sus compañeros los confundieran con el fugitivo. De vez en cuando, el eco de un disparo recorría las colinas, lo cual solo podía significar que, con los nervios, disparaban cuando creían ver algún movimiento en la oscuridad. Poco a poco, con una sensación de intensa euforia que le dio nuevas fuerzas y coraje, Jan cayó en la cuenta de que, por mucho que le superaran en número, le tenían miedo.

Aquella oportunidad de estudiar al ejército alemán en uno de sus peores momentos tuvo más valor que meses de formación militar, ya que, a partir de entonces, nunca volvió a tener ni la menor duda de que podría burlarlos hasta el final.

Al mismo tiempo, estaba tomando mayor conciencia de los peligros del entorno en el que se encontraba. Un enemigo humano, por implacable y despiadado que sea, tiene debilidades humanas, pero el Ártico no es algo que pueda tomarse a la ligera. En el plano más inmediato, Jan sabía que, si se quedaba donde estaba con la ropa mojada, estaría muerto antes del amanecer.

Evidentemente, solo había una alternativa: volver a nadar. Podía regresar a Rebbenesøya, donde de nuevo estaría entre los alemanes, o tenía la posibilidad de atravesar el seno a nado hasta Hersøya, la siguiente isla en dirección este. De una forma u otra, tenía que encontrar una casa en la que pudiera entrar a secarse y calentarse. En Rebbenesøya solo había visto dos casas, la del tendero y la de Toftefjorden, y ambas estaban descartadas. Sabía por el mapa que había otras más al oeste, pero seguramente para entonces ya estarían llenas de alemanes. Al otro lado del seno, en Hersøya, había visto una casa solitaria, pero no tenía ni idea de quién viviría allí.

Miró hacia Vargesundet y se preguntó si era factible. En realidad había doscientos metros hasta el otro lado, pero le resultaba difícil calcularlo a oscuras. La otra orilla no era más que una sombra entre el brillo del agua y el brillo de las colinas. En la superficie del agua se veía algún que otro remolino: la marea había empezado a cambiar de dirección. Con fuerzas y buena salud habría podido nadar esa distancia fácilmente, pero no podía calcular los efectos que tendrían la marea, el frío y su propio cansancio. Se quedó allí parado un buen rato antes de decidirse. No quería morir de ninguna de las dos maneras, pero ahogarse parecía mejor que congelarse. Se volvió para echar una última mirada a las linternas de los soldados, bajó dando traspiés por las rocas, metió las piernas en el agua y volvió a tirarse al mar.

Es una suerte que el sufrimiento físico extremo a menudo solo quede en la memoria en forma de recuerdos borrosos. Jan apenas recordaba nada de aquella tercera zambullida, la más larga de las tres, con la excepción de unos calambres espantosos y del terrible convencimiento de que estaba a punto de morir, algo que la mayoría de la gente experimenta una o dos veces en su vida, pero a lo que él había tenido que enfrentarse varias veces solamente a lo largo de aquel día. Cuando ya había abandonado toda lucha consciente y admitido su derrota y estaba listo para recibir el desenlace que pondría fin a su dolor, una corriente fortuita lo arrastró hasta la otra orilla, hizo rodar su flácido cuerpo por las piedras y lo dejó allí tendido boca abajo, gimiendo y retorciéndose de los calambres, sin poder moverse ni pensar en moverse.

Unos segundos o minutos más tarde, en un estado de neblinosa semiinconsciencia, le llegó ruido de voces. Se oyeron pisadas en la playa y el sonido de piedras al moverse. Con una leve curiosidad, Jan se preguntó si el idioma que oía era alemán o noruego. Desde algún lugar situado fuera de su propio cuerpo, observó al hombre que yacía maltrecho en la orilla y a quienes se aproximaban a él y sintió lástima, ya que, si eran alemanes, aquel hombre se encontraba demasiado débil para huir. Poco a poco, sin embargo, su débil y embotado cerebro empezó a aceptar un hecho que, en aquella jornada de muerte y violencia, resultaba inesperado y extraño. Eran voces de niños. Había unos niños acercándose por la playa y parloteando en noruego. De pronto se detuvieron y Jan supo que le habían visto.

Levantó la cabeza y las vio: dos niñas de corta edad, cogidas de la mano, con los ojos abiertos de par en par con un gesto de pánico, demasiado asustadas para echar a correr. Jan sonrió y dijo: «Hola. No tengáis miedo». Consiguió darse la vuelta e incorporarse. «He tenido un accidente —dijo—, espero que podáis ayudarme». Las niñas no respondieron, pero notó que se relajaban un poco y comprendió que al verle habían pensado que estaba muerto.

A Jan le encantaban los niños. Se había hecho cargo de sus propios hermanos pequeños al morir su madre. Quizá en ese momento no había nada en el mundo capaz de darle fuerzas excepto la compasión: la urgente necesidad de calmar el miedo de aquellas niñas y compensarlas por el susto que les había dado. Se dirigió a ellas con tono sosegado. La autocompasión y la desesperación habían desaparecido. Les enseñó lo mojado que estaba e hizo una broma sobre ello, y las niñas se fueron acercando a él a medida que el temor daba paso al interés y la fascinación. Les preguntó sus nombres. Se llamaban Dina y Olaug. Al cabo de un rato les preguntó si vivían cerca de allí y si podían llevarle a su casa. Ante la idea de llevarle a casa y enseñarles a sus padres lo que habían descubierto, a las niñas se les iluminó el rostro y le ayudaron a levantarse. La casa no estaba lejos.

En ella había dos mujeres con el resto de sus hijos. Al ver al hombre desaliñado, renqueante y muerto de frío que habían traído las niñas, prorrumpieron en gritos de asombro y horror. En cuanto Jan les habló en noruego, sin embargo, su espanto se transformó en preocupación maternal y le llevaron rápidamente a la cocina, donde le acercaron a la lumbre, le trajeron toallas y pusieron agua a calentar.

De toda la serie de admirables actos de caridad de los que Jan sería objeto en los meses siguientes, la ayuda que le prestaron estas dos mujeres la primera noche de su viaje fue la más generosa, ya que sabían lo que había sucedido justo al otro lado del seno y eran conscientes de que en cualquier momento, definitivamente antes de la mañana siguiente, tendrían a los alemanes aporreando su puerta. Sabían que, cuando se enfrentaran a sus interrogatorios, sus vidas y las de todos sus hijos podrían depender de una simple palabra desacertada. Aun así, abrieron su puerta de inmediato a aquel desconocido desesperado, le prestaron sus cuidados, le salvaron la vida y le despidieron sin considerar ni esperar otra recompensa que la seguridad de que, fuera cual fuese el precio que tuvieran que pagar por ello, habían cumplido con su deber cristiano. Sus nombres son *fru* Pedersen y *fru* Idrupsen.

Lo primero que hizo Jan fue advertirlos a todos de que le perseguían los alemanes y de que, cuando los interrogaran, debían decir que había entrado allí con una pistola y los había obligado a ayudarle por la fuerza. Sacó su revólver para enfatizar lo que estaba diciendo. En cuanto estuvo completamente seguro de que lo habían entendido y de que hasta los niños tenían claro lo que debían decir y hacer, mandó a dos de ellos a vigilar fuera y les pidió que le avisaran de inmediato si veían entrar algún barco en el seno.

Fru Idrupsen resultó ser la mujer que vivía en Toftefjorden. Había echado a correr hacia las colinas con sus hijos cuando comenzaron los disparos y había visto casi todo lo ocurrido desde lo alto de la isla. Había cruzado el seno en una barca de remos para refugiarse en casa de sus vecinos. *Fru* Pedersen tenía un hijo y una hija mayores y dos niños pequeños. Su hijo había salido a pescar, pero regresaría en cualquier momento. Su marido, al igual que el de *fru* Idrupsen, estaba trabajando en Lofoten y no volvería a casa hasta que terminara la temporada de pesca.

Todo el tiempo que Jan estuvo hablando, las dos mujeres se mantuvieron atareadas prestándole los cuidados prácticos que tanto necesitaba. Le dieron comida y algo caliente de beber y le ayudaron a quitarse la ropa empapada. Le encontraron ropa interior y calcetines secos, así como una bota de pescador de *herr* Pedersen. Pusieron su uniforme a secar, le frotaron los pies y las piernas hasta que empezó a recuperar la sensibilidad y le vendaron el muñón del dedo del pie.

Mientras las mujeres se afanaban en reanimarle, en dos ocasiones los centinelas vinieron corriendo a decirle que se acercaba un barco. Las dos veces Jan se puso la chaqueta y los pantalones humeantes de vapor, se calzó las botas —una suya y una de *herr* Pedersen—, recogió todas sus pertenencias y salió corriendo de la casa en dirección a los montes, pero en ambos casos el barco pasó de largo.

Entre una alarma y la siguiente, descansó y se relajó. Aquella modesta cocina noruega, con los niños a su alrededor hablando en su lengua materna, era más acogedora que cualquiera de los lugares en los que había estado en los tres años que había pasado en el extranjero. El calor y la sensación de haber regresado a casa, así como el contraste del ambiente familiar con la horrenda tensión del día, le dieron somnolencia. Era difícil tener presente que fuera de allí, en la oscuridad, seguía habiendo hombres despiadados que le dispararían nada más verle, que destrozarían aquella casa si le encontraban allí y que encerrarían a los niños y someterían a sus madres a un sufrimiento atroz. Aquella violencia parecía un sueño. Cuando obligó a su mente a volver a enfrentarse a la realidad, Jan se vio asaltado por una duda que más adelante volvería a acompañarle a menudo. ¿Debía permitir que esas personas le ayudaran? ¿Tenía tal valor su propia vida? ¿Era justo que un soldado dejara que mujeres y niños arriesgaran sus vidas hasta ese punto? Para proteger a esa gente de las repercusiones de su propia generosidad, ¿no debía marcharse y librar su propia batalla él solo? Por el momento, sin embargo, aquellas preguntas quedaron sin respuesta, ya que no estaba en condiciones de tomar esa decisión. *Fru* Pedersen y *fru* Idrupsen le habían tomado a su cuidado y le trataron como a un hijo más.

Cuando llevaba una media hora allí, el hijo mayor de los Pedersen volvió a casa. Había oído la explosión de Toftefjorden, pero no sabía lo que había pasado. En cuanto le contaron la historia, aceptó como la cosa más natural del mundo que hubiera un superviviente herido sentado en la cocina de su madre mientras los alemanes batían las islas de la zona. Como su padre no estaba en casa, era su responsabilidad poner a salvo a Jan. Empezó a darle vueltas a cómo hacerlo.

Lo primero era que Jan descansara. Para empezar, no se sabía cuándo volvería a tener la oportunidad de hacerlo; por otro lado, sería una locura salir en barco mientras los alemanes aún andaban por allí. Después, dijo el joven, cuando hubiera descansado, debería abandonar por completo las islas e ir a tierra firme. En cualquier isla, por grande que fuera, podría verse acorralado, no solo porque podría encontrarse con que le habían cortado la retirada, sino porque en una isla todo el mundo estaba al corriente de lo que hacían los demás. Si se quedaba un día más en Hersøya, todo el mundo sabría que estaba allí. En tierra firme, en cambio, uno siempre podía seguir avanzando si le perseguían, y allí los chismes no se propagaban tan rápido. En general, estaría más seguro. Además, ese era el camino para llegar a Suecia.

Esa fue la primera vez que Jan se paró a pensar en una huida final. Hasta entonces, sus planes habían consistido en esconderse durante unas horas y había seguido viendo el norte de Noruega como su destino. Su objetivo había sido llegar allí y lo había conseguido, y, pese a haber perdido a sus compañeros y todos sus pertrechos, no había reconocido ante sí mismo que toda la expedición había fracasado. Aún esperaba realizar al menos parte de su tarea en la región, en cuanto recobrara sus fuerzas y se librara de los alemanes. Pero todos los que vivían allí, según estaba empezando a comprobar, pensaron inmediatamente en Suecia como destino para alguien en una situación tan comprometida como la suya. Era un viaje complicado pero no muy largo: unos ciento treinta kilómetros en línea recta, si es que se hubiera podido viajar en línea recta.

El problema, continuó el joven, era que él solo tenía un bote de remos y con eso sería imposible llegar a tierra firme. Justo al sur de donde estaban se encontraba Skagøysundet, un seno de algo más de tres kilómetros de ancho. Al otro lado estaba Ringvassøya, una isla de unos mil kilómetros cuadrados, al sur de la cual habría que cruzar el propio Grøtsundet, el principal canal para acceder a Tromsø desde el norte, que medía seis kilómetros y medio de ancho y estaba lleno de patrulleros. Lo más que podía hacer él era llevar a Jan en su bote a Ringvassøya antes de que amaneciera. Pero conocía a alguien allí que era de fiar, un hombre llamado Jensen, que tenía una lancha motora y que pensaba ir a Tromsø pronto. Su esposa era la partera de la zona y él tenía un permiso y siempre estaba yendo de un lado para otro con su barco. Podría dejar a Jan en tierra firme fácilmente.

Jan escuchó con agradecimiento cómo se iba gestando el plan. Por ahora le parecía bien que otros lo pensaran todo por él y estaba dispuesto a aceptar cualquier sugerencia que supusiera alejarse de Toftefjorden.

Una vez que estuvo todo decidido, y mientras Jan descansaba, el hijo mayor de la familia de Toftefjorden fue con su bote a ver lo que había sucedido en la bahía y averiguar si quedaba algún rastro de los demás miembros del destacamento de Jan. Estuvo fuera un par de horas. A su regreso, Jan recibió la confirmación de que, de los doce hombres, él era el único al que no habían matado o capturado. La propia bahía de Toftefjorden estaba tranquila. Aún había patrullas de alemanes batiendo las colinas a lo lejos. En las laderas había trozos de madera. El muchacho había encontrado los restos de un barril de gasolina y había visto una cartuchera colgada de un árbol. Pero en las playas no quedaba nadie, ni vivo ni muerto. El buque alemán se había ido. Iba navegando lentamente frente al lado norte de la isla, apuntando a la costa con un reflector. A bordo debían de ir los compañeros de Jan, con vida o sin ella. No quedaba rastro de Eskeland, Per Blindheim y todos los demás, y no podía contar con volver a verlos nunca más. No le quedaba otra que seguir adelante solo.

Partió de la casa de Hersøya muy temprano, mucho antes del amanecer. *Fru* Pedersen y *fru* Idrupsen se despidieron de él sin aceptar sus palabras de agradecimiento, que a la fuerza tuvieron que ser insuficientes para corresponderles por lo que habían hecho por él. El muchacho le condujo hasta su bote, se subieron y lo empujaron hacia el agua. Jan volvía a encontrarse en forma y listo para cualquier cosa. Se pusieron en marcha con rumbo sur. Pasaron por delante del lugar al que había llegado nadando y por delante de la tienda, y a continuación salieron a aguas abiertas en dirección a Ringvassøya y dejaron Toftefjorden a popa. Todo estaba en calma.

04
Botas en la nieve

En los momentos de calma, Jan a menudo pensaba en su familia, como hacen todos los soldados de todos los ejércitos durante una guerra. Según la información que tenía, seguían en Oslo: su padre, su hermano menor, Nils, y su hermana. El nombre de su hermana era Julie, pero nunca la llamaban así, ya que les parecía anticuado; siempre la habían llamado Bitten, el apodo que se había inventado Jan cuando tenía ocho años y su hermana era un bebé. Cuando murió su madre, Jan contaba dieciséis años, Nils tenía diez y Bitten, solo ocho, así que, de un día para otro, Jan había tenido que comportarse con mucha más madurez de la que realmente poseía. Había tenido que cuidar a los pequeños cuando su padre estaba trabajando e incluso ir a la compra, cocinar y lavar para la familia durante un tiempo, hasta que su tía pudo acudir en su ayuda.

Todos habían estado siempre muy unidos, tanto antes como después de aquella desgracia, y lo estuvieron hasta la mañana siguiente a la invasión, cuando a Jan le llegó la orden de que tenía que partir al cabo de una hora. Por alguna razón, sin embargo, con los años había surgido un vínculo especial entre Bitten y él. El joven Nils era un varón y un espíritu libre que siempre había sabido arreglárselas solo, pero Bitten había acudido a él cada vez más en busca de consejo y Jan había acabado cogiéndole un enorme cariño, sintiéndose muy orgulloso de ella y desarrollando un gran interés en cómo iba haciéndose mayor.

Posiblemente aquel afecto de hermano mayor fuera la emoción más profunda que Jan había sentido en su vida cuando dio consigo en Toftefjorden a los veintiséis años. En cualquier caso, despedirse de Bitten había sido más doloroso que cualquier otro aspecto de su partida. Cuando supo que tendría que hacerlo, intentó que la separación fuera lo más rápida e indolora posible. Esa mañana, esperó en casa hasta la hora en que sabía que Bitten volvería de la escuela y la abordó en la calle de camino a la estación solo para decirle que se marchaba. Entonces su hermana tenía quince años y desde ese día no había vuelto a verla. Durante los primeros meses, mientras estuvo en Noruega y Suecia, había podido escribirle de vez en cuando, usando un nombre falso para que, si las cartas caían en manos de quien no debían, Bitten no se metiera en problemas por tener un hermano que seguía oponiéndose a los alemanes después de la capitulación. En sus cartas, Jan le había pedido encarecidamente que siguiera estudiando y no tuviera prisa por ponerse a trabajar, pero no había llegado a saber si su hermana había seguido su consejo. Cuando estaba preso en Suecia, había recibido unas cuantas cartas suyas, en las que le mandaba recortes de periódico sobre los partidos de *netball* en los que había jugado. El hecho de que Bitten quisiera que se interesara por el deporte que practicaba cuando estaba iniciando una pena de cárcel le había hecho sonreír, pero también sentir una enorme nostalgia. Desde que había salido de Suecia e iniciado su viaje hasta Inglaterra, no había tenido ninguna noticia suya. Habían pasado casi tres años. Ahora tendría dieciocho años: toda una mujer, seguramente. Deseaba con todas sus fuerzas saber si estaba bien.

Sentado en el bote aquella madrugada, mientras el joven de Hersøya le llevaba a la otra orilla del seno, Jan tenía motivos de sobra para estar pensando en su familia. Desde que había empezado a formarse como agente secreto, siempre había tenido presente que debía tener cuidado para protegerlos de las represalias si algo salía mal. Ahora que le acechaban la captura y la muerte, tenía que recordarse a sí mismo que solo había una forma de protegerlos: negarse a ser capturado y, en el caso de que tuviera que morir, morir en el anonimato. No llevaba nada encima que permitiera identificarle, ni vivo ni muerto, como Jan Baalsrud, y así era como debía ser: si ocurría lo peor, los alemanes le meterían en una tumba sin nombre. Su padre, Nils y Bitten nunca sabrían qué había sido de él. Le habría gustado que supieran que había hecho todo lo posible, pero mantenerlos en la ignorancia era el precio de su seguridad.

Fue un comentario del chico lo que le obligó a considerar esta cuestión. El muchacho dijo que tenía la intención de llevarle a casa de Jensen, presentarle y asegurarse de que quedaba a salvo, pero Jan tuvo que pedirle que le dejara en la orilla, en algún sitio que no se viera desde la casa, y se marchara. Le explicó el primer principio de cualquier operación ilegal: nadie debe saber más de lo necesario. Era una lástima que el chico y su familia supieran que Jan iba a ir a casa de Jensen, pero no hacía falta que este supiera de dónde había venido. Puede que confíes en alguien tanto como en tu propio hermano, explicó Jan, pero no le haces ningún favor revelándole secretos que no necesita conocer, ya que nadie puede tener la certeza de que no confesará si resulta capturado y es sometido a un interrogatorio. Lo que sale de tu boca cuando tienes el cerebro paralizado por las drogas o las torturas no es una simple cuestión de valentía; es algo que no se puede predecir ni controlar. El propio Jan sería el único que conocería la identidad de todas las personas que le ayudaran, pero tenía su revólver y le prometió solemnemente al muchacho, como después les prometería a otros, que no se dejaría atrapar con vida. De modo que se despidieron en la orilla en Ringvassøya; el muchacho dio la vuelta, desapareció en la oscuridad y dejó a Jan solo.

Todo lo que Jan poseía en el mundo en ese momento era la ropa que llevaba puesta, su revólver y el contenido de sus bolsillos: un pañuelo, una navaja y alguna que otra porquería. Llevaba un jersey y unos pantalones de color azul marino, la ropa interior de *herr* Pedersen y una chaqueta de la Armada noruega, gruesa y cruzada, con botones metálicos y divisas de marinero, a pesar de que nunca había sido marinero y de que ni siquiera estaba muy seguro de saber remar. La chaqueta llevaba la bandera noruega cosida en los hombros y, sobre ella, el nombre del país escrito en inglés: «*Norway*». Había perdido su gorra. Le hicieron gracia las curiosas huellas que dejaban sus botas en la nieve, una inglesa y una noruega. Alguien que tuviera inclinación por fijarse en los símbolos habría visto algún significado en ello.

En esa zona de Ringvassøya había una docena de casas, pero reconoció fácilmente la de Jensen. Tenía las luces encendidas y se oían voces procedentes del interior. Jan pensó que ojalá eso significara que Jensen iba a salir de casa temprano para ir a Tromsø. Se dirigió a la puerta trasera y, tras un momento de vacilación, llamó. Una mujer abrió la puerta de inmediato y Jan preguntó si Jensen estaba en casa. No, contestó ella, había salido hacia Tromsø la mañana anterior y no volvería hasta dos o tres días más tarde.

Al oír la decepcionante noticia, Jan se detuvo durante unos instantes con aire indeciso, ya que no quería exponerse ante personas que no pudieran ayudarle. Le habría gustado poner alguna excusa y marcharse, pero advirtió un gesto de sorpresa y alarma en el rostro de la mujer cuando la luz de la lámpara de la entrada iluminó su uniforme.

—Estoy en una situación un poco complicada con los alemanes —dijo Jan—. ¿Tiene gente en casa?

—Sí, claro —contestó ella—, tengo a mis pacientes, pero están en el piso de arriba. Será mejor que entre.

Aquello explicaba las luces y las voces a esa hora tan temprana de la mañana. No había tenido en cuenta lo que implica la vida de una partera. Entró en la casa y empezó a contarle brevemente lo que había ocurrido, lo que quería y el riesgo que corría ella si le ayudaba.

Fru Jensen no se vio en absoluto disuadida por el riesgo. Había oído la explosión de Toftefjorden y los rumores ya habían empezado a correr por Ringvassøya. Lo único que preguntó fue quién le había mandado a su casa, y cuando Jan se negó a decírselo y le explicó sus motivos, lo entendió de inmediato. Le dijo que podía quedarse y que sentía mucho que su marido no estuviera. Ella no podía salir de casa en ese momento, ni siquiera unos minutos, pero tenían mucho sitio y estaban acostumbrados a que hubiera gente entrando y saliendo. Podía quedarse hasta la noche o, si quería, incluso esperar hasta que regresara Jensen. Él no tendría inconveniente en llevarle a tierra firme, pero no estaba segura de cuándo volvería y quizá fuera arriesgado intentar llamarle por teléfono a Tromsø para pedirle que se diera prisa.

—Seguro que tiene hambre. Discúlpeme un momento y después le prepararé algo de desayunar —dijo antes de irse corriendo a atender a una parturienta en el piso de arriba.

Jan estaba convencido de que en ningún otro sitio iba a estar más seguro que en manos de aquella mujer. Hasta podía imaginársela tratando con maña y con firmeza a los alemanes que quisieran registrar su casa. Para alguien que estuviera buscando un escondite, sería difícil encontrar uno mejor que un paritorio, ya que posiblemente hasta los alemanes vacilarían antes de llevar a cabo un registro en un sitio así. Sin embargo, utilizar aquel lugar sería una auténtica vergüenza. Cabía la posibilidad de que no funcionara, de que no disuadiera a los alemanes. Jan tenía tan poco conocimiento sobre los partos y se sentía tan intimidado por ellos como podía esperarse de un joven soltero, pero sí se imaginaba claramente a los soldados alemanes pasando por aquella casa como un vendaval y a sí mismo viéndose obligado a enfrentarse a ellos allí dentro y, ante un eventual fracaso, teniendo que volarse los sesos. Si se volvía necesario llegar a eso, él estaba listo para afrontarlo; uno siempre sabía que podía ocurrir y era capaz de contemplarlo con frialdad. Pero involucrar en una cosa así a una mujer en el momento del nacimiento de su bebé, o quizá ver cómo un recién nacido recibía un disparo o era aplastado de un pisotón, era una tremenda indecencia. No podía ni pensarlo.

Además de eso, había otra cuestión práctica, de tipo estratégico, que considerar. Todavía estaba demasiado cerca de Toftefjorden. Si de verdad los alemanes querían atraparle, no tardarían mucho en registrar Rebbenesøya de arriba abajo; probablemente ya hubieran terminado. Una vez que estuvieran seguros de que había abandonado la isla, el lugar obvio en el que buscar sería donde se encontraba ahora, en la costa de Ringvassøya que quedaba enfrente. El rango de búsqueda se iría ampliando poco a poco, como una onda en la superficie de un estanque, hasta que admitieran que se les había escapado. Hasta entonces, fuera como fuese, tenía que moverse más deprisa que la onda.

Cuando volvió *fru* Jensen y empezó a poner la mesa, Jan le dijo que había decidido seguir viaje. Ella no expresó ninguna opinión sobre ello, sino que se limitó a repetirle que podía quedarse más tiempo si lo deseaba; si no, le daría algo de comida para llevarse. Empezó a darle datos sobre personas de toda la isla que podrían serle útiles o causarle problemas. Tenía distintas formas de continuar su camino: por mar, si encontraba un barco; por la costa, en cualquiera de las dos direcciones; o por un valle que atraviesa la isla por la mitad. Pero si iba por el valle, le advirtió, tendría que andarse con cuidado. Los habitantes de aquellos lugares remotos y aislados tenían tendencia a adoptar las ideas políticas del clérigo de la zona, del juez de paz, del alcalde o de alguna otra figura destacada de su comunidad; sus conocimientos del mundo exterior eran demasiado escasos para formarse sus propias opiniones. En aquel valle vivía un hombre que era un nazi, o eso le habían contado, y la partera se temía que mucha gente podía haber caído bajo su influencia. Si alguien veía a un desconocido por la zona, seguro que la noticia llegaría a oídos de aquel hombre y, aunque no podía afirmarlo con seguridad, *fru* Jensen pensaba que era posible que informara a la policía. Eso sí, añadió, en la mayor parte de Ringvassøya no tendría el más mínimo problema. Podría entrar prácticamente en cualquier casa con la seguridad de que sería bien recibido. También le dio los nombres de muchas personas que sabía que estarían dispuestas a ayudarle.

Todavía era temprano cuando Jan se despidió de *fru* Jensen, con energías renovadas gracias a un buen desayuno y a la amabilidad, el sentido común y la valentía de la partera. Quería alejarse de las casas antes de que hubiera demasiada gente por la calle, pero ya era de día y era más que probable que alguien fuera a verle desde una ventana. Era una buena oportunidad para intentar despistar. Empezó a caminar por la orilla hacia el oeste. En esa dirección, podría haberse dirigido hacia el valle o haber seguido por la costa para rodear la isla por su lado occidental. Pero cuando ya no se le podía ver desde la última vivienda, cambió de rumbo y se dirigió hacia los montes, para después dar un rodeo por detrás de las casas y volver a la costa más al este. Esta vez había hecho planes para un periodo algo más largo: la siguiente etapa consistía en caminar cincuenta kilómetros hasta el extremo sur de la isla.

Parecía sencillo. Lo recordaba bien del mapa y era lo que durante sus entrenamientos habría constituido un día relajado. Sabía que los mapas de zonas montañosas a menudo engañan, ya que ni siquiera los mejores indican si es posible o no escalar un monte, pero no estaba preparado para un mapa tan engañoso como el de aquella región de Noruega. En circunstancias normales, en las islas del norte del país nadie recorre largas distancias a pie. La forma natural de desplazarse de un lugar a otro es por mar, y por eso las cartas náuticas son excelentes. En cambio, el mapa terrestre más detallado que existía entonces estaba a una escala de dos kilómetros y medio por centímetro y en él Ringvassøya parecía una isla muy verde y sin grandes elevaciones del terreno. No aparecía señalada ninguna altura. Había curvas de nivel, pero eran imprecisas, como si en su trazado hubiera intervenido más la esperanza que la ciencia. Se podría haber sacado alguna conclusión del hecho de que las únicas casas que aparecían estaban concentradas en la costa y de que no había ni una sola carretera, pero no había nada en el mapa que sugiriera ni la décima parte de la dificultad que suponía atravesar la isla a pie en invierno.

Jan había llegado a la isla de noche; si había llegado a ver alguna parte de ella, había sido solo al lanzar una mirada rápida cuando alcanzó la cima de la colina en Toftefjorden, con los alemanes pisándole los talones, así que se puso en marcha lleno de optimismo con sus botas de goma. Sin embargo, recorrer los cincuenta kilómetros le llevó cuatro días.

En ningún momento de la caminata estuvo expuesto a ningún riesgo inmediato. Los únicos peligros que encontró fueron la clase de dificultades que puede superar cualquier montañero aceptable. Una vez que desapareció en el interior de la isla, donde no había ninguna vía de paso, quedó completamente a salvo de los alemanes hasta que volvió a salir a la costa. Pero fue un viaje desesperante. Con cada kilómetro llegaban nuevas molestias y frustraciones, y lo más fastidioso de todo eran las botas. Jan era buen esquiador; como la mayoría de los noruegos, llevaba esquiando desde que había aprendido a andar, y quizá atravesar Ringvassøya sobre unos esquís habría sido una experiencia muy placentera. Desde luego, habría sido rápido y sencillo. Pero, claro, sus esquís habían saltado en pedazos como todo lo demás y pocas cosas puede haber menos apropiadas para caminar sobre una gruesa capa de nieve que unas botas de goma.

Su idea inicial había sido avanzar por la costa, donde la capa de nieve sería menos profunda y estaría más dura y donde tendría la posibilidad de caminar por la playa, por debajo de la línea de marea alta. Pero ya la primera mañana comprobó que no era tan fácil como parecía. Enseguida llegó a un lugar en el que la cresta de un monte se extendía hacia el mar y terminaba en un acantilado. Intentó avanzar por la orilla al pie del mismo, pero la playa se fue estrechando cada vez más hasta que, al rodear una roca complicada, se encontró con que la cara del acantilado caía a pico sobre el mar delante de él. Tuvo que retroceder más de un kilómetro y medio y subir al monte. No era muy empinado, pero le dio una idea de la magnitud de lo que había acometido. La goma mojada le hacía resbalar a cada paso. En algunos tramos, cuando la nieve estaba dura, la subida habría sido fácil si hubiera podido formar escalones introduciendo los pies en la nieve, pero las botas eran blandas y el dedo herido le dolía demasiado cuando lo hacía con el pie derecho. Tenía que subir lentamente, asegurando un pie antes de mover el otro, como un niño subiendo unas escaleras. En cambio, cuando la nieve estaba blanda y se hundía en ella hasta la altura de la cintura, las botas se le llenaban de nieve y se le salían, así que tenía que agacharse y escarbar con las manos para encontrarlas.

Desde lo alto del monte, cuando se detuvo para recobrar el aliento, pudo abarcar con la mirada gran parte de la costa hacia el este. Se veía una cima tras otra, todas iguales que la del monte en el que se encontraba y todas terminadas en un acantilado demasiado escarpado para poder trepar por él.

Empezó a descender por la otra vertiente e incluso eso le resultó pesado y doloroso. Por pendientes por las que habría sido una delicia bajar esquiando tenía que descender lenta y trabajosamente, se iba golpeando el dedo con la punta de la bota y a veces el dolor le hacía estremecerse, perder el equilibrio y desplomarse.

Aun así, todo eso no eran más que simples molestias y, pasara lo que pasara, habría sido absurdo enfadarse mientras se encontrara en libertad. También le pareció que habría sido una deslealtad. Mientras iba avanzando a trompicones pensó mucho en sus amigos, sobre todo en Per y en Eskeland. Los extrañaba muchísimo. Naturalmente, le habían entrenado para ser capaz de cuidar de sí mismo y de tomar sus propias decisiones sobre lo que debía hacer. En teoría, podía arreglárselas solo y no dependía de un jefe que decidiera por él. Pero eso no era lo mismo que perder repentinamente a Eskeland, al que admiraba muchísimo y siempre había considerado un poco más sensato y competente que él, alguien a quien siempre podía acudir en busca de buenos consejos y comprensión. Y menos aún, en cierto modo, podía su formación ocupar el lugar de Per, quien durante tanto tiempo lo había compartido todo con él. Jan sabía hacer su trabajo, pero era horrible no tener a nadie con quien hablar de cómo hacerlo. En cuanto a qué habría sido de sus amigos, no quería ni pensarlo. Con gusto habría aceptado más sufrimiento para estar más cerca de ellos en espíritu.

En este estado de ánimo, se forzó a realizar caminatas larguísimas: veinticuatro horas, trece horas, veintiocho horas sin descanso. Pero las distancias que recorría eran muy cortas, no solo porque a menudo se encontraba con peñascos que le impedían el paso y tenía que retroceder, sino también por el clima.

El tiempo cambiaba en un abrir y cerrar de ojos. Por la noche, si el cielo estaba despejado, la aurora boreal danzaba en el cielo sobre el mar con un brillo trémulo. Por el día, cuando lucía el sol, el mar era azul, el cielo mostraba un resplandor blanquecino y los relucientes picos de las montañas de otras islas parecían livianos, etéreos y sobrenaturales. El sol calentaba y el agua y la nieve emitían destellos que le hacían daño en los ojos, aunque a la sombra de los montes hubiera poca luz e hiciera frío. Entonces, de repente, una nevisca oscurecía el cielo a su derecha y, en cuestión de un par de minutos, la luz y el calor desaparecían y el mar se volvía de color gris. Por las laderas de los montes bajaban fuertes ráfagas de viento y las nubes se desplazaban a toda velocidad entre las cimas. Entonces comenzaba a nevar y una neblina helada empezaba a descender en forma de grises columnas arremolinadas por la borrasca que le laceraban la cara y las manos, le calaban hasta los huesos y difuminaban el cielo y el mar hasta que todo lo que veía a su alrededor se reducía a unos pocos metros de blancos remolinos en los que las únicas cosas sustanciales eran su propio cuerpo y sus huellas.

Por el día no se detenía ante estas tormentas, no tanto por seguir ganando terreno como para evitar quedarse frío. Cuando le sobrevenían por la noche, sin embargo, era imposible mantener el sentido de la orientación; una noche volvió sobre sus pasos para refugiarse en un establo por el que había pasado cuatro horas antes.

Paró en dos casas en la costa norte de la isla y en ambas le dieron cobijo y le permitieron dormir. Curiosamente, la llave que le abrió la puerta a la ayuda y la confianza de la gente fue la herida del pie. Antes de la aparición de Jan ya habían llegado rumores hasta allí. Se decía que los alemanes habían empezado a registrar otra vez todas las casas en busca de aparatos de radio, que no estaban permitidos. Todo el mundo se había imaginado ya que los registros tenían algo que ver con lo que se contaba que había ocurrido en Toftefjorden y, en cuanto se enteraban de que Jan era un fugitivo, sacaban la conclusión de que los alemanes le estaban buscando a él. De hecho, si efectivamente se estaban llevando a cabo registros y no se trataba solo de un rumor, es probable que tuvieran razón. Al principio, algunos se mostraban nerviosos. Al igual que el tendero, tenían miedo de los agentes provocadores y el uniforme de Jan no bastaba para tranquilizarlos, ya que era de esperar que un agente alemán se vistiera con la ropa necesaria para interpretar el papel. Pero la herida ya era otra cosa. Los alemanes eran concienzudos, pero sus agentes no llegarían al extremo de volarse los dedos del pie de un disparo. Cuando Jan se quitaba la bota y el calcetín y les enseñaba el dedo, quedaban convencidos, lo que permitió que, entre una caminata y la siguiente, pudiera disfrutar de unas horas de profundo sueño bajo la protección de hombres que vigilaban atentamente para avisarle si venían los alemanes.

Siempre le preguntaban quién le había mandado a verlos y algunos se mostraban desconfiados cuando se negaba a decírselo. Pero él se mantenía en sus trece, ya que no podía quitarse de la cabeza la idea de dejar tras de sí toda una cadena de eslabones que permitiría a los alemanes «tirar del hilo» simplemente con que encontraran a una de las personas que le habían ayudado. Había ocurrido con anterioridad y se había dado el caso de fugitivos que habían dejado una estela de desgracias a su paso, pero se podía evitar teniendo cuidado. Nunca le contaba a nadie desde dónde había venido y, cuando pedía que le recomendaran a otras personas para las siguientes etapas de su viaje, se aseguraba de que le dieran varios nombres y no revelaba a quién acudiría. De esta forma, nadie podía decir de dónde había venido ni hacia dónde se dirigía, ya que nadie lo sabía.

El último tramo del viaje fue el más largo. Todas las personas con las que había estado habían mencionado el nombre de Einar Sørensen, que era el responsable de la centralita telefónica en un lugar llamado Bjørnskar, en el lado sur de la isla. Todos le conocían, como todo el mundo conoce al telefonista en una zona rural, y todos hablaban de él con respeto. Bjørnskar se encuentra frente al continente y, si había alguien que pudiera sacar a Jan de la isla, Einar Sørensen parecía la persona más probable. Eso sí, si se negaba a hacerlo o no estaba en casa, sería una situación enormemente delicada, ya que el extremo meridional de la isla estaba plagado de alemanes emplazados en las baterías de costa, los puestos de vigilancia y las bases de las lanchas patrulleras para defender la entrada a Tromsø. Bjørnskar era una especie de callejón sin salida. A ambos lados, la costa estaba muy poblada y bien defendida, por lo que Jan solo podría acceder a la localidad desde el interior de la isla, por las montañas. Sería un largo camino y por esa ruta no había casas ni refugios de ningún tipo; si cuando llegara al otro lado no había nadie que le ayudara, sería muy improbable que consiguiera salir de allí y volver atrás. Pero algunos riesgos resultan atrayentes y le gustaba la idea de descender desde las montañas desiertas hasta el corazón de las defensas del enemigo.

Fue este tramo de la marcha el que le costó veintiocho horas de continua lucha contra el viento y la nieve. Hasta entonces no se había alejado de la costa en ningún momento y no había podido ver más que las estribaciones de las montañas de la isla. En todo momento había tenido el mar a la izquierda, haciéndole de guía. Ahora, sin embargo, entró en un largo y profundo valle que conducía al páramo cuyos picos se habían pasado por alto en el mapa como si tal cosa. Al alzar la mirada, especialmente hacia la derecha, divisó valles colgantes y vislumbró empinados canales entre rocas, impenetrables, oscuros y silenciosos, coronados por cornisas de nieve. A la izquierda se elevaba una sierra que lleva el nombre de Soltinder, entre cuyos riscos tendría que encontrar de alguna forma el paso que le conduciría a Bjørnskar.

Comenzó a avanzar lenta y penosamente por aquel lúgubre paraje. En el fondo del valle había algún que otro lago congelado por cuya dura y lisa superficie se podía caminar. Entre ellos, sin embargo, la nieve alcanzaba mucha profundidad y se encontraba sobre una masa de grandes rocas; cada vez que daba un paso en esas zonas, no podía saber si iba a apoyar el pie sobre roca, hielo o una capa de nieve dura que soportara su peso o si se hundiría en una de las grietas hasta la altura de la cadera. A veces avanzar un solo metro requería un esfuerzo sobrehumano y al salir de uno de esos agujeros ocultos tenía que pararse a descansar un minuto y volverse para observar la distancia ridícula que había recorrido. Cuando se paraba, tomaba conciencia de su soledad. El valle entero estaba completamente desierto. Durante kilómetros y kilómetros no encontró ningún rastro de vida, ningún indicio de que otro ser humano hubiera pasado por allí jamás, ninguna huella animal, ningún movimiento ni sonido de pájaros.

A lo largo de toda una noche y todo un día caminó por este sombrío y terrible lugar y, al atardecer del 3 de abril, cuatro días después de Toftefjorden, llegó a lo alto del paso de Soltinder. Desde allí divisó tres casas, que supo que tenían que ser Bjørnskar, y, tras ellas, el último seno, en cuya orilla opuesta estaba por fin el continente. Descendió la última pendiente a trompicones para ponerse a merced de la amabilidad de Einar Sørensen.

No habría hecho falta albergar ninguna duda sobre cómo sería recibido. Einar, su esposa y sus dos hijos pequeños le hicieron sentirse bienvenido, como si fuera un viejo amigo o un invitado de honor. Le sirvieron la escasa comida de la que disponían a causa del racionamiento y no fue hasta que Jan hubo comido todo lo que pudo cuando Einar le condujo a otra habitación para conversar.

Ante la inevitable pregunta de Einar, Jan contestó sin pensar que le habían proporcionado su nombre en Inglaterra, a pesar de que en realidad lo había oído por primera vez el día anterior. Al oír esto, Einar preguntó con entusiasmo: «¿De verdad consiguieron llegar a Inglaterra?», y entonces Jan supo que no era la primera vez que recibían a fugitivos en aquella casa. Dijo que no sabía si habían llegado hasta Inglaterra o solo hasta Suecia, pero que al menos su información había llegado.

Después de eso, no hubo nada que Einar no estuviera dispuesto a hacer. Al pensarlo más tarde, Jan se avergonzó de haberle mentido, aunque fuera sobre un detalle tan insignificante. Pero lo cierto es que la vida de un agente secreto, siempre que está trabajando, es una mentira de principio a fin; todo lo que dice lo dice como medio para conseguir un fin y la verdad es algo que rara vez puede expresar. Cuanto mejor es un agente, más minuciosas son sus mentiras. Se le entrena con tanto esmero para que deje la verdad encerrada en un oscuro rincón de su mente que pierde su instinto natural de ser sincero sin motivo en las pocas ocasiones en las que decir la verdad no haría daño a nadie. Sin embargo, cuando la costumbre le lleva a contar una mentira innecesaria a un amigo, a menudo harían falta complicadísimas explicaciones para arreglarlo. De modo que Jan dejó creer a Einar que las personas a las que había ayudado habían conseguido llegar a algún lugar seguro.

Esa noche estuvieron una hora hablando sobre cómo proceder. Einar pensaba que Jan debía partir de inmediato. Su casa era la oficina de telégrafos además de la centralita telefónica y había gente entrando y saliendo a todas horas, aparte de que había campamentos alemanes a menos de dos kilómetros en dos direcciones. Con respecto a cruzar el seno, lo mejor sería hacerlo cuanto antes. Hacía una noche horrible, cosa que los beneficiaba: las lanchas patrulleras corrían a resguardarse siempre que hacía mal tiempo y los reflectores que utilizaban para vigilar funcionaban fatal cuando nevaba. Se estaba levantando viento y posiblemente aún fuera a empeorar antes del amanecer.

Alrededor de la medianoche, Einar fue a buscar a su padre, un hombre mayor que vivía en la casa de al lado. Pensó que harían falta dos personas para cruzar el seno a remo aquella noche. Antes de salir, llevó a Jan a la cocina para que esperara allí. Los dos niños aún estaban allí con su madre, aunque sin duda tendrían que haber estado durmiendo, y le pidieron a Jan que les contara un cuento. Se sentó junto al fuego y el más pequeño se le subió a la rodilla. Jan estaba muerto de cansancio, además de profundamente afectado, ya que el padre de los niños acababa de contarle la terrible historia de lo que había sucedido con Per, Eskeland y sus otros compañeros. Apartó de su mente aquella historia de asesinatos y traiciones, rodeó al niño con el brazo para sujetarle e intentó pensar en su propia infancia.

—Bueno, pues érase una vez —comenzó lentamente—, en un país muy lejano, hace mucho tiempo…

05

Tragedia en Tromsø

Einar había vuelto a casa esa tarde tras una visita a Tromsø. Allí los acontecimientos de Toftefjorden y sus consecuencias estaban en boca de todos y, aunque estaban acostumbrados a la brutalidad, el despiadado drama que había alcanzado su nefasto desenlace en su propia ciudad los había dejado horrorizados. De hecho, lo que Einar le relató a Jan aquella noche es una triste historia sobre unos actos inhumanos. Si se incluye aquí no es porque de su narración se derive ningún placer, sino porque omitiéndola es imposible plasmar completamente, por contraposición a esos actos, la compasión y la amabilidad de quienes ayudaron al único superviviente, pues todos ellos conocían las técnicas de ocupación de los alemanes y sabían perfectamente cuál era el castigo que recibirían si eran descubiertos.

Aunque Einar, como el resto de la gente del norte del país, conoció los hechos principales uno o dos días después de que se produjeran, no fue hasta el final de la guerra cuando se revelaron todos los detalles, en declaraciones prestadas durante juicios celebrados en tribunales noruegos.

Cuando, después de pasar la noche en vela, el tendero tomó su aciaga decisión y telefoneó a su amigo funcionario, este también se vio en un dilema. Era miembro del Partido Nazi noruego —cuyo líder, Quisling, había sido nombrado jefe del Gobierno títere por los alemanes—, aunque eso no significa que simpatizara con la ideología nazi. Poco después del comienzo de la ocupación de Noruega, muchos funcionarios que ocupaban puestos de baja categoría en la Administración habían recibido una circular de los alemanes en la que simplemente se los informaba de que, si no se afiliaban al partido, serían destituidos de sus cargos. En el sur del país, al recibir este ultimátum, muchos de ellos pudieron discutir la cuestión con sus compañeros y decidieron rechazarlo. Fueron tantos los que se negaron a afiliarse que consiguieron poner en evidencia el farol de los alemanes y conservaron sus puestos. Pero en las aisladas regiones del norte, donde uno de estos funcionarios podía necesitar dos días de viaje para ir a visitar a otro, cada uno tuvo que enfrentarse al problema solo y, para bien o para mal, muchos de ellos llegaron a la conclusión, o se convencieron a sí mismos, de que si se afiliaban al partido podrían proteger los intereses de los ciudadanos, mientras que si se negaban serían reemplazados en sus puestos por alemanes. El hombre al que conocía el tendero fue uno de estos.

En cualquier caso, simpatizara o no con los nazis, no hay duda de que su deber como empleado público era, cuando menos, denunciar una historia tan extraña como la que le había contado el tendero esa mañana. Quizá lo hiciera contra su propia voluntad. Quizá pensara que una docena de personas ya habían oído la historia y que, ahora que el tendero había empezado a hablar, nada le impediría contársela a todo el mundo. Además, a él se la había contado por teléfono y la mayor parte de los teléfonos de la zona utilizaban líneas compartidas. Cualquiera podía escuchar las conversaciones interesantes de los demás y todo el mundo lo hacía. Tarde o temprano la historia se iba a propagar y tarde o temprano los alemanes la iban a oír, y, cuando eso ocurriera, él mismo sería el primer perjudicado.

Fuera como fuese, en cuanto terminó de hablar con el tendero, el funcionario llamó a Tromsø. Cuáles fueron sus sentimientos al hacerlo es algo que nadie más que él sabrá nunca.

Primero llamó a la comisaría de policía, pero aún era temprano y el agente que estaba de guardia redactó el parte correspondiente y dijo que se lo enseñaría a su jefe a las nueve y media. El funcionario también llamó a un amigo suyo de Rebbenesøya para preguntarle si había visto a algún desconocido y si era verdad que había un barco en Toftefjorden. El amigo no había visto nada, pero el tendero acababa de llamarle y se lo había contado todo. Entonces el funcionario, quizá con la sensación de que todo estaba avanzando demasiado deprisa, llamó a la jefatura de policía. Tampoco allí le hicieron ni caso. Le dijeron que cogiera su propio barco y fuera a Toftefjorden a comprobar si la historia era cierta.

Esa idea no le resultó nada atractiva, así que llamó a su ayudante y le pidió que fuera él. El ayudante fue a tomar prestado el barco de su vecino, pero, como no había desayunado, se sentó a tomarse un café con él antes de ponerse en marcha. Mientras tanto, al funcionario se le ocurrió una idea mejor y volvió a llamar a su amigo de Rebbenesøya para pedirle que fuera a Toftefjorden por tierra para ver si veía algo. El amigo le contestó que estaba muy mayor para andar subiendo al monte a esas horas de la mañana, pero mandó a un niño a mirar y, en algún momento antes del mediodía, sin que los ocupantes del *Brattholm* lo supieran, el pequeño se asomó desde lo alto de una colina y vio la punta de un mástil en Toftefjorden. No se atrevió a acercarse más y se fue corriendo a casa a confirmar la historia.

Cuando recibió esta información, el funcionario volvió a llamar a la jefatura de policía. Ahora podía asegurarles que efectivamente se había avistado un barco. Dijo que esperaba que estuvieran de acuerdo con él en que no tenía sentido que fuera él a investigar sin armas y que pensaba que debían informar a la Gestapo. Sin embargo, colgaron sin darle una respuesta definitiva y, en algún momento de esa mañana, él mismo llamó a la Gestapo.

Al leer esta historia, con sus extraños componentes de ineficiencia y absurdo, parece evidente que todos los policías noruegos demoraron el proceso deliberadamente. Sin duda tenían la esperanza de que, si tardaban un par de horas más en pasar el parte, eso ayudaría a los desconocidos de Toftefjorden, quienesquiera que fuesen, a lograr escapar. Sin embargo, como los ocupantes del *Brattholm* no sabían que habían sido delatados, aquel esfuerzo por ayudarles fue en vano. Se cuenta que, en el preciso momento en que se avistó el buque alemán frente a Toftefjorden, había dos botes de remos entrando en el fiordo para alertar al *Brattholm*. En uno de ellos probablemente fueran los dos pescadores que iban a esconder el cargamento, pero nadie sabe quién iba a bordo del otro. En cualquier caso, llegaron demasiado tarde. Ambos botes se detuvieron cuando el buque alemán se acercó a ellos y los hombres que iban a bordo echaron los sedales al agua e hicieron como si estuvieran pescando.

Los habitantes de Tromsø no supieron nada del combate de Toftefjorden hasta que el buque alemán regresó a la ciudad. Entonces vieron cómo bajaban a los prisioneros y transportaban a hombres en camilla a tierra. En cuestión de horas, la historia se había propagado en susurros por toda la ciudad y había cientos de ciudadanos preocupados por su propia seguridad.

Tromsø se considera la población más grande del Ártico y es la metrópoli de una enorme región, pero aun así no es muy grande, más o menos como un pueblo inglés de cierto tamaño. Se encuentra tan lejos de otras ciudades que es más autosuficiente de lo normal. Sería exagerado decir que allí todo el mundo se conoce, pero sin duda todo el mundo conoce a las figuras más prominentes de la localidad. Entre sus actividades están la pesca, la caza de ballenas y el comercio de pieles árticas, así como los negocios habituales de un pequeño puerto marítimo. Durante la ocupación, su modo de vida modesto y tranquilo se vio alterado por las exigencias del centro de operaciones alemán instalado allí y su sociedad quedó desgarrada por las divisiones políticas. La ciudad tenía sus traidores, despreciados y condenados al ostracismo por todo el mundo, y tenía una nueva forma de sociedad, en la que el dinero no significaba demasiado, unida por un odio implacable hacia los alemanes de un tipo que nunca existió en Inglaterra o Estados Unidos.

Para cuando se produjo la llegada del *Brattholm*, la ciudad ya se había organizado para combatir los efectos de la ocupación en la medida de sus posibilidades. La oposición activa era imposible sin la ayuda directa de Inglaterra —en el norte de Noruega probablemente había más alemanes que noruegos—, pero se podían tomar algunas medidas y, por lo menos, hacer preparativos para cuando llegara el fin de la ocupación. Ocho ciudadanos destacados se habían unido para crear una organización que recogiera información secreta e hiciera planes para administrar la ciudad y sus alrededores el día que los alemanes fueran derrotados. Estuvieron los cinco años esperando ese día estación tras estación: cada Navidad pensaban que llegaría en primavera y cada primavera esperaban con ganas la llegada del otoño. Habían enviado mensajeros a Suecia y habían entrado en contacto allí con la Embajada de la Noruega Libre y, a través de Estocolmo, con el Gobierno de su país en Londres. Habían recibido un radiotransmisor y lo tenían instalado en el desván del hospital público de la ciudad.

Además de enviar algún que otro mensaje por radio cuando los alemanes hacían algo que parecía de especial interés, quizá lo más importante que podía hacer una organización de este tipo era ofrecer asistencia a quienes se vieran en situaciones difíciles. En los primeros tiempos de la ocupación, muchos hombres que habrían opuesto resistencia a los alemanes al toparse con la oportunidad o a la hora de enfrentarse a alguna decisión habían tenido que renunciar a hacerlo por miedo a lo que pudiera ocurrirles a sus mujeres e hijos si a ellos los detenían. Si sabían que había alguien que se encargaría de que sus familias no se murieran de hambre si a ellos los encarcelaban o los deportaban a Alemania, su voluntad de oponer resistencia se veía fortalecida. La organización de Tromsø tenía esta cuestión maravillosamente resuelta. Podía solicitar fondos a todos los negocios y ciudadanos más acomodados del lugar. La familia de un hombre que estuviera sufriendo a manos de los alemanes recibía ayuda sin discusión. Cuando se les vino encima la crisis de la captura del *Brattholm*, de hecho, estaban pagando en secreto el equivalente a 2.000 libras esterlinas semanales a viudas y huérfanos y a las personas dependientes de vecinos de la zona a los que habían detenido u obligado a salir del país.

En ningún momento existió la intención de que la organización de sabotaje que iba a fundar el destacamento del *Brattholm* tuviera relación alguna con esta organización espontánea ya existente y dedicada a prestar auxilio e información. Estas dos actividades siempre se mantuvieron separadas en Noruega para que, si una organización resultaba descubierta, los alemanes no pudieran desarticular la otra necesariamente. Sin embargo, los nombres que les habían dado a Eskeland y a su equipo como sus contactos principales en Tromsø eran Thor Knudsen y Kaare Moursund. El motivo por el que se había seleccionado a aquellos hombres, sin su conocimiento, era simplemente que se sabía que eran patriotas, pero lo cierto es que eran dos de los ocho dirigentes de la organización de Tromsø.

En cuanto Jan se enteró, a través de Einar, en Bjørnskar, de que algunos de sus compañeros estaban vivos y en manos de la Gestapo, supo que había que alertar a Knudsen y Moursund. Él no podía ir a Tromsø sin papeles, así que le preguntó a Einar si estaría dispuesto a ir en su lugar. Einar accedió, pero si llegó a hacerlo o no es algo que se desconoce. Si es que llegó a ir, fue demasiado tarde, ya que los dos hombres ya habían sido detenidos.

Estas dos detenciones sumieron a Tromsø en un estado de conmoción y temor. Ambos hombres eran muy conocidos en la ciudad. Knudsen era el redactor jefe de uno de los dos periódicos locales y Moursund dirigía la oficina de la compañía naviera costera. Knudsen, de hecho, era el encargado de distribuir en secreto el dinero de la organización benéfica. Varios de sus compañeros de la redacción del periódico estaban involucrados en sus actividades ilegales, concretamente el director, Sverre Lansen, y el dueño, el padre de este, al que los alemanes ya habían despedido de su propio periódico por sus opiniones. Las detenciones fueron totalmente inesperadas. Nadie creía que Knudsen o Moursund estuvieran al corriente de la operación del *Brattholm*, pero parecía evidente que los hombres del *Brattholm* conocían esos dos nombres y en ese preciso momento estaban siendo sometidos a la presión de la Gestapo. ¿Cuántos nombres más conocían? ¿Serían torturados Knudsen y Moursund? Aquella noche no hubo ni un solo hombre en Tromsø que se dijera patriota que no supiera que su propia hora podía estar próxima. Los más cercanos a los dos detenidos fueron a casa a preparar a sus esposas para una despedida que habría sido inútil fingir que no sería definitiva y para prepararse ellos mismos para el repentino y apremiante aporreo de la puerta y para el dolor atroz que debía soportarse en silencio.

Mientras tanto, el tendero y el funcionario fueron convocados a viajar a la ciudad y agasajados por los alemanes con toda cortesía. Ninguno de estos dos hombres un tanto simples tenía nada que hacer en uno de los interrogatorios que tan increíblemente bien se le daban a la Gestapo, ya se sirviera de torturas, amenazas o lisonjas. Es muy improbable que ocultaran nada de lo que sabían, ya fuera voluntaria o involuntariamente. Los alemanes les mostraron su agradecimiento, los felicitaron por su excelente trabajo y los recompensaron con dinero, comida, cigarrillos y dos docenas de botellas de brandi. Es de suponer que fue allí mismo, en la ciudad, donde primero sintieron la intensidad de la indignación de sus vecinos. Quizá los regalos de los alemanes tuvieran un sabor amargo.

Los siguientes detenidos, sorprendentemente, fueron los dos pescadores que habían prometido esconder el cargamento. Nadie supo jamás quién les había dado sus nombres a los alemanes. El tendero negó que hubiera sido él. Es posible que se los sacaran a la tripulación o que los pescadores fueran atrapados e interrogados al entrar en Toftefjorden en su bote y dijeran algo que los delatara. Fue una faena que cogieran a esos hombres, ya que ellos ni siquiera sabían que el cargamento había venido de Inglaterra.

El estado de tensión en el que estaba sumida la ciudad de Tromsø no se prolongó mucho más. Lo cierto es que, mientras duró, fue casi insoportable, así que no podría haberse mantenido durante mucho tiempo. A lo largo del día siguiente a las primeras detenciones, los hombres que tenían motivos de sobra para pensar que serían los siguientes actuaron como si no ocurriera nada, ya que cualquier otro comportamiento habría levantado sospechas. El periódico tenía que escribirse e imprimirse, por poner un solo ejemplo. Pero era casi imposible transmitir una apariencia de normalidad o mantener la mente o la mirada apartadas de las ventanas cerradas del gran edificio gris de la Gestapo en el centro de la ciudad, donde sabían que alguien podría gritar sus nombres cuando la agonía se hiciera insoportable.

Al tercer día se conoció la noticia de que los hombres del *Brattholm* estaban muertos y Knudsen y Moursund habían sido deportados. Parece insensible decir que la noticia de estas muertes se recibió con alivio, y es cierto que pensar en los bárbaros actos que se habían cometido en su ciudad sacudió profundamente a los habitantes de Tromsø, pero los propios afectados debieron de desear que su final llegara cuanto antes.

Lo que les hicieron exactamente no se supo hasta después del final de la guerra, cuando los cadáveres fueron exhumados para darles cristiana sepultura y sus verdugos fueron juzgados.

De los doce hombres que formaban parte de la expedición, Jan había huido y uno había fallecido en el enfrentamiento en

Toftefjorden. Los otros diez fueron trasladados a Tromsø con vida, aunque varios estaban heridos. A ocho los fusilaron a las afueras de la ciudad, encadenados unos a otros, y los metieron en una fosa común. A los otros dos los torturaron hasta dejarlos casi muertos y después los llevaron al hospital católico, donde fallecieron.

Los detalles de estas ejecuciones se conocen, pero no es algo sobre lo que se deba escribir o leer. A dos de ellos los torturaron con la esperanza de que revelaran información, pero el fusilamiento de los otros ocho estuvo acompañado de actos de extrema violencia que no conducían absolutamente a nada. En los países que, aun siendo civilizados, llevan a cabo ejecuciones, se ha desarrollado la convención del pelotón de fusilamiento con uno o dos cartuchos de fogueo, con la que se protege la conciencia de aquellos que están obligados a participar en las ejecuciones para cumplir con su deber. El método empleado por los alemanes en Tromsø fue lo opuesto a esta práctica. Sin embargo, se llevó a cabo en el más absoluto secreto, por lo que es imposible que la crueldad se empleara con la intención de disuadir a otros. Si se hizo de la forma en que se hizo, solo pudo ser por una razón: para divertir a los verdugos. Los alemanes convirtieron aquel acto en una orgía de repugnante placer.

Se desconoce si uno de los hombres a los que torturaron dio los nombres de Knudsen y Moursund a los torturadores. No sería sorprendente que lo hubieran hecho y no se les puede criticar por ello. Pero también es posible que los alemanes ya estuvieran al tanto de las actividades de estos dos hombres y que los detuvieran simplemente como sospechosos de complicidad en la operación del *Brattholm*. Ambos murieron en campos de concentración en Alemania, al igual que los dos pescadores, Andreasson y Kristiansen.

De modo que, cuando el tendero decidió no correr ningún riesgo y el funcionario hizo lo que más tarde afirmó que era su obligación, sus actos costaron quince vidas. Sin embargo, no le corresponde a un inglés que nunca ha vivido bajo el dominio alemán juzgarlos por lo que hicieron. Sus propios compatriotas los juzgaron con dureza. En unos instantes de pánico, ambos echaron por la borda para siempre su propia tranquilidad de espíritu.

Durante el resto de la guerra, sus vecinos les hicieron la vida imposible; cuando terminó la contienda, el tendero fue condenado por un tribunal noruego a ocho años de trabajos forzados y el funcionario, a catorce.

06

El alud

Cuando Einar dejó a Jan en la cocina en Bjørnskar y fue a buscar a su padre, Bernhard Sørensen, este estaba en la cama. Einar le llamó desde el pie de la escalera y, cuando el anciano se despertó y preguntó qué ocurría, le dijo: «Baje, padre. Tengo que hablar con usted». No estaba seguro de si debía contárselo a su madre.

Bernhard, que entonces tenía setenta y dos años, bajó y escuchó la historia mientras su esposa permanecía arriba. Cuando lo hubo oído todo, volvió al dormitorio y empezó a vestirse. *Fru* Sørensen le preguntó adónde iba.

—Tenemos que salir en el barco —dijo el anciano—. Hay un hombre que quiere cruzar al otro lado.

—¿A estas horas de la noche? —preguntó ella.

—Sí —contestó su marido.

—Hace una noche horrible.

—Mucho mejor. Bajaremos hasta Glomma y cruzaremos con el viento. Tú no te preocupes. Es imprescindible que ese hombre llegue al otro lado. Es una de esas cosas de las que no podemos hablar.

Cuando estuvo listo, se marchó y la dejó allí, sin ninguna otra palabra tranquilizadora, en el papel tradicional de la mujer en una guerra. Ella se pasó la noche angustiada en casa esperando a Bernhard, con quien llevaba casada cincuenta años.

Él, en cambio, estaba encantado. Jan había tenido algunas reservas a la hora de pedirle a un hombre de su edad que cruzara el seno en una noche de viento y nieve como esa. Tendrían que remar más de quince kilómetros entre la ida y la vuelta. Pero a Bernhard le hicieron gracia sus reparos. De joven había hecho el viaje de ida y vuelta a las islas Lofoten todos los años para ir a pescar, y eso eran más de trescientos kilómetros a remo. No tenía muy buen concepto de las generaciones más jóvenes. «En mis tiempos teníamos barcos de madera y hombres de hierro —solía decir—. ¿Y ahora? Barcos de hierro y un montón de hombres de madera». Mientras bajaban hacia la caseta de la orilla donde guardaban el bote, iba diciendo: «Mira, precisamente el otro día se llevaron a un joven al hospital porque estaba enfermo. Y ¿sabes por qué estaba enfermo? Porque se había mojado los pies. —Soltó una risita—. Sí, tuvo que ir al hospital porque se le habían mojado los pies. Yo llevo más de setenta años con los pies mojados. Vamos allá, joven. Cruzar al otro lado no es nada. Un cadáver menos para los diablos, ¿eh?».

El buen humor del anciano era contagioso y el propio Jan estaba entusiasmado con la idea de llegar a tierra firme. En sí misma, la noticia de la suerte que habían corrido sus amigos no le había impresionado demasiado. Como cualquiera que participara en una operación de ese tipo, todos habían salido de Inglaterra con pocas esperanzas de sobrevivir, y cuando la muerte es algo con lo que más o menos se cuenta, pierde su capacidad de hacernos sufrir. Además, para él había sido como si estuvieran muertos desde que los había visto tendidos en la playa en Toftefjorden. Le consternaba más saber que habían sido capturados con vida y que habían vivido tres días más, ya que para ellos mismos, se mirara como se mirase, habría sido mejor haber muerto en combate.

Aparte de la cuestión emocional, sin embargo, podía aprender una pequeña lección de lo sucedido. El propio Hitler acababa de dictar una orden según la cual todo el que participara de cualquier forma en esa clase de acción de guerrilla sería ejecutado, tanto si llevaba uniforme como si no. Todos estaban al corriente de esa orden antes de partir de Inglaterra, pero, si pretendía ser disuasoria, ellos se la habían tomado como un halago. Por lo que sabía Jan, era la primera vez desde que se había dictado esa orden que se había capturado a la tripulación de un barco y, hasta cierto punto, él aún conservaba la creencia de que un uniforme podía ofrecer alguna protección. Él mismo aún iba vestido de marino, pero ahora, a la vista de los acontecimientos, parecía un tanto absurdo intentar atravesar Noruega con un atuendo tan llamativo.

Cambiárselo, sin embargo, no era tan sencillo. Intercambiar la ropa interior con la familia Pedersen había sido fácil, pero pedirle a alguien que le diera toda una indumentaria de civil cuando no tenía dinero ni ninguna otra cosa que ofrecer a cambio era muy diferente. En cualquier caso, cuando se paró a pensarlo detenidamente, se dio cuenta de que daba un poco igual. Los alemanes sabían que seguía huido, y sin documentación de civil sería imposible hacerse pasar por un paisano de la zona. Si se mantenía en lugares donde los alemanes no pudieran verle, el uniforme no importaba; si acababa cerca de ellos, tendría que combatir independientemente de cómo fuera vestido. En las distancias medias, el uniforme podría ser una desventaja, pero, por otro lado, se dijo, le abrigaba.

En el momento en que se subieron al bote y agarraron los remos, sin embargo, el uniforme naval le puso en una situación embarazosa, ya que Einar y Bernhard daban por supuesto que era marino y Jan pensó que debía ofrecerse a remar. Había remado antes, pero solo en lagos para ir a pescar truchas y, cuando intentó efectuar el arduo movimiento con los remos en las aguas abiertas que discurrían frente a Bjørnskar, lo único que consiguió fue tocar la cresta de las olas y salpicar al anciano, que iba sentado en la popa. Tuvo que poner la pobre excusa de que estaba demasiado cansado y Bernhard ocupó su lugar, seguramente sin extrañarse de que la Armada ya no fuera lo que había sido en sus tiempos.

Bernhard se refería a los alemanes como «diablos». *Diablo* es una de las pocas palabrotas fuertes que existen en noruego, pero él la usaba con una falta de vehemencia que la hacía entrañable. Era como si no soportara pronunciar la palabra *alemán*. «¿Ves aquel trozo de tierra que sale hacia el mar? —le decía a Jan—. Eso es Finnkroken. Allí hay setenta diablos. Tienen unos cañones morrocotudos, y también reflectores para vigilar. Nos mantendremos alejados de esa zona. Y eso de allí enfrente, delante de nosotros, es Sjursnes. Ahí es donde tienen las lanchas patrulleras. Allí también hay toda una compañía de diablos. Pero tú no te preocupes, joven, que hoy no te van a coger. Los vamos a engañar. Vamos a pasar entre ellos». Mientras decía esto, soltaba risitas de júbilo y seguía moviendo su enorme remo con esfuerzo.

Jan estaba encantado de dejar el trayecto hasta el otro lado del seno en manos de Einar y Bernhard. Era la segunda noche consecutiva que pasaba sin dormir y sin interrumpir su viaje. Estaba demasiado cansado para notar las neviscas, la espuma del mar levantada por el viento, las olas que surgían de la oscuridad y se acercaban amenazadoras al bote o los reflectores que recorrían el seno sin cesar y que a veces, cuando sus haces de luz pasaban por encima del bote, parecían deslumbrantes ojos luminosos rodeados de un halo. Einar y su padre estaban seguros de que mientras siguiera nevando no los verían. Tampoco les preocupaban las lanchas patrulleras, a pesar de que estaban atravesando la zona por la que hacían sus rondas. «En una noche así no hay diablos en el mar —dijo el anciano—. No tienen ni un solo marinero en sus filas».

A Jan le daba igual. Se acercaban a tierra firme y Einar le había dado lo que más deseaba en el mundo en ese momento: unas botas de esquiar y unos esquís. Le faltaba aproximadamente una hora para despedirse de los barcos y del mar y entrar en un ambiente en el que se sentiría como pez en el agua. En las montañas nevadas, estaba convencido de que, subido a unos esquís, podría dejar atrás a cualquier alemán. Podría ir a donde quisiera y no depender de nadie. Además, la frontera con Suecia estaba a solo cien kilómetros —dos días de viaje, si todo iba bien— y los alemanes le habían perdido el rastro. Necesitaba unas cuantas horas de sueño, pensó, y después ya no tendría que rendir cuentas a nadie.

Eran en torno a las tres de la madrugada cuando Bernhard y Einar atracaron en la orilla sur. Jan se bajó dando las gracias. Los otros dos tenían que irse enseguida. Para poder aprovechar el viento durante el trayecto de regreso, tendrían que pasar justo por debajo de la batería de cañones de los diablos de Finnkroken. Si eran vistos, pensaban que conseguirían salir indemnes inventándose alguna historia, siempre que no estuvieran demasiado lejos de casa, pero sería mejor no tener que intentarlo. De modo que, en cuanto Jan estuvo en tierra con los esquís, le desearon suerte, se hicieron a la mar y desaparecieron: dos nombres más que añadir a la lista de personas que había conocido por azar y a quienes les debía la vida.

A lo largo de la orilla en la que se encontraba había pequeñas granjas, con casas situadas a intervalos de unos doscientos metros. Sus propietarios criaban vacas y ovejas que pastaban en la estrecha franja de tierra fértil situada entre el mar y la falda de las montañas, y se ganaban la vida a duras penas con la pesca. Los Sørensen los conocían a todos y le habían dicho que podría ir a cualquiera de las casas y no correría ningún peligro. Habían mencionado expresamente a un hombre llamado Lockertsen. Vivía en una granja llamada Snarby, algo más grande que las demás, y tenía una lancha motora de nueve metros de eslora que podría resultarle útil.

Jan habría seguido su camino con mucho gusto en ese mismo momento, sin establecer contacto con nadie más. Ya se sentía culpable por la cantidad de gente a la que había metido en su propio atolladero. Además, aquella serie de breves encuentros, todos cargados de nerviosismo y emoción, resultaba agotadora en sí misma. Estaba deseando poder meterse a dormir en graneros sin decírselo a nadie y partir hacia las montañas cada mañana. Pero antes de estar en condiciones de adoptar ese tipo de vida necesitaba a toda costa dormir un buen rato, y esa noche solo disponía de unas horas antes de que empezara a haber movimiento en las granjas. Se puso los esquís al hombro con renuencia y subió caminando por el empinado terreno de una de las granjas hasta llegar a la casa más cercana. Fue rodeándola sigilosamente hasta encontrar la puerta y giró el pomo. La puerta se abrió. La granja resultó ser Snarby.

Fru Lockertsen contaría más tarde que aquella había sido la primera noche que se había olvidado de echar la llave desde el comienzo de la ocupación. En circunstancias normales, por supuesto, en un sitio como ese nadie se molestaba en cerrar las casas con llave; encontrarse a un desconocido en la puerta era algo que no sucedía ni una vez al año. Pero ahora que desde las ventanas de la fachada principal de Snarby se podía ver un patrullero alemán a todas horas, por las noches uno se quedaba más tranquilo tras una buena cerradura. Cuando la despertaron unos torpes pasos procedentes de la cocina, lo primero que pensó es que unos marineros alemanes habían desembarcado allí. Le dio un codazo a su marido y le susurró que había alguien en la casa. Él aguzó el oído, se levantó con desgana y fue a ver lo que ocurría.

Lockertsen era un hombretón corpulento con una constitución de oso polar. Le sacaba una cabeza a Jan y daba la impresión de poder levantarle del suelo y machacarle, que seguramente es lo que tuvo ganas de hacer. Se mostró enormemente receloso. Jan le contó su historia y después volvió a repetirla de principio a fin, pero Lockertsen salía con nuevas dudas y preguntas cada vez. Simplemente se negaba a creerle y Jan no entendía por qué, aunque lo cierto es que tenía tanto sueño que apenas sabía lo que estaba diciendo. Sus explicaciones eran embarulladas y poco convincentes, y su forma de contar la historia hacía que pareciera una mentira que se había inventado a toda prisa. Lo único que seguía teniendo bien claro era que no debía revelar de dónde había venido. Insistió en que le habían traído desde Ringvassøya, pero se negó a decir quién y no fue capaz de explicar por qué se negaba a decirlo. Seguramente a Lockertsen todos los uniformes navales le parecían casi iguales y era evidente que Jan había llegado a tierra desde el seno, donde las únicas fuerzas navales que había eran las alemanas. Parecía mucho más probable que fuera un desertor alemán. Incluso el dedo del pie encajaba en esa explicación. Todo el mundo había oído hablar de las heridas autoinfligidas.

La discusión se prolongó durante toda una hora y solo terminó porque Jan no pudo seguir hablando. Su dicción se había vuelto lenta y confusa. Necesitaba dormir. Era una lástima y le daba rabia que aquel hombre no le creyera, pero no podía más. Su resistencia estaba al límite y había agotado todas las fuerzas que habría necesitado para salir de allí. Que le denunciara si quería; ya no había nada que hacer. Se tumbó en la alfombra de delante de la lumbre y oyó a Lockertsen decir: «Está bien, puedes quedarte ahí hasta las cinco y media». Al oír estas palabras, se quedó profundamente dormido.

Lockertsen se pasó el resto de la noche caminando nerviosamente de un lado a otro de la cocina e intentando comprender la situación, deteniéndose de vez en cuando para mirar a la misteriosa e indefensa criatura que dormía en el suelo de su casa. Le asaltaron muchas de las dudas que había tenido el tendero, en su caso acrecentadas además por el hecho de que el desconocido había venido de un lugar en el que sabía que había alemanes. Pero Lockertsen era un hombre de otro calibre. Tenía valentía de sobra. Estaba resuelto a sacarle la verdad a Jan, aunque para ello tuviera que emplear la fuerza. No iba a tomar ninguna medida hasta que no estuviera seguro.

En algún momento de la noche, mientras Jan dormía, el hombretón se arrodilló en la alfombra y le registró los bolsillos. No llevaba nada que pudiera darle alguna pista y Jan no se movió.

Había dicho que podría dormir hasta las cinco y media, y a las cinco y media le despertó. Lo que ocurrió cuando lo hizo le sorprendió. El recelo alojado en su subconsciente hizo a Jan levantarse de un salto y desenfundar la pistola, y Lockertsen se encontró encañonado antes de poder moverse.

—Tranquilo, tranquilo —dijo alarmado—. No pasa nada.

Jan miró a su alrededor y, al ver que no había nadie más en la cocina, le dirigió una gran sonrisa y se disculpó.

—No puedes quedarte ahí tumbado todo el día —dijo Lockertsen—, mi mujer querrá cocinar. Pero he tomado una decisión: puedes subir al desván a dormir el tiempo que necesites y, cuando te despiertes, ya veremos lo que hacemos contigo.

Agradecido, Jan obedeció. Cuando volvió a despertarse en pleno día, recuperado y capaz de explicarse, la desconfianza de Lockertsen no tardó mucho en desvanecerse. Su mujer y su hija dieron de comer a Jan y le colmaron de atenciones, y el propio Lockertsen ganó en simpatía y le preguntó adónde se dirigía. Jan respondió con imprecisión: «A las montañas», y Lockertsen se ofreció a hacer parte del camino con él en su lancha motora, si es que le venía bien.

La idea que tenía Jan sobre hacia dónde se dirigía realmente era bastante imprecisa. Para entonces, a través de un proceso mental inconsciente, había decidido intentar llegar a Suecia. Sabía que debía informar a Londres de lo que había ocurrido. Pronto empezarían a esperar señales del radiotransmisor que transportaba el destacamento y ya estarían aguardando a que el *Brattholm* regresara a las islas Shetland. Al cabo de una o dos semanas lo darían por perdido y, al no recibir ninguna señal, seguramente llegarían a la conclusión de que todos sus ocupantes habían desaparecido en alta mar. Nadie sabría que estaba vivo a menos que él se lo comunicara y tarde o temprano, quizá en el otoño, enviarían otro destacamento. Verdaderamente sería una tontería intentar seguir trabajando solo cuando nadie en Inglaterra sabía que estaba allí. El trabajo que consiguiera hacer podría interferir en los planes de un segundo destacamento. Se daba cuenta de que lo más adecuado sería entrar en Suecia, regresar a Inglaterra en avión y sumarse al segundo destacamento cuando zarpara.

Ir a Suecia era un objetivo sencillo. Si seguía avanzando en dirección sur, tarde o temprano tendría que llegar. Pero en ninguna de las casas en las que había estado tenían un mapa, aunque fuera uno de esos que tanto engañaban, así que solo podía planear su itinerario de memoria. Ahora se encontraba en el extremo de uno de los promontorios situados entre los extensos fiordos que penetran en las montañas del norte. Al oeste tenía Balsfjorden y al este, Ullsfjorden, seguido de Lyngenfjorden, el mayor de todos, de ochenta kilómetros de largo y cinco de ancho. Todos los promontorios que se encuentran entre estos fiordos son altos y escarpados. El que está entre Ullsfjorden y Lyngenfjorden, concretamente, es famoso por su paisaje montañoso: un conjunto de afilados picos de enorme belleza que se eleva abruptamente desde el mar por ambos lados. Las zonas alejadas de la costa no solamente están deshabitadas, sino también desiertas; solo son visitadas, en verano y en tiempos de paz, por algunos montañeros y por lapones en busca de pastos para sus renos. En la costa hay algunas casas desperdigadas y, donde hay sitio para construirlas, carreteras.

La decisión sobre qué ruta seguir se vio facilitada por el hecho de que Tromsø se encontraba al oeste, y cuanto más se aproximara allí, más defensas alemanas encontraría. Al margen de eso, tenía que decidir si se mantenía pegado a los fiordos y hacía uso de las carreteras que encontrara o si eliminaba toda posibilidad de toparse tanto con amigos como con enemigos quedándose en los montes.

El consejo de Lockertsen fue categórico. En la orilla de los fiordos correría el riesgo de encontrar alemanes, lo cual sería un inconveniente, pero atravesar las montañas solo en esa época del año era sencillamente imposible, una misión suicida que solo un lunático emprendería.

Hablaron largo y tendido del tema. Jan escuchó todas las sugerencias de Lockertsen, como siempre con la intención de seguir los consejos que le convinieran y olvidar los demás. La conclusión fue que esa noche bajarían por Ullsfjorden hasta donde pudieran llegar en la lancha motora y Lockertsen le dejaría en la orilla más alejada, la del lado este. Allí había una carretera que discurría junto a un fiordo secundario llamado Kjosen, atravesaba las montañas hasta llegar a Lyngenfjorden y, desde ahí, conducía hasta la cabecera del fiordo. De allí partían dos carreteras, una de invierno y una de verano, que llevaban a la frontera. Era cierto que posiblemente la propia carretera no le fuera muy útil. Pasaba por varios pueblecitos en el fiordo, en los que seguro que habría guarniciones. Más allá del final del fiordo, la carretera de verano estaría enterrada bajo la nieve y en la de invierno, que atravesaba los lagos helados, habría controles y puestos de vigilancia alemanes. Pero al menos era una ruta que podía seguir y que bordeaba las montañas.

Jan odiaba la idea de volver al mar, pero, si Lockertsen le llevaba, quedaría treinta kilómetros más cerca de su destino, así que aceptó. Cuando se hizo de noche, se despidió de *fru* Lockertsen y de su hija y volvió a bajar a la orilla. Lockertsen remó hasta la lancha motora, que estaba junto a una boya, y un vecino los acompañó. A bordo había aparejos de pesca que Lockertsen y su vecino pensaban utilizar después de dejar a Jan, para justificar el viaje. Pusieron la lancha en marcha, soltaron las amarras y zarparon una vez más hacia las peligrosas aguas del seno.

Jan les pidió que se mantuvieran cerca de la costa para poder saltar por la borda y nadar hasta tierra firme si un barco alemán los abordaba de repente, de modo que fueron avanzando lentamente por el seno junto a las montañas. Pero no pasó nada: lograron entrar en Ullsfjorden sin ningún percance y dejaron a Jan en un embarcadero en la boca de Kjosen de madrugada.

Ni las advertencias de Lockertsen ni los mapas y fotografías que había estudiado, ni siquiera la fama de los Alpes de Lyngen, le habían preparado del todo para lo que vio a su llegada a Kjosen. Aún era de noche, pero delante de él, en el este, el cielo tenía un tono pálido y dejaba ver las montañas, una tenue sombra donde la roca estaba al descubierto y un tenue resplandor donde se encontraba cubierta de nieve. Se atisbaba una cumbre tras otra, suspendidas en el aire en calma y recortadas contra la aurora, inmaculadas y sublimes. Bajo la majestuosidad de aquellas montañas, la enemistad de los alemanes parecía algo desdeñable.

Junto a la resplandeciente lengua del fiordo divisó la carretera, la primera que veía en todo su viaje. Se puso los esquís con una sensación de euforia y se volvió hacia la frontera. El sonido de los esquís al deslizarse por la nieve firme y el roce del aire gélido eran el mayor deleite que podía imaginar. Era consciente del peligro de las guarniciones en los pueblos por los que pasaba la carretera y sabía que el más grande se encontraba a solo ocho kilómetros, pero en ese momento y en aquel lugar parecía absurdo acobardarse ante los alemanes. Estaba resuelto a seguir adelante y atravesar el pueblo antes de que saliera el sol o de que sus habitantes se despertaran.

El nombre del pueblo es Lyngseidet. Se encuentra en la pequeña franja de tierra que queda entre Kjosen y Lyngenfjorden. En tiempos de paz recibe las visitas de los cruceros que van de camino al cabo Norte, por lo que de vez en cuando, en verano, de pronto queda inundado por hordas de turistas. Los habitantes del pueblo, según se cuenta, se apresuran a enviar camiones a Tromsø para traer pieles y *souvenirs* que poder vender, y los lapones que pasan allí el verano se visten con sus mejores galas y posan para las fotografías. Durante la guerra le tocó albergar a una guarnición más grande de lo normal, ya que es el punto desde el que la carretera principal atraviesa Lyngenfjorden mediante un ferri.

Jan esperaba encontrar un control de carretera en cada extremo del pueblo y probablemente centinelas en el centro, pero estaba seguro de que podría burlar los controles subiendo con los esquís hacia un terreno más elevado que la carretera y, para esquivar a los vigilantes, confiaba en su velocidad y en lo que quedaba de oscuridad.

Tal como esperaba, se encontró con el control. Estaba en Kjosen, un poco antes de llegar a la cabecera del fiordo. Había una barrera que impedía el paso y, a su lado, una caseta donde era de suponer que habría un guardia. Jan salió de la carretera y se encaminó a la empinada ladera de la izquierda. Como se había imaginado, subir esquiando era muy fácil, pero le llevó más tiempo del que esperaba porque había alambradas de espino que le demoraron. También se le había soltado la fijación de uno de los esquís y tuvo que detenerse a repararla. Cuando volvió a bajar a la carretera más adelante, doscientos metros después del control, era completamente de día.

Siguió avanzando por la carretera a toda velocidad. Sabía que no podían faltar más de cuatro o cinco kilómetros hasta Lyngseidet y debería poder atravesar el pueblo en diez o quince minutos. Era arriesgado, pero merecía la pena; detenerse y esconderse donde estaba le habría hecho perder un día entero, y la perspectiva de toda la distancia que podría recorrer antes del anochecer era irresistible. Tras una pequeña curva en la carretera que rodeaba unas rocas se veían ya los tejados de las casas. Tomó la curva a buen ritmo.

Cincuenta metros más adelante había una muchedumbre de soldados alemanes. Estaban cruzando la carretera desordenadamente y la llenaban de lado a lado. No había tiempo de detenerse o dar la vuelta, ni tampoco ningún sitio en el que esconderse. Jan siguió adelante. De un edificio a la izquierda seguían saliendo soldados: veinte, treinta, cuarenta. Jan vaciló durante un instante, pero su propio impulso le empujó hacia ellos y nadie le dio el alto ni le hizo detenerse. Iban andando con platos, cuchillos y tenedores de campaña en las manos y llevaban los uniformes desabotonados. Al meterse entre ellos a toda velocidad, los soldados se hicieron a un lado para dejarle paso, y entonces Jan pudo observar sus caras durante un instante y ver sus ojos soñolientos, al tiempo que percibía el olor matutino a cerrado y a sudor. Al dejarlos atrás, era tan enormemente consciente de llevar la bandera y la palabra *Norway* en las mangas que le pareció que le hacían daño en los hombros. Continuó carretera arriba, esperando con cada segundo que pasaba y cada metro que avanzaba a que empezaran los gritos y el revuelo. En una curva se volvió para mirar por encima del hombro y vio que los alemanes aún estaban cruzando la carretera y entrando en un edificio al otro lado. Ni uno solo dirigió la mirada hacia él. Un segundo más tarde había desaparecido de su vista.

La carretera ascendía por un bosque de abedules y Jan siguió adelante enérgicamente, sin tiempo para pararse a pensar. Al cabo de un kilómetro y medio llegó a lo alto de la pendiente, desde donde se reveló el valle y, más adelante, el propio pueblo, el chapitel de la torre de la iglesia con la amplia extensión de agua de Lyngenfjorden detrás y la carretera que descendía serpenteando y desaparecía entre las casas. Se dio impulso con los bastones una vez más e inició un sinuoso descenso entre las alambradas de la carretera. Sabía que al llegar abajo, en el centro del pueblo, encontraría una bifurcación. El ramal izquierdo discurría junto a Lyngenfjorden hacia el mar y terminaba poco después; el derecho era el que conducía a la cabecera del fiordo y después a la frontera. Pasó por delante de las primeras casas a buen ritmo. La iglesia estaba a la derecha de la carretera, cerca de la orilla. Detrás había un embarcadero de madera y junto a la valla del cementerio, donde la carretera se bifurcaba, había un grupo de hombres.

Tardó unos segundos en asimilar lo que estaba viendo. Dos o tres de los hombres eran soldados y otro era un civil que se encontraba de pie frente a ellos. Detrás del grupo había otra barrera de lado a lado de la carretera y uno de los soldados estaba examinando unos papeles que tenía en la mano.

Con que hubieran pasado unos cinco segundos más, habría tenido que detenerse ante ellos en el control de carretera, pero a la derecha había una verja abierta por la que se accedía a un jardín y un garaje. Jan se paró en seco, giró y entró por ella a toda prisa; rodeó el garaje y, subiendo por el empinado terreno del jardín, se dirigió hacia una zona de abedules enanos situada detrás. Llegaron gritos procedentes del cruce y, cuando volvió a aparecer detrás del garaje, se oyeron dos o tres disparos de fusil, pero Jan alcanzó los matorrales y se preparó para subir por la ladera.

Al huir de los alemanes en Toftefjorden había pasado miedo, pero ahora la persecución le puso eufórico. Con el orgullo propio de un noruego por sus habilidades como esquiador, sabía que no conseguirían alcanzarle. Siguió ascendiendo sin parar, regocijándose con los esquís y su dominio de ellos y oyendo cómo los inútiles gritos se iban alejando en el valle de abajo. Miró atrás y vio a una veintena de soldados, muy por detrás de él, siguiendo su rastro sin orden ni concierto. Superó el límite del arbolado y, sin detenerse, llegó a una extensión de campo abierto cubierto de nieve.

Al llegar allí le recibió la luz del sol. Este se elevaba sobre los montes del otro lado de Lyngenfjorden, haciendo centellear el agua e iluminando toda la parte alta del fiordo, visible a través del gélido aire matutino. En la orilla este y en la cabecera vio los curiosos montes de cumbres chatas que constituyen los isleos del gran altiplano por el que atraviesa la frontera. Al final del fiordo, a veinticinco kilómetros, se encontraba el valle de Skibotn, del que parte la carretera hacia ella. Ver su futura ruta desplegada ante sus ojos intensificó la alegría que ya sentía por haber abandonado los valles y la costa; casi agradecía el incidente que le había obligado a tomar la peligrosa medida de ir por la montaña. Además, tener delante el hermoso contorno del fiordo le había ayudado a recordar el mapa. Ahora se acordaba de que en él había una línea de puntos paralela a la carretera y a la costa. Representaba un camino de verano que discurría junto a la pared de las montañas y, si bien era el mismo mapa que el de Ringvassøya y seguramente el sendero se había dibujado de oídas y no a partir de una medición del terreno, si en algún momento se había podido caminar por él en verano, ahora tendría que ser posible transitarlo esquiando sobre la nieve. Al menos no podía haber ningún precipicio completamente impracticable y, mientras siguiera viendo el fiordo, no podía perderse.

Al cabo de unos novecientos metros dejó de subir, se detuvo a descansar y miró a su alrededor. Sus perseguidores se habían rendido o habían quedado tan atrás que no se les veía ni oía, y allí arriba todo era belleza, paz y serenidad. A aquella altura estaba casi al mismo nivel que el altiplano que se adivinaba en la lejanía, al otro lado del fiordo, y alcanzó a ver el manto de nieve que se extendía sin interrupción a lo largo de kilómetros de llanura. En el lado del fiordo en el que estaba él, sin embargo, justo encima de donde se encontraba, las montañas alcanzaban una altura mucho mayor. Se encontraba en la falda de un monte de forma cónica y laderas lisas que lleva el nombre lapón de Goalsevárri y cuya cima aún estaba a quinientos metros, tras el cual el macizo principal de los Alpes de Lyngen, con su laberinto de picos y glaciares, se elevaba hasta superar los mil ochocientos metros.

No fue hasta que estuvo allí descansando cuando tuvo tiempo de pensar en su increíble encuentro con los soldados. Al principio le había parecido inconcebible que no se hubieran fijado en él y le hubieran dejado pasar, pero al pensar en lo sucedido se dio cuenta de que era lo que podía esperarse de cualquier ejército del mundo. Era como la operación de búsqueda en Rebbenesøya: uno se esperaba que el ejército alemán fuera endemoniadamente eficiente, más que cualquier otro, pero no era así, o al menos no siempre. Se podía imaginar a una sección de soldados británicos o noruegos, o quizá estadounidenses, recluidos en un puesto tan aburrido como aquel, sin absolutamente nada que hacer aparte de vigilar una carretera y un ferri donde jamás ocurría nada. Teniendo a un pelotón de guardia en el control de carretera, los demás no iban a estar muy pendientes (por no decir nada pendientes) y justo después del toque de diana no estarían pensando en mucho más que en el desayuno. Supondrían que si había alguien con un extraño uniforme acercándose por la carretera, era porque el pelotón que estaba de guardia le había dejado pasar, y eso era problema del pelotón de guardia. En cualquier caso, los oficiales estarían al tanto de todo, fuera quien fuese. Nadie querría quedar en ridículo haciendo preguntas entrometidas. En cuanto al uniforme, pensó Jan, para esos soldados no habría significado nada estando en un país extranjero. Probablemente ninguno sabía que la palabra *Norway* estaba en inglés, igual que uno no esperaría que un soldado inglés supiese cómo se dice *Noruega* en alemán. Podría haber sido el cartero o un inspector de sanidad haciendo su ronda, ellos no lo sabían ni les importaba. A tanta distancia de la costa, cualquier cosa era más probable que encontrarse a un marinero del ejército enemigo con unos esquís. Tarde o temprano alguno acabaría mencionándoselo a un suboficial, que quizá le tomaría el pelo al cabo del pelotón de guardia la próxima vez que le viera, y posiblemente antes de esa noche llegara a oídos del teniente de la sección, que sin duda no querría dar parte de lo sucedido y se pasaría un buen rato interrogando a sus hombres para convencerse a sí mismo de que realmente no era nada importante.

El encuentro con los soldados del control de carretera de Lyngseidet sí que había sido más desafortunado. No cabía duda de que sabían que andaba metido en algo ilícito, ya que había salido huyendo, y tenían una idea bastante precisa de hacia dónde había ido. Tarde o temprano darían parte de ese incidente, al menos al comandante del batallón. Jan no sabía con seguridad si habían visto el uniforme ni si en la comandancia atarían cabos y llegarían a la conclusión de que el hombre que había sido visto en Lyngseidet era el mismo que había huido en Toftefjorden. Dependería de cuántos otros fugitivos hubiera en la región por un motivo u otro. En el peor de los casos, significaría que volvían a seguirle la pista y, si les parecía que valía la pena el esfuerzo, quizá enviaran patrullas adicionales a la zona por la que tenía que pasar. Se preguntó cuánto deseaban atraparle.

En cualquier caso, su mejor arma seguía siendo la velocidad: viajar más rápido de lo que ellos pensarían que podía desplazarse. Ahora tenía los medios para conseguirlo, ya que a menudo la gente que no entiende mucho de esquí casi no se puede creer la distancia que es capaz de recorrer un experto en un día. Los alemanes no serían muy entendidos en ello a menos que fueran bávaros, y hasta la gente que esquía en los Alpes tiende a pensar solo en esquí de descenso y subidas en telesilla o incluso en ferrocarril. El esquí de fondo, de ascenso y de descenso, es una actividad particularmente noruega, y para un esquiador noruego de vacaciones, o que simplemente necesite desplazarse a algún sitio, ochenta kilómetros al día no es nada.

De modo que Jan se puso en marcha, afrontando el viaje que le aguardaba con confianza e incluso cierto placer. Se imaginó manteniéndose a una altura de unos mil metros, siguiendo el contorno del fiordo y sin perder de vista el agua. Sin embargo, las laderas de las montañas, claro está, nunca son tan simples ni tan regulares, ni siquiera las que forman el lado de un fiordo. Apenas había avanzado unos kilómetros por la falda del Goalsevárri cuando se encontró con un valle lateral que penetraba hasta muy adentro de la montaña. Cuando se acercó a él y pudo ver toda su extensión, advirtió la lisa superficie de un glaciar cubierto de nieve, e incluso este se encontraba a menor altura que él. En lugar de intentar cruzar por el glaciar, descendió hasta el fondo del valle, hasta más abajo de donde acababa el hielo, y volvió a subir por la otra vertiente.

Una vez superado el valle, se encontró con otro pequeño obstáculo de distinta naturaleza. La pendiente del lado del fiordo se volvía más pronunciada hasta llegar a ser casi vertical. Para superar este acantilado podría haber ido por la cima, pero esta quedaba a una gran altura. A la derecha, hacia el interior, había un collado, por donde parecía más lógico que discurriera el camino de verano. Daba la impresión de que saldría de nuevo al fiordo unos ocho o diez kilómetros más adelante. De modo que se dirigió hacia el collado y enseguida perdió de vista el fiordo.

Para entonces debían de ser en torno a las once de la mañana y había recorrido unos treinta kilómetros desde que se había bajado de la lancha en Kjosen. No estaba nada mal y todo parecía muy prometedor, pero justo antes de llegar al collado volvió a cambiar el tiempo.

Empezó en las altas cumbres de su derecha, primero con ligeras nubes blancas encaramadas a los picos más altos como banderas y después con ráfagas de viento aisladas y el oscurecimiento del cielo. El sol se ocultó y los campos de nieve perdieron detalle y, despojados de su resplandeciente claridad, se volvieron grises y monótonos. El ambiente se enfrió en un momento. Entonces empezó a nevar, primero ligeramente, pero con mayor intensidad a cada minuto que pasaba, al tiempo que se levantaba viento y las nubes empezaban a descender. Con la misma brusquedad que había visto en Ringvassøya, la tormenta se abatió sobre él repentinamente y le envolvió en una impenetrable muralla de blancos remolinos.

No era la primera vez que ocurría y no vio motivos para alarmarse, ya que todas las tormentas súbitas que había presenciado en los días anteriores habían durado poco y habían terminado tan repentinamente como habían empezado. Era un fastidio, sobre todo ahora que tenía los esquís. Con las botas de goma, su velocidad no se había visto demasiado afectada por las tormentas y había seguido avanzando pesadamente en medio de las tempestades. Pero ahora no podía aprovechar la velocidad adicional que había ganado con los esquís. Apenas veía nada que tuviera a más de cinco metros y cualquier ligero desnivel podía conducir a una caída abrupta, por lo que tenía que poder detenerse en cualquier momento. Cuando llegaba a pendientes por las que podría haber descendido a toda velocidad, tenía que pararse en seco y bajar despacio y con cautela. No solo era lento, también era el doble de cansado.

A pesar de todo, siguió avanzando. Esperaba, y todavía suponía, que pronto vería despejarse el cielo, lo que sería la señal de que estaba pasando la borrasca y de que unos minutos más tarde volvería a salir el sol y las nubes cargadas de nieve se alejarían remolinando hacia el fiordo.

Pero la señal no llegó. Por el contrario, el viento siguió ganando fuerza. Aquella tormenta era peor que cualquiera de las que había vivido hasta entonces y, a medida que fueron pasando las horas, tuvo que admitir que aquello no era una simple borrasca. Era inútil confiar en que iba a terminar. Debía actuar como si pudiera durar días. Eso significaba que tenía que encontrar un lugar en el que resguardarse, para lo cual tendría que volver a descender hacia el fiordo.

Cuando aún no había tomado esta indeseada decisión, sin embargo, empezó a manifestarse un nuevo aspecto de la tormenta. La nieve caída sobre el suelo empezó a moverse, primero en forma de remolinos y torbellinos; más tarde, de nubes que le obligaban a cerrar los ojos y taparse la boca con la mano para que no le entrara nieve en polvo en la garganta y los pulmones. Cuando la propia superficie sobre la que se encontraba empezó a moverse, no quedó nada estable en lo que pudiera fijar la mirada. Cuando se quedaba quieto, la nieve llenaba las huellas que habían dejado sus esquís y entonces lo único que podía indicarle de qué dirección había venido era el viento. Cada pequeña pendiente con la que se encontraba suponía un nuevo problema. Las que veía desde abajo desaparecían unos metros más arriba de su cabeza entre la niebla en movimiento, y cada una de ellas podía ser el pie de una gran montaña o la totalidad de un diminuto montículo. Desde lo alto de una pendiente no podía saber si esta medía dos metros o trescientos. Solo sabía que, en algún lugar de la zona en la que se encontraba, el terreno descendía a pico hasta las aguas del fiordo situadas mil metros más abajo y que, en algún otro lugar, se elevaba mil metros sobre él hasta los altos riscos que había visto a la luz del amanecer.

Se sirvió del viento para guiarse, manteniéndolo a su derecha. Tenía ese lado del cuerpo cubierto de hielo, que le apelmazaba el pelo y la barba de una semana y le iba entumeciendo cada vez más la mano derecha. Había intentado seguir avanzando en la misma dirección en la que iba cuando se desató la tormenta, ya que pensaba que así descendería, pero al cabo de unas horas empezó a dudar incluso del viento. A veces habría jurado que había recorrido cincuenta metros en línea recta y, sin embargo, el viento que anteriormente tenía a la derecha le golpeaba desde el frente. Parecía bajar en remolinos desde las montañas más altas, quizá por valles que no se veían. Se quedaba quieto para comprobar de dónde venía e incluso en el tiempo que pasaba parado cambiaba de dirección. Sin poder usar el viento para guiarse, estaba perdido.

En algún momento de ese día hizo una parada e intentó meterse bajo la nieve a esperar a que arreciara la tormenta, ya que había perdido la esperanza de encontrar la forma de bajar de las montañas. En cuanto se agachó en el pequeño agujero que había cavado, sin embargo, el frío le atacó con tal violencia que supo que moriría allí si no se movía. Había leído muchas veces que si uno se echa a dormir en medio de una tormenta de nieve, no vuelve a levantarse nunca más. Ahora supo que era cierto; no haría falta mucho tiempo. Se levantó, se puso los esquís y siguió avanzando a duras penas, sin preocuparse ya demasiado por la dirección en la que se movía, pero moviéndose porque no se atrevía a parar. Hacia el final del día, andaba vagando sin rumbo fijo y había perdido la noción del tiempo y del espacio.

Es imposible decir si fue ese mismo día o al siguiente cuando notó por primera vez una continuidad en la pendiente de la montaña. Iba cuesta abajo. Para entonces había ideado un plan para descender por las pendientes que seguramente ya le había salvado la vida. Cuando llegaba a un espacio abierto, formaba una bola de nieve grande y dura y la lanzaba hacia el frente. A veces oía su caída por encima del ruido del viento, y entonces seguía adelante. La mayoría de las veces, en cambio, la bola de nieve desaparecía sin hacer ningún ruido, y entonces se daba la vuelta e intentaba seguir en otra dirección. Ahora iba bajando con cuidado por una pendiente y lanzando bolas de nieve cuando vio paredes rocosas a ambos lados. Era un curso de agua. Sabía que era posible, o incluso probable, que condujera a lo alto de una cascada congelada y que corriera el serio peligro de acabar sobre el hielo del salto de agua antes de que le diera tiempo a verlo. Pero al menos era un camino que podía seguir y que tenía que terminar en el mar. Fue descendiendo con enorme precaución, examinando el terreno a cada paso por si había hielo que no resultara visible. Vio pequeños arbustos y supo que ya no se encontraba a tanta altitud. Entonces, entre la nieve, justo debajo de donde estaba, divisó una masa oscura de forma cuadrada. Recorrió con regocijo los pocos metros que le separaban de ella, pensando que se trataba de una casa. Pero no. No era más que una enorme roca solitaria. Pero debajo de ella había un hueco, como una cueva, y Jan se metió allí, arrastrándose por el suelo porque el techo era demasiado bajo para ponerse a gatas. En cuanto estuvo tumbado, resguardado del viento y de la nieve, se quedó dormido.

Esa roca es el primer lugar identificable al que llegó Jan durante aquella etapa de su viaje. Se encuentra en un estrecho valle llamado Lyngsdalen. Está a poco más de quince kilómetros en línea recta de Lyngseidet, donde estaba el control de carretera, pero nadie sabe dónde había estado Jan ni cuánta distancia había recorrido antes de llegar allí.

En la roca cometió un error que casi le costó la vida. Justo allí, el valle describe una pronunciada curva. Al acercarse por el lado norte, podría haber seguido el valle en dos direcciones, una ligeramente hacia la izquierda y la otra un poco hacia la derecha. La ruta que iba corriente abajo estaba a la izquierda, por donde el valle conduce directamente a Lyngenfjorden, ocho kilómetros más abajo, sin obstáculos de ningún tipo. Por la derecha, el valle ascendía ligeramente y conducía al pie de la montaña más alta del norte de Noruega, el pico Jæggevarre, de mil novecientos metros de altura. En un día despejado, la elección está clara; de hecho, el Jæggevarre se alza imponente sobre la parte alta del valle y lo encierra con un escarpado bastión de novecientos metros de alto y cinco kilómetros de largo. Pero en medio de una tormenta, cuando no se veían ni la montaña ni las paredes del valle, uno podía quedar atrapado en aquel lugar. En ese punto, el valle queda prácticamente cerrado por una gran morrena. En verano el río la atraviesa por una garganta, pero en invierno esta se encuentra llena de nieve y, en la zona más cercana a donde se encontraba Jan, la parte del valle que va corriente arriba desciende hacia la derecha. Cuando Jan se despertó y salió de debajo de la roca, la tormenta seguía bramando. No vio nada más que la zona más inmediata y, tras volver a ponerse los esquís, partió pendiente abajo, hacia la derecha, alejándose de Lyngenfjorden y de toda posibilidad de recibir ayuda o ponerse a salvo, en dirección al corazón mismo de las montañas más altas.

Para entonces estaba empezando a tener síntomas de congelamiento y es imposible deducir cuánto tiempo había pasado atrapado en la tormenta o si era de día o de noche. Cuando el cuerpo se encuentra agotado tras realizar un esfuerzo prolongado al límite de su aguante y, sobre todo, cuando sus facultades quedan embotadas por el frío, lo primero que pierde la mente es la noción del tiempo. Los acontecimientos que en realidad están totalmente separados en el tiempo se funden en un todo y el presente no se diferencia del pasado inmediato, sino que ambos forman un presente borroso marcado por el sufrimiento físico. En una persona de carácter firme, la esperanza en el futuro se mantiene aparte mucho después de que el pasado y el presente hayan empezado a confundirse. Es cuando el futuro también pierde definición y la esperanza comienza a decaer cuando la muerte se encuentra próxima.

No hay duda de que, para entonces, Jan tenía la mente embotada y confundida, pero por el momento no albergaba la más mínima duda sobre el futuro y aún tenía la claridad de ideas suficiente para emplear el sentido común del montañero. Ahora que había encontrado lo que sabía que era un valle fluvial de tamaño considerable, no esperaba tener ningún problema para seguirlo hasta el mar, de modo que se quedó perplejo y desconcertado cuando vio que el terreno volvía a ascender. Había llegado a lo que pensaba que era un lago helado, aunque en realidad no es más que una zona llana del fondo del valle, y siguió lo que parecía ser su orilla, con la pared del valle a su derecha. Llegó hasta el final esperando encontrar la salida, pero ante él se alzaba una empinada pendiente cuya cima no alcanzaba a ver. Rodeó el lago hasta volver a la morrena de donde había partido y allí, por segunda vez, no vio la garganta llena de nieve. Por más que buscaba, no encontraba la zona de descarga del río. Parecía estar en el fondo de una depresión circular, con el lago que iba rodeando a su izquierda y pendientes cubiertas de nieve intacta a su derecha en todo momento. No le quedaba otra que renunciar a continuar cuesta abajo. Tenía que empezar a subir de nuevo.

Salvo que fuera resultado del azar, seguramente la decisión que tomó entonces sobre la dirección que seguiría estuvo motivada por la luz. En medio del espeso mar de nubes y de la nieve de una fuerte tormenta, a veces la sensación de oscuridad es mayor cuando se tiene una escarpada pared rocosa al lado. Es posible que las laderas de Lyngsdalen añadieran aún más oscuridad, como quizá también lo hiciera el pronunciado recodo que describía el angosto valle río abajo. Río arriba, en cambio, el Jæggevarre se encuentra a cierta distancia, por lo que la luz encuentra menos obstáculos en esa dirección. Quizá Jan llegara a la conclusión de que eso era el sur o de que realmente se trataba de la parte baja del valle. Fuera como fuese, empezó a subir en esa dirección. Ascendió en diagonal, todo el tiempo con la idea y la esperanza de que se iba a encontrar con una disminución en la inclinación de la pendiente y con algún indicio de que el valle se extendía en esa dirección. Muy pronto perdió de vista el fondo del valle, pero, a pesar de no parar de subir, tampoco veía la cabecera. Se encontraba en una pendiente de nieve que, debido a la limitada distancia que podía abarcar con la mirada, parecía no terminar nunca; a su izquierda se perdía en las profundidades del valle hasta volverse invisible, a su derecha se fundía con la nube que tenía encima. Delante y detrás de él ocurría exactamente lo mismo: las huellas de los esquís desaparecían de la pendiente a los pocos segundos de que las hiciera. Era como otro mundo, inclinado vertiginosamente y atravesado por violentas ráfagas de viento, en el que él siempre ocupaba el centro y las fronteras habían quedado borrosas y difuminadas.

De repente, con la velocidad de un rayo, se abrió una grieta de lado a lado de la pendiente y la nieve empezó a ceder bajo sus pies. Cayó de costado y trató de agarrarse a la superficie, pero todo se movía y la nieve empezó a caerle encima y a hacerle rodar sin parar. Sintió cómo se despeñaba ladera abajo, cada vez más deprisa, luchando contra la fragorosa masa de nieve que le estaba enterrando vivo. Le retorció y le sacudió el desvalido cuerpo, le cortó la respiración y le vapuleó hasta dejarle inconsciente. Se desplomó sin fuerzas en el corazón del alud, que arrojó su cuerpo hasta el fondo del valle. Quedó allí tendido, inmóvil, mucho después de que el eco de la atronadora avalancha diera paso al silencio.

07

Ceguera

Al verano siguiente, alguien pasó por allí y encontró trozos de los esquís rotos de Jan entre los enormes bloques de nieve en proceso de deshielo, lo único que quedaba del alud. Estaban al pie de la cascada de hielo del glaciar sin nombre que discurre bajo la pared oriental del Jæggevarre. Podemos deducir lo que le había ocurrido a Jan. Había iniciado su último ascenso por la ladera del valle y, sin saberlo, había acabado sobre la cascada de hielo. Si se mira desde cierta distancia, la nieve acumulada sobre hielo tiene un aspecto diferente de la que se encuentra sobre roca; cuando uno no puede ver lo que tiene a más de un par de metros, sin embargo, no hay forma de saber lo que hay debajo. En esa época del año, la nieve amontonada sobre la empinada cascada de hielo debía de ser muy inestable y estar lista para caer por sí sola una o dos semanas más tarde, por lo que el peso de Jan y el impacto de sus esquís bastaron para desencadenar la avalancha. La cascada de hielo quedó atravesada de arriba abajo por la cicatriz del alud. El propio Jan debió de caer desde una altura de al menos cien metros.

Alguien que provoca una avalancha tiene muchas probabilidades de no salir con vida de ella, pero Jan sobrevivió. Una vez más, tuvo una suerte increíble. Nadie sabe cuánto tiempo estuvo allí inconsciente, claro, pero cuando se despertó tenía la cabeza fuera de la nieve, de forma que podía respirar, y casi todo el cuerpo enterrado, lo que posiblemente había evitado que muriera congelado. Tampoco tenía ningún hueso roto. Estar vivo era mucho más de lo que podía haber esperado, así que difícilmente se puede culpar a la mala suerte de las otras consecuencias de la caída. Había perdido uno de los esquís y el otro estaba roto por dos sitios, el pequeño macuto con toda su comida había desaparecido y se había dado un golpe en la cabeza y no recordaba adónde estaba intentando llegar. Se quitó la nieve de encima y se levantó. Se desenganchó el esquí roto, lo dejó allí y echó a andar, completamente perdido, sin ningún plan ni la menor idea de hacia dónde se dirigía y, de hecho, sin poder pensar con lógica alguna, ya que había sufrido una conmoción cerebral.

Después del alud, Jan perdió la noción del tiempo y apenas era consciente de lo que había ocurrido. Aunque no dejó de caminar en ningún momento, a medida que el cuerpo se le iba congelando poco a poco y en las venas de las manos y los pies se le formaba hielo que le iba subiendo centímetro a centímetro por los brazos y las piernas, su mente se fue llenando cada vez más de sueños y alucinaciones. Sin embargo, conocemos la duración de aquel suplicio: desde el momento en que pasó por Lyngseidet, estuvo cuatro días y cuatro noches en la montaña. La tormenta duró casi tres días y entonces dejó de nevar, las nubes se disiparon y las montañas quedaron despejadas, pero Jan no supo nada de todo eso, ya que para entonces el resplandor de la nieve le había quemado la retina y le había dejado ciego.

Hay que imaginarse a Jan, tanto de noche como de día, lo mismo en mitad de la tormenta que en el clima despejado de después, andando a trompicones sin poder ver nada. No dejó de caminar en ningún momento porque estaba obsesionado con la idea de que, si se tumbaba, se quedaría dormido y moriría, pero estuvo todo el tiempo en la nieve, cubierto al menos hasta las rodillas y a veces hasta la cintura, y hacia el final de esos días se caía de bruces sobre ella tan a menudo que podría decirse que, más que caminar, se había arrastrado.

Se desplazó sin ningún rumbo en absoluto. Sabemos esto porque más adelante, esa primavera, se hallaron sus huellas en distintos lugares. Es probable que permaneciera la mayor parte del tiempo en Lyngsdalen, pero al menos en una ocasión ascendió más de trescientos metros por una de las laderas del valle y volvió a bajar por el mismo sitio. Hasta los obstáculos más insignificantes le hacían desviarse. Cuando se topaba de frente con alguna de las rocas que asomaban sobre la superficie de la nieve, se daba la vuelta y se alejaba de ella; en lugar de rodearla y continuar andando en la misma dirección, se iba para otro lado y cambiaba completamente de rumbo. En el fondo del valle había también abedules enanos y durante días estuvo moviéndose entre ellos de un lado para otro, pisando su propio rastro una y otra vez y chocándose con los arbustos hasta quedar enredado entre sus ramas, con la cara y las manos llenas de arañazos y la ropa rasgada. En una ocasión pasó tanto tiempo dando vueltas alrededor de un pequeño arbusto que hizo un profundo surco en la nieve que todavía se podía ver en verano. Es de suponer que pensó que iba tras los pasos de otra persona.

Pero él apenas tenía conciencia de todo esto. Debido a la ceguera, pensaba que seguía rodeado de niebla y que no había dejado de nevar en ningún momento y no podía contar los días y las noches que pasaban. Los únicos elementos de la realidad de los que era consciente eran el frío, el hambre y el dolor que sentía en las piernas, los brazos y los ojos, así como la interminable y agobiante muralla de nieve que dificultaba su avance y por la que tenía que abrirse paso por la fuerza.

En una de las montañas a las que llegó había cientos de personas. Caminaban descalzas con los pies congelados, tan frágiles que tenían miedo de romperlos.

Sabía que era un sueño e intentó salir de él enseguida porque tenía pánico a quedarse dormido, pero entonces Per Blindheim empezó a hablarle y aquello le pareció más real que la propia realidad, así que se giró con alegría y gritó el nombre de su amigo dirigiéndose a la oscuridad, ya que no podía ver dónde estaba. Pero Per no le contestó y siguió hablando con Eskeland. Los dos estaban conversando, en algún lugar donde también estaban muchos de los otros, pero no le hacían caso. Jan gritó con más fuerza: «¡Per! ¡Eskeland!», y echó a correr hacia ellos, con miedo a que no le vieran por la falta de luz. Entonces llegó a su lado y se sintió agradecido por volver a estar con todos ellos. Pero sus compañeros seguían hablando entre sí, con su buen humor de siempre, y a él no le dirigían la palabra. Los llamó una y otra vez para decirles que no podía ver, pero no lograba hacerse oír. No sabían que estaba allí. Entonces recordó que estaban todos muertos. Sin embargo, todos ellos estaban hablando antes de que los perdiera y en cambio era él quien no conseguía que nadie le oyera. Empezó a creer que aquello no era un sueño y que era él quien estaba muerto. Le vinieron a la cabeza distintos episodios relacionados con la muerte. Lo más probable era que él hubiera muerto.

Al mismo tiempo que pensaba que eso era lo más probable, sabía que era su imaginación y seguía resuelto a no morirse, para lo cual tendría que seguir adelante, sin detenerse, hasta que ocurriera algo. Algo. No recordaba qué era lo que esperaba que ocurriera.

Cuando iba caminando por el bosque, se encontró con una trampilla en la nieve e intentó abrirla tirando de una anilla de hierro, pero pesaba demasiado y no tenía fuerzas. Era una lástima, ya que dentro ardía una lumbre que daba calor, pero tuvo que rendirse. Sin embargo, cada vez que se daba la vuelta para irse de allí, alguien salía del bosque, abría la trampilla, se metía y volvía a cerrarla antes de que Jan pudiera detenerlo. Era injusto que le dejaran allí fuera pasando frío y a oscuras mientras todos disfrutaban de las luces y el buen ambiente del interior. Siempre esperaban hasta que se daba la vuelta y después no le daba tiempo a alcanzarlos. Tenían que estar observándole y esperando la ocasión.

Ocurrió lo mismo cuando encontró la montaña con ventanas, aunque en ese caso no los vio entrar. Pero todos llegaban hasta la puerta que había en la cima con muchísima facilidad. Nadie le ayudaba a subir y él lo intentaba una y otra vez, pero siempre se resbalaba y volvía a caer hasta abajo, así que era el único que no lograba llegar. Pero quizá no fuera culpa de nadie. Quizá la explicación era que no podían verle, lo que tendría sentido si estaba muerto. Aun así, exclamó: «¡Sigo vivo y estoy aquí solo en la nieve, todo esto es un error!». Las ventanas desaparecieron y la montaña se convirtió en un pequeño montón de nieve a cuyos lados intentaba agarrarse sin fuerzas.

Lo mismo ocurrió también cuando llegó a la cabaña de madera. Andaba como un tonto sin mirar por dónde iba y volvió a hacerse daño al chocar contra ella. Pero nada más alargar las manos y tocar los ásperos troncos supo lo que era, aunque nadie se lo dijera, y empezó a avanzar a tientas junto a la pared, rodeando la cabaña con la esperanza de encontrar la puerta antes de que le vieran. Le pareció que recorría una larga distancia, pero encontró la puerta y buscó a tientas el pestillo. Esta vez, en cambio, la puerta se abrió y Jan se desplomó en el interior.

08

Marius

Hanna Pedersen estaba cenando con sus dos hijos, Ottar y Johan, cuando la puerta se abrió de golpe y la terrible criatura entró en la habitación dando tumbos y caminó a tientas hacia la mesa. Se levantaron de un brinco y retrocedieron espantados. Hanna estuvo a punto de gritar, pero se tapó la boca con la mano y reprimió el impulso por los niños. Consiguió susurrar: «Ottar, ve a buscar a tu tío», y el hijo mayor se escabulló de la habitación.

—¿Qué quiere? —preguntó ella—. ¿Quién es usted?

Pero Jan dio una respuesta incongruente y se desplomó sobre el suelo. Ella dominó el pánico y la repulsión lo suficiente para acercarse a él y mirarle de cerca para comprobar si le conocía.

Era difícil de decir. Tendido inmóvil en el suelo de esa manera, se podría haber pensado que era un cadáver que habían desenterrado de la nieve. Estaba cubierto de hielo, suciedad congelada y sangre seca. Tenía el pelo y la barba completamente helados y la cara y las manos hinchadas y lívidas. Sus pies eran dos enormes bolas compactas de nieve y hielo. Tenía los ojos totalmente cerrados y los apretaba por el dolor que le producía la ceguera. Volvió a intentar hablar desde el suelo, pero ella no entendió nada de lo que decía. Muerta de miedo, agarró a su hijo pequeño y fue corriendo a la puerta a esperar a su hermano.

El nombre de su hermano era Marius Grønvold. Vivía en la casa de al lado y, cuando el niño le contó la historia con miedo y preocupación, fue corriendo a ver lo que había pasado realmente. Apartó a su hermana para entrar y echó una mirada a Jan. Fue suficiente para indicarle que tendrían que actuar rápidamente si querían salvarle la vida a aquel hombre, fuera quien fuese. Tenía otras dos hermanas que vivían cerca, Gudrun e Ingeborg, y mandó a los niños a buscarlas. Las dos vinieron enseguida y todos se pusieron manos a la obra para revivir a Jan. Avivaron el fuego y le dieron cucharadas de leche caliente, le quitaron la ropa más deteriorada, le envolvieron con mantas y le subieron a una cama. Marius cogió un cuchillo bien afilado y le cortó las botas con cuidado para poder quitárselas. También tuvieron que cortar los calcetines y quitárselos en tiras, lo que reveló el horrible aspecto de sus pies y piernas, en avanzado estado de congelación, con los dedos pegados y dentro de un sólido bloque de hielo. Todos los presentes conocían el tratamiento de primeros auxilios para la congelación de las extremidades: frotarlas con nieve. Las tres hermanas se pusieron a intentar salvarle los pies sin dilación, sujetando las heladas extremidades entre sus manos y masajeando la frágil carne. Jan no prestó atención a lo que hacían, ya que no sentía absolutamente nada en las piernas. Parecía estar quedándose dormido o perdiendo el conocimiento.

Cuando el hielo de la chaqueta empezó a derretirse, Marius descubrió con asombro que se trataba de algún tipo de uniforme. También había visto que Jan iba armado con una pistola. Eso significaba que era alemán o alguna clase de nazi noruego, o, si no, alguien de un antigermanismo tan activo que su presencia en la casa era como dinamita. Tanto si aquel hombre iba a sobrevivir como si no, Marius tenía que saber quién era: todo lo que hiciera para intentar salvarle la vida, o incluso para deshacerse del cadáver si no lo conseguía, dependería de la respuesta a esa pregunta. Le preguntó de dónde venía y, al inclinarse para oír lo que Jan estaba intentando decir, le oyó mencionar Overgård, que es el nombre de una localidad situada en la cabecera del fiordo. Sabía que no era verdad, ya que había visto las huellas de Jan y venían del otro lado, pero el hecho de que hubiera intentado mentirle le tranquilizó, ya que un nazi tendría demasiado poder para verse en la necesidad de mentir.

Marius estaba al corriente de lo ocurrido en Toftefjorden y ya se olía la verdad. Mandó salir a las mujeres y, cuando la puerta de la habitación estuvo cerrada, le dijo:

—Escúchame. Si eres un hombre de bien, estás entre gente de bien. Ahora dime la verdad.

Entonces Jan, susurrando entrecortadamente, le contó la verdad. Marius lo escuchó todo y tomó una decisión al instante.

—No te preocupes —dijo—, te vamos a cuidar. Duérmete.

Jan le preguntó su nombre y él dijo que se llamaba Hans Jensen, uno de los nombres más comunes que existen en Noruega. Le preguntó dónde estaba, a lo que Marius sí contestó con la verdad: en la aldea de Furuflaten, donde Lyngsdalen llega a Lyngenfjorden. En los tres días que había pasado deambulando desde la avalancha, Jan había recorrido poco más de diez kilómetros. Marius también le dijo que era 8 de abril por la tarde.

Una vez convencido de que sabía la verdad, Marius volvió a llamar a sus hermanas y les contó la historia en voz baja. Volvieron a ponerse a trabajar, mirando a Jan con la compasión añadida que despertó en ellas lo que acababan de oír, pero con una profunda ansiedad por ellas mismas y por sus hijos. Marius había dicho que no podía enterarse absolutamente nadie y le oyeron repetir lo mismo una y otra vez a los niños.

Cuando se aseguró de que los pequeños le habían entendido, Marius volvió junto a la cama y contempló el espectral rostro que descansaba sobre la almohada. Estaba intentando planear lo que iba a hacer. También estaba empezando a entender algunos extraños acontecimientos que habían tenido lugar desde la tormenta. De un día para otro, los alemanes habían registrado todas las casas de Furuflaten. Habían inspeccionado su propia casa y la de su hermana de arriba abajo. Habían dicho que estaban buscando aparatos de radio, pero todo el mundo había pensado que tras aquellas acciones se ocultaba algo más, ya que anteriormente ya habían hecho registros lo bastante exhaustivos en esa zona para buscar radios. Además, en los últimos días había habido lanchas motoras patrullando en el fiordo por primera vez, lo que no cuadraba con la historia de las radios. Ahora Marius sabía lo que andaban buscando. El objetivo de toda esa actividad estaba delante de él, tumbado a merced suya en la cama de sus sobrinos.

La suerte había vuelto a sonreír a Jan al conducirle a aquella puerta. Marius Grønvold era una persona fuera de lo común. Entonces tenía poco más de treinta años, todavía estaba soltero y era un hombre fornido y de baja estatura con cara de campesino y una mente extraordinariamente perspicaz y bien dotada. Su ocupación en aquella época reflejaba este contraste: regentaba una pequeña granja y escribía en el periódico de Tromsø. Sus aficiones eran la política y la literatura noruega. Conocía bien los clásicos noruegos y era capaz de recitar poesía o prosa durante horas, cosa que hacía a menudo para entretenerse a sí mismo o a cualquiera que le escuchara. Ya era un miembro destacado del Partido Liberal en su localidad e iba encaminado a convertirse en el ciudadano más prominente de la zona: la clase de hombre, podría decirse, que estaba destinado desde su nacimiento a ser alcalde o gobernador del condado. Con sus ideas políticas y su amor por la historia y la cultura noruegas, huelga decir que era miembro del grupo de resistencia de Lyngen, que era una división de la organización de Tromsø.

Hablar de un movimiento de resistencia en un lugar como Lyngen puede ser un poco engañoso. Existía una organización, pero no podía hacer prácticamente nada. Al producirse la invasión de Noruega, no había habido tiempo de llamar a filas o entrenar a los habitantes de aquellas zonas remotas del norte del país. La batalla se había librado y perdido antes de que tuvieran la oportunidad de acudir a participar en ella. Desde entonces, habían permanecido totalmente aislados del mundo que quedaba fuera de la órbita alemana. Sus aparatos de radio habían sido confiscados y los periódicos que leían estaban sometidos a la censura alemana. Todo lo que sabían de la lucha que se estaba llevando a cabo desde Inglaterra era alguna que otra noticia clandestina que alguien había oído con alguna radio escondida o leído en algún periódico ilegal y que se transmitía en susurros de boca en boca. Aun así, a los hombres como Marius les disgustaba la esclavización de su país tanto como a cualquiera, quizá incluso más por el hecho de que ellos no habían hecho nada para tratar de impedirla. Sentían un enorme cargo de conciencia por no haber sido soldados cuando más necesidad de ellos había y porque otros seguían realizando actos de valentía mientras que ellos no encontraban ninguna forma de poner a prueba su propio valor. En realidad, su organización era una especie de club patriótico. Ninguno de sus miembros tenía conocimientos militares, pero al menos podían hablar libremente entre sí y, de esta forma, ayudarse unos a otros a mantener la determinación y no sucumbir a la creencia de que los alemanes podrían ganar la guerra y mantener su país ocupado eternamente. También sabían que podían recurrir a los demás en busca de ayuda material si en algún momento resultaba necesario.

Marius tenía todo esto en la cabeza mientras se ocupaba de los pies de Jan, le daba de comer y se aseguraba de que no se enfriara. El problema que Jan había traído consigo no se solucionaba simplemente con ofrecerle un escondite para una noche y darle un poco de comida. Seguramente Jan aún pensaba, si es que podía pensar, que después de dormir un buen rato se levantaría y se iría de allí caminando, pero cualquiera que le viera sabría que iba a estar inválido durante semanas y que lo último que iba a hacer era caminar. Marius no dejaba de dar vueltas a la situación y no veía otro desenlace para el problema que tenía delante que la captura. Furuflaten era una comunidad diminuta y compacta de unos pocos centenares de personas. El pueblo se encontraba en la carretera principal, por lo que era atravesado día y noche por convoyes de camiones alemanes, y además alojaba a una sección de soldados en el colegio de la localidad. Si se asomaba a la ventana de su hermana, podía ver a los guardias alemanes en la carretera. No veía la forma de mantener en secreto la presencia de Jan. Hasta comprarle un poco de comida extra sería casi imposible. Todavía más difícil era imaginar cómo iba a conseguir cuidarle hasta que se recuperara y ayudarle a ponerse de nuevo en camino. Pero jamás tuvo la menor duda de que lo iba a intentar: ese era el reto al que se enfrentaba y por fin era algo que él, y solamente él, podía hacer. Si nunca más volvía a tener la oportunidad de aportar algo a la guerra, podría llevar la vista atrás y recordar esto, y su intención era mirar atrás con satisfacción y no con vergüenza. Dio gracias a Dios por haberle enviado aquella oportunidad de demostrar su valentía.

Jan estaba inquieto y nervioso. Se quedaba dormido constantemente, cosa que le hacía muchísima falta, pero en cuanto empezaba a relajarse se despertaba alterado. Era un síntoma del delicado estado mental en el que se encontraba. Se sentía tremendamente indefenso a causa de la ceguera y tenía miedo de que le delataran.

Sin embargo, si hubiera estado en pleno uso de sus facultades mentales y hubiera podido ver el gesto de preocupación sincera en el rostro de Marius, habría confiado en él sin el menor reparo.

Marius, de hecho, le atendía con un sentimiento muy cercano al afecto: el que se tiene hacia cualquier ser indefenso que recurre a uno en busca de protección. Ya había prometido que le protegería, tanto en su cabeza como expresándolo con las palabras más apropiadas que se le ocurrieron, y le disgustaba no haber conseguido disipar los miedos de Jan. Quería encontrar alguna forma de tranquilizarle y convencerle de que sus intenciones eran amistosas y, en un momento en el que las mujeres no estaban escuchando, cogió a Jan de la mano impulsivamente y, con un tono bien firme y claro, le dijo: «Si yo sobrevivo, tú también, y si te matan, antes habrán tenido que pasar por encima de mi cadáver». Jan no contestó a esta solemne promesa, pero su sinceridad surtió efecto. En ese momento se relajó y se quedó dormido.

Durmió tan profundamente que ni siquiera los masajes en las manos y las piernas le despertaron. Lo peor eran las piernas. Marius y sus hermanas estuvieron turnándose durante toda esa noche y todo el día siguiente para seguir frotándoselas e intentar hacer circular la sangre. Enseguida idearon una sencilla prueba para saber hasta dónde las tenía congeladas. Le pinchaban las piernas con agujas, empezando en los tobillos y subiendo desde ahí. Al principio no tenía ninguna sensibilidad hasta la altura de las rodillas. Al pincharle en los muslos los movía ligeramente, aunque ni siquiera eso le despertaba. A base de frotarle las piernas hora tras hora, estas fueron reviviendo, centímetro a centímetro, y reaccionando a los pinchazos cada vez más abajo. Jan durmió de una tirada durante toda la primera noche y todo el día siguiente. Cuando se despertó, había recuperado la sensibilidad incluso en los pies y sentía un dolor punzante en las zonas que antes estaban entumecidas. Hanna Pedersen le dio un poco de comida y después volvió a quedarse dormido.

Aunque sus esfuerzos parecían estar surtiendo efecto, Marius y sus hermanas tenían miedo de que existiera un tratamiento mejor para la congelación, pero que ellos no lo conocieran, de ahí que la primera vez que Marius recurrió a la organización fuera en busca de consejo médico. Lo primero que hizo fue ir a Lyngseidet: un trayecto de veinte minutos en autobús, que abarcaba toda la distancia que Jan había tardado cuatro días en recorrer. Su objetivo era hablar con el director del instituto público de la localidad, un hombre llamado Legland. Había dos razones para ir a verle: en primer lugar, era el miembro de la organización que tenía contacto directo con la cúpula de Tromsø; en segundo lugar, en Lyngen casi todo el mundo tenía la costumbre de acudir a él en momentos de confusión o apuro. *Herr* Legland era un patriarca al que todos sus vecinos veneraban. De hecho, los más inteligentes habían sido alumnos suyos, ya que su instituto prestaba servicio a todo el distrito y para entonces era un hombre mayor. De él había adquirido Marius su amor por la literatura siendo un muchacho y le consideraba el hombre más sabio que conocía. Además, era un patriota a ultranza, al estilo de la vieja escuela de Bjørnson e Ibsen, para el que la invasión de Noruega era una brutal afrenta, un retroceso al oscurantismo del pasado. Los edificios del instituto que dirigía en Lyngseidet habían sido requisados por los alemanes para utilizarlos como alojamiento: un símbolo del aplastamiento de la cultura de la nación por las exigencias de la tiranía.

Cuando Marius acudió a este sagaz veterano y le contó la historia, a Legland le pareció bien lo que habían hecho él y su familia y se mostró de acuerdo con lo que proponía. No tuvo ni que decirle a Marius que podía contar con su ayuda. En el fondo de todas las ideas que se le habían ocurrido hasta entonces estaba la dificultad, y la necesidad, de ocultar la presencia de Jan a todos los habitantes de Furuflaten. No es que hubiera nadie especialmente indigno de confianza, pero sí mucho chismoso. En cuanto se filtrara la información, el pueblo entero quedaría al corriente en lo que tarda en propagarse una noticia jugosa, y entonces solo sería cuestión de tiempo que los alemanes también se enteraran. Nadie iba a contárselo, pero el instituto en el que vivían estaba en pleno centro, así que tenían bastante idea de lo que pasaba en el pueblo. No tenían más que mantener los ojos abiertos; era un lugar en el que resultaba dificilísimo guardar un secreto. Las casas, situadas a los lados del río que baja desde Lyngsdalen y a lo largo de la carretera que discurre junto a la costa, se encuentran muy separadas entre sí. Apenas hay árboles y desde el centro se pueden ver casi todas las casas y la mayor parte del terreno que queda entre ellas. Bastaría con que unos cuantos vecinos de más fueran a casa de Marius, ya fuera por curiosidad o para ofrecer su ayuda, para que los alemanes que estuvieran de guardia en el instituto o patrullando la carretera notaran que ocurría algo raro.

En estas circunstancias, que un médico fuera a ver a Jan sería muy arriesgado. La casa de Marius era la más alta del valle y la más alejada de la carretera. El médico tendría que dejar el coche en la carretera y subir ochocientos metros esquiando entre todas las casas y, por supuesto, en cuanto se fuera, tendrían allí a todo el mundo preguntando amablemente quién estaba enfermo. Si no quedaba más remedio, tendrían que intentarlo, pero por ahora lo único que necesitaban era consejo y medicinas, suponiendo que hubiera alguna que sirviera de algo.

Eso significaba que tenían que enviar un mensaje a Tromsø. Si preguntaban al médico de la zona o encargaban la medicina en la farmacia del pueblo, tendrían que decir para quién era y revelar el secreto a dos o tres personas ajenas a la organización, pero en Tromsø se podían hacer consultas de ese tipo sin que nadie tuviera que saber exactamente para quién eran.

Por suerte, la carretera a Tromsø seguía abierta, aunque en cuanto empezara el deshielo de la primavera quedaría impracticable durante dos o tres semanas. Mandar un coche particular sería complicado, ya que el conductor tendría que dar un buen motivo para su viaje en todos los controles de carretera por los que pasara, pero la gente había notado que los alemanes nunca prestaban demasiada atención a los autobuses. Si reconocían uno de los que prestaban un servicio regular en esa carretera, normalmente lo dejaban pasar sin hacer ninguna pregunta al chófer. Uno de los conductores de la zona era miembro de la organización. Marius y Legland le encargaron la misión y él accedió. Inutilizaron uno de los vehículos de la compañía de autobuses y el conductor salió hacia Tromsø en otro para ir a buscar una pieza de repuesto con la que repararlo.

Con la visita de aquel hombre a Tromsø llegó la primera noticia que tuvieron los dirigentes de la organización de que en Toftefjorden había habido un superviviente. Legland mandó al conductor a ver a Sverre Larsen, el director del periódico, cuya mano derecha, Knudsen, había sido deportado. Naturalmente, el mensaje se transmitió solo de palabra. Larsen no conocía al conductor y en la organización aún estaban algo más tensos y recelosos de lo habitual. Se negó a comprometerse a nada y le dijo que volviera más tarde. En cuanto se fue, sin embargo, se puso a comprobar las referencias que tenían de aquel hombre a través de la cadena de mando de la organización. Cuando regresó el conductor, Larsen se había asegurado de que no era un agente alemán, lo cual habría sido perfectamente posible, y ya había hablado con un médico y un farmacéutico sobre el tratamiento para la congelación. Ambos habían dicho que no se podía hacer nada que no hubieran hecho ya, salvo aliviar el dolor, para lo cual el farmacéutico había preparado un sedante. Jan recibió la primera dosis esa noche.

Mientras tanto, Marius había sacado a Jan de casa de su hermana y le había escondido en un rincón de su granero. Sabía que iba a dar igual dónde estuviera instalado si los alemanes venían a registrar su granja, pero al menos en el granero estaría menos expuesto a los visitantes imprevistos y amigos de la familia, algo que no dejaba de preocupar a Marius. Jan había llegado a la casa un sábado. Los domingos de primavera, cuando hace buen tiempo, la gente de Furuflaten tiene la costumbre de subir esquiando por el valle hasta cierta altura para dar un paseo. Aquel domingo había huellas de Jan por todo el valle, que se veía claramente que conducían a la puerta de Hanna Pedersen. Que alguien se desplazara por la zona a pie era insólito, por lo que ver huellas de pisadas y no de esquís era justo la clase de acontecimiento que daría origen a chismorreos. Para adelantarse a las preguntas, aquel domingo Marius salió a inspeccionar su granja temprano, sin esquís, mezcló sus propias huellas con las de Jan y se inventó una historia para explicar por qué había hecho una cosa tan extravagante. La historia era un poco pobre, pero serviría para que la gente no pensara que las huellas eran de un desconocido. Simplemente pensarían que el hombre de la casa se había vuelto loco.

Las únicas personas de Furuflaten que sabían algo entonces eran los miembros de la familia Grønvold: Marius, sus tres hermanas, los dos niños y la madre de Marius. El marido de Hanna estaba fuera pescando, por lo que Marius tenía la preocupación añadida de no tener a ningún otro hombre de la familia con quien hablar. Sus hermanas siguieron esforzándose en todo momento por atender a Jan hasta que se recuperara, pero en esas zonas del norte del país los hombres no suelen pedir su opinión a las mujeres y Marius no podía por menos que notar que la repentina llegada de Jan les había causado una gran impresión a todas. Su madre, concretamente, estaba algo delicada y a Marius le preocupaba muchísimo la tensión que le estaba provocando aquella situación. De hecho, para una mujer mayor tiene que ser espantoso saber que los miembros de su familia están metidos hasta el cuello en algo que conllevará la pena de muerte para todos si los descubren. Hubo un momento al principio en que se mostró contraria a todo aquello (aunque, por supuesto, no tenía una idea muy clara de la que habría sido la única alternativa), pero para entonces Marius había oído a Jan hablar de su padre y su hermana en Oslo y le planteó la situación a su madre desde el punto de vista del padre de Jan. «Imagínate que yo estuviera en Oslo y me viera en apuros —le dijo— y que tú te enteraras de que la gente de allí se niega a ayudarme». Expresado en aquellos sencillos términos, la mujer entendió mejor el problema. Aquello le hizo ver a Jan como a un ser humano, un muchacho noruego muy parecido a su propio hijo, y no solo como a un extraño salido de una guerra que ella nunca había acabado de entender. Al final accedió y dio su consentimiento a Marius. Aun así, cabe la duda de si alguna vez llegó a recuperarse por completo de la tensión a la que la llegada de Jan la sometió durante años, ya que los nervios no acabaron cuando finalmente se marchó. El riesgo de que, por alguna funesta casualidad, los alemanes descubrieran lo que habían hecho ella y sus hijos no desapareció hasta el final de la guerra. En el mundo al revés de la ocupación, el fariseo era recompensado y el buen samaritano era un delincuente. La gente que actuaba conforme a la ética cristiana más elemental quedaba condenada a vivir con la clase de miedo con la que, en circunstancias normales, solo vive un asesino cuyo crimen no ha sido descubierto.

Los dos niños eran otra preocupación más. Mandarlos al colegio todos los días sabiendo lo que estaba haciendo su familia era una gran responsabilidad con la que hacer cargar a unos críos. Algunos niños son tan capaces como cualquier adulto de guardar un secreto sobre una cuestión de vida o muerte, pero el tener que hacerlo durante mucho tiempo acaba por desgastarlos.

Jan pasó casi una semana en el granero. Durante cuatro días no llegó a estar más que semiconsciente, lo cual le vino bien, ya que de todas formas no podría haberse movido, y cuando despertó del sueño en el que le había sumido la medicación, el dolor que sentía en los pies, las manos y los ojos enceguecidos era muy intenso. Pero sin duda estaba mejorando. Hacia el final de esa semana empezó a recuperar la vista. Empezó a ver luz en la entrada cuando alguien abría la puerta del granero y, más tarde, a reconocer los rostros de quienes venían a darle de comer. Para entonces también parecía que los pies se le acabarían curando, aunque aún faltaba mucho para que pudiera levantarse o caminar. Lo más importante de todo era que se había recuperado de la conmoción cerebral y había recobrado la capacidad de pensar y el sentido del humor: volvía a ser él mismo. Marius y él empezaron a darse cuenta de que tenían muchas cosas en común. Para ser del mismo país, sus orígenes y sus experiencias no podían haber sido más diferentes: el granjero del Ártico y filósofo de ambiente rural frente al técnico de la ciudad; el hombre totalmente apartado de la guerra frente al soldado metido de lleno en la formación militar. Pero Jan siempre tenía el sentido del humor a flor de piel y Marius, aunque era un hombre serio, era incapaz de contenerse cuando le hacían reír. Escuchó las historias de Jan sobre Inglaterra y sobre la guerra con el ansia de un hombre hambriento ante un banquete inesperado y le hicieron mucha gracia los numerosos aspectos ridículos de la vida en el ejército que le describió Jan. Cuando Marius se echaba a reír, parecía que no fuera a parar nunca. Tenía una extraña risita aguda y contagiosa que hacía que Jan también empezara a reírse, y entonces Marius, agachado a su lado sobre el heno en la penumbra del granero, se desternillaba aún más y se secaba las lágrimas que le caían por las mejillas hasta que tenían que recordarse el uno al otro que debían guardar silencio para que nadie oyera el ruido desde fuera.

A pesar de aquellos ratos, en los que Marius disfrutaba de la compañía de Jan, tenerle en la granja seguía siendo un enorme peligro. Cada vez que veía a alguien subir desde el pueblo o que los alemanes hacían algo inusual en el instituto, saltaban las alarmas. Había que llevárselo de allí en cuanto estuviera en condiciones y Marius había pensado en un lugar al que trasladarle.

La otra orilla de Lyngenfjorden es muy escarpada y se encuentra deshabitada. En el pasado había habido una granja allí, la única en un tramo de trece kilómetros, pero se había quemado hacía mucho tiempo y nunca se había reconstruido. Había una pequeña cabaña de madera que se había librado de las llamas y se mantenía en pie. La casa más cercana estaba a más de seis kilómetros, tanto por la costa como por el agua, y, según la información que tenía Marius, nadie visitaba jamás aquel lugar. Si había algún sitio seguro en el que poder dejar a Jan, tenía que ser aquella cabaña. El nombre de la granja era Revdal.

Llevar a Jan a la otra orilla con la única ayuda de sus hermanas sería imposible, ya que habría que transportarle hasta una barca y después bajarle de ella al otro lado, así que en ese punto empezó a implicar a otros hombres del pueblo que pertenecían a la organización. A la hora de escogerlos, se basó en el principio de que no debía haber más de un hombre de una misma familia involucrado en el asunto, por si acaso pasaba algo y otra familia además de la suya quedaba totalmente destruida. Al final reveló su secreto a tres amigos suyos: Alvin Larsen, Amandus Lillevoll y Olaf Lanes. Todos se conocían desde niños. Cuando les contó la historia, por separado, los tres se ofrecieron a ayudar entusiasmados.

Acordaron trasladar a Jan el 12 de abril por la noche. En las dos semanas que habían transcurrido desde Toftefjorden, las noches se habían hecho bastante más cortas, lo que dificultaba cualquier actividad ilícita. Para evitar una catástrofe, la primera parte del trayecto tendría que planearse con cuidado y efectuarse sin dilación. Ese tramo comprendía los ochocientos metros que separaban el granero de Marius de la orilla del fiordo.

Marius había vivido allí toda su vida, pero, como para cualquier persona cumplidora de la ley, tramar una forma de salir de su propia casa sin que le vieran era una experiencia nueva para él. Era tremendamente difícil. Tendrían que transportar a Jan en una camilla y las rutas que podían seguir quedaban limitadas por las vertientes del valle, ya que ambas eran demasiado empinadas para subir por ellas. Por otro lado, la suave pendiente triangular que quedaba entre ellas se veía perfectamente desde las casas y estaba atravesada por senderos que iban de una puerta a otra. Había dos peligros principales: la guarnición alemana alojada en el instituto y el guardia que patrullaba la carretera. Pero lo que preocupaba a Marius casi más que estas dos cosas era la idea de encontrarse con toda una serie de vecinos y tener que pararse a dar explicaciones interminables. Llevar a un hombre en camilla a escondidas por el pueblo de uno en plena noche no es algo que pueda explicarse con un comentario de pasada.

Marius hizo un reconocimiento y contempló su pueblo desde esa nueva perspectiva. Resultó haber una única ruta posible: el cauce del río. El río, que después del valle lleva el nombre de Lyngsdalselva, atraviesa el pueblo por el centro y pasa por debajo de la carretera bajo un puente que se encuentra a unos doscientos metros de la orilla del fiordo. Su cauce es doble, con una parte de unos quince metros de ancho por la que discurre la corriente normal en verano y un cauce de crecida mucho más ancho que solo lleva agua durante el deshielo, en primavera. A mediados de abril de aquel año aún no había empezado el deshielo y todo el río seguía congelado. Las orillas del cauce de crecida tienen unos cuatro metros y medio de altura y Marius vio que, si uno caminaba bien pegado a ellas por el lecho seco del río, era bastante difícil que le vieran. Aquel plan tenía una pega: de todos los edificios del pueblo, el más cercano al cauce del río era el instituto en el que dormían los alemanes, situado a dos o tres metros de la orilla. Aun así, aquella seguía pareciendo la única opción. Desde las ventanas del instituto, las tropas podían ver prácticamente toda la parte baja del valle. Lo único que no podían ver desde ellas era lo que estaba al pie de la orilla que tenían justo debajo.

Al anochecer del día escogido, todos se reunieron en el granero. Dos hombres irían con Marius y con la camilla. Su hermana Ingeborg se había ofrecido a ir delante para asegurarse de que el camino estuviera despejado. Otro se subiría a lo alto de una gran morrena al otro lado del río, desde donde podría observar al guardia de la carretera. En la playa donde desembocaba el río ya habían dejado un bote de remos con una vela al tercio. Jan iba envuelto en mantas y atado a una camilla de fabricación casera y tenían preparados un macuto con comida y un hornillo de parafina para dejar en Revdal. Esperaron nerviosos a que avanzara el largo atardecer y oscureciera lo suficiente para ponerse en marcha. Pasaban las once de la noche cuando Marius dio la orden.

Fue un trayecto agotador. Por una vez, no podían utilizar sus esquís. Bajar esquiando entre los arbustos por empinadas pendientes con una camilla y de noche solo podía acabar de forma desastrosa, al menos para el hombre de la camilla. Pero andar por la gruesa capa de nieve cargando con él era extenuante, incluso tratándose de una distancia tan corta. Lo primero que hicieron fue bajar directamente al río y, al llegar al fondo sin ningún susto, apoyaron a Jan en la nieve durante unos minutos para descansar. El vigía se separó de los demás para cruzar el río y subir a su atalaya e Ingeborg se adelantó para ver cómo estaban las cosas en el instituto y para abrir un camino en la nieve. Todo estaba en silencio, pero una leve brisa del sur hacía vibrar los cables telefónicos y agitaba las ramas desnudas de los arbustos con un sonido que, aunque leve, ayudaba a tapar el ruido de sus movimientos. Cuando recuperaron el aliento, se agacharon para volver a levantar la camilla y echaron a andar por el cauce del río en dirección al instituto.

Enseguida lo vieron. De algunas de las ventanas salía luz amarillenta que iluminaba la nieve llena de pisadas de delante del edificio. Una de las luces alumbraba todo el cauce del río y llegaba hasta la otra orilla, pero más cerca del edificio, justo debajo de la fachada, la empinada pared de la orilla daba sombra y creaba una especie de túnel de penumbra. Los portadores de la camilla se aproximaron al instituto, agachándose tanto como les permitía su carga, manteniendo la mirada en las huellas que había dejado Ingeborg para no tropezarse y resistiendo el impulso de mirar hacia las luces que tenían encima. Al llegar a la altura de la valla que rodeaba el patio del instituto, se pegaron aún más a la orilla. Llevando la vista arriba, podían ver el borde del tejado a su derecha; el haz de luz iluminaba unos matorrales a su izquierda, pero pasaba unos cincuenta centímetros por encima de sus cabezas. Del interior del instituto no llegaba ningún ruido, por lo que eran enormemente conscientes del suave crujido de sus pisadas sobre la nieve. El silencio resultaba amenazador. Les hizo pensar en la posibilidad de una emboscada. Treinta segundos más tarde, sin embargo, habían dejado atrás el instituto y tenían la carretera a unos cincuenta pasos.

Aquel era el tramo que más temían. Con el instituto detrás y la carretera delante, no había escondite posible para cuatro hombres. Todo dependía de la suerte: del tiempo que tardara en regresar el guardia y de que pasara o no algún vehículo con los faros encendidos. Pero Ingeborg estaba detrás de un arbusto junto a la carretera, donde se había tumbado para vigilar al guardia, y en ese momento vino hacia ellos señalando a la derecha, en dirección opuesta al puente bajo el que pasaba el río. Allí era donde querían que estuviera el guardia, en el tramo más largo de su ronda. Justo entonces se vio un minúsculo destello en lo alto de la morrena: su vigía había encendido una cerilla, la señal de que el guardia se acercaba al extremo de su ronda y enseguida daría la vuelta. Era ahora o nunca; tenían que avanzar sin detenerse. Subieron a la carretera dificultosamente y durante unos segundos quedaron al descubierto: unas oscuras sombras en contraste con la nieve que podían verse desde el instituto, desde toda la ronda del guardia y desde una veintena de casas. A continuación bajaron por el otro lado y quedaron rodeados de arbustos que les dieron protección hasta la orilla. Lo peor estaba superado.

Después de meter a Jan en el bote y empujarlo hasta el agua, empezaron a remar en silencio. Al cabo de unos doscientos metros, izaron la vela y se adentraron en el fiordo, con la brisa a estribor y con rumbo a las montañas de la otra orilla, cuya mole se alzaba imponente en la lejanía y bajo las que se encontraba la cabaña de Revdal.

Ilustraciones

Recalada en Senja: «la costa resplandecía
con un fulgor deslumbrante».

Nunca se tomaron fotografías del *Brattholm*.
El *Andholmen*, que aquí aparece
anclado en el puerto de Scallaway,
era casi un barco gemelo.

Toftefjorden. El *Brattholm* estaba un poco más adentro que el barco pesquero de la imagen. Los tripulantes tomaron tierra en la playa de la derecha y los agentes, al fondo del fiordo. Textos sobreimpresos, de arriba abajo: BARRANCO LLENO DE NIEVE • MONTÍCULO • LLEGADA A TIERRA DE LOS AGENTES • LLEGADA A TIERRA DE LOS TRIPULANTES • LLEGADA A TIERRA DE LOS ALEMANES.

El barranco lleno de nieve de la cabecera del fiordo por el que huyó Jan. A la derecha, la playa en la que Jan salió del agua y el montículo tras el que se ocultó. Texto sobreimpreso: «Aquí Baalsrud disparó al oficial alemán».

Jan Baalsrud

La oficina de
correos de
Bjørnskar

Bernhard Sørensen,
de Bjørnskar, y su mujer

Kjosen: junto a los edificios de la derecha
cruzó la carretera un grupo de soldados alemanes.

Los Alpes de Lyngen
sobre Kjosen

Lyngseidet

El pico Jæggevarre y la cabecera de Lyngsdalen.
El alud cayó por la cascada de hielo del glaciar que se ve hacia la mitad de la imagen.

Marius

Furuflaten: a la derecha está el instituto en el que
se alojaba la guarnición alemana y, debajo del edificio,
la empinada orilla del río. Jan cruzó la carretera
en camilla cerca del puente de la izquierda.

Lyngenfjorden

La cabaña de Revdal

La cama de la cabaña de Revdal. La luz entra por el agujero de la pared de la derecha, de entre cuyos troncos Jan cogió musgo para hacer cigarrillos.

El último tramo de la ascensión de Revdal: una fotografía tomada cuando Jan y tres de los hombres que le habían subido volvieron a realizar el ascenso diez años más tarde.

El agujero en la nieve: Alvin Larsen en el lugar sobre Revdal en el que Jan estuvo enterrado una semana.

Nubes sobre Manndalen: la ruta al altiplano asciende
por Kjerringdalen, a la derecha.

Manndalen desde la cabecera de Kjerringdalen: la ruta por la que los hombres de Manndal subieron al altiplano.

El camino en dirección sur hacia la frontera:
el altiplano en la cabecera de Manndalen.

Trineos lapones
en el lado sueco de la frontera

Jan con el rey de Noruega durante una revista
después de su regreso

09

La granja abandonada

La cabaña de Revdal, que Jan acabaría bautizando como el «hotel Savoy», no era muy espaciosa, pero los dos primeros días que pasó allí fueron los más felices y serenos de todo su viaje, como un pequeño edén en medio de su odisea, si es que puede usarse la palabra *feliz* para describir su estado de ánimo y la palabra *edén* para hablar de un lugar como Revdal. La cabaña medía tres metros de largo por dos de ancho y bajo el caballete del tejado cabía una persona de pie. Estaba hecha de troncos y tenía una puerta, pero no había ventanas. Con la puerta cerrada, la única luz que había en el interior era la que entraba por las rendijas de la pared y el tejado, que estaba cubierto de hierba en crecimiento. En un lado, junto a la pared, había una cama de madera, y el resto del espacio estaba ocupado por distintos cachivaches que parecían haberse rescatado mucho tiempo atrás de las ruinas de la granja quemada. Había una mesita de aspecto tosco y varias piezas de un arado de madera, así como otras herramientas de madera cuya utilidad Jan no podía deducir y un intrincado marco tallado sin cristal y sin ninguna imagen. Todo era de madera cruda, incluso el pestillo y las bisagras de la puerta, y todo estaba gastado por los años de uso y tenía el aspecto frágil y blanquecino de las cosas viejas.

Cuando le transportaron desde el bote, Jan alcanzó a vislumbrar los alrededores de la cabaña. La choza se encuentra a unos diez metros de la orilla, en un pequeño claro en pendiente que asciende hacia un bosque de pequeños árboles retorcidos que se aferran a la falda de la montaña. Vio postes y alambres en el claro, lo que sugería que alguien seguía viniendo a cortar y secar el heno, una cosecha muy preciada en el norte, pero no había indicios de que hubiera habido nadie allí en los ocho meses de invierno y era muy improbable que viniera nadie hasta dentro de otros tres, en el mes de julio. Bajo las imponentes masas de nieve y roca, la cabañita solitaria y abandonada se veía insignificante y lastimosa y parecía incluso más pequeña de lo que era. Desde lejos, cualquiera la habría tomado por una roca, cubierta de nieve hasta tres cuartas partes de su altura. No había ningún desembarcadero que hiciera dirigir la atención hacia ella, solo la playa desierta. Alguien que no conociera la zona podría pasar navegando por el fiordo diez veces y no verla jamás.

Acostaron a Jan en la cama y dejaron la comida y el hornillo de parafina en la mesa, donde pudiera alcanzarlos con la mano. Marius vaciló durante unos instantes, como si tuviese que haber algo más que pudiera hacer por Jan, pero no había nada. Le prometió que volvería dos o tres noches más tarde y Jan le dio las gracias. A continuación salió de la cabaña, cerró la puerta y le dejó allí solo, a oscuras. Jan se quedó escuchando unos minutos, esperando oír el crujido del bote sobre la playa al empujarlo hacia el agua, pero dentro de la cabaña había un silencio absoluto. Cuando estuvo seguro de que se habían ido, desplegó sus escasas pertenencias a su alrededor y se acomodó en los duros tablones del viejo camastro. Se encontraba todo lo a gusto que podía estar. Tenía todo lo que deseaba: tiempo, algo de comida y soledad. Podía quedarse allí tumbado todo el tiempo que quisiera, sin ser una gran carga para nadie, hasta que se le curaran los pies. Enseguida se quedó dormido.

Su capacidad para dormir parecía no tener límite desde el episodio del alud y, salvo para comer, en Revdal no había nada por lo que despertarse. A veces, cuando el hambre interrumpía su sueño, había luz entrando por los agujeros del tejado; otras veces era de noche, y entonces buscaba sus cerillas a tientas y comía a la tenue luz azul del hornillo. A él, sin embargo, le era indiferente que fuera de día o de noche.

Cuando no estaba durmiendo, soñaba despierto: con el Oslo de antes de la guerra, con su familia y su club de fútbol, del que había sido presidente; con las innumerables aventuras que había vivido en los tres años que había pasado en el extranjero, con sus amigos del campo de entrenamiento en Escocia y con sus propias ambiciones y esperanzas para cuando acabara la guerra. Había sido un viaje largo y muy extraño, desde su hogar y el taller de fabricación de instrumentos de su padre hasta aquella cama, aquella cabaña y aquella desierta costa ártica, pero en ningún momento pensó que el viaje terminaría allí. En algún momento se levantaría, saldría por esa puerta y volvería a empezar. Mientras tanto, el tiempo iba pasando y eso era lo único que importaba, ya que el tiempo, pensaba, era lo único que podría curarle los pies y darle las fuerzas que necesitaba para afrontar los últimos cuarenta kilómetros de su viaje a Suecia.

Mientras tanto, en Furuflaten, Marius no era tan optimista. Se sentía inquieto por haber dejado a Jan completamente solo. Se habría quedado mucho más tranquilo escondiéndole en algún sitio donde pudiera tenerlo atendido día y noche, pero se consoló pensando que lo había hecho más por su familia que por él mismo, y también que para Jan era mejor estar en un lugar donde era muy improbable que le buscaran los alemanes. Marius también creía que se acabaría recuperando, pero pensaba que podía hacer falta mucho tiempo y, aunque Jan no fuera consciente de ello, sabía lo complicado que iba a ser abastecerle en Revdal incluso de las cosas más básicas. Marius jamás le habría negado nada: estaba dispuesto a dedicarle su tiempo y a correr riesgos por él, así como a emplear su dinero mientras le alcanzaran los ahorros. Sin embargo, le preocupaba mucho que mantener la situación en secreto, cosa que ya era muy difícil, acabara siendo imposible si había que seguir haciéndolo durante mucho tiempo. Si la gente le veía subirse a un bote y dirigirse a la orilla deshabitada del fiordo dos o tres noches a la semana, no habría ninguna explicación creíble que pudiera dar. Además, seguía existiendo la posibilidad de que los alemanes hicieran una redada de repente, lo que directamente le impediría volver a Revdal. Podrían venir a detenerle, así que tendría que estar preparado y buscar a alguien a quien no pudieran asociar con el asunto, pero que pudiera asumir sus responsabilidades cuando él no estuviera. De lo contrario, Jan se quedaría allí abandonado hasta morir de hambre. La conclusión de todo esto, de hecho, era que en cualquier momento podía producirse una crisis y, si esto ocurría antes de que Jan pudiera cruzar la frontera por su propio pie, tenía que existir un plan para llevarle allí.

Marius fue a ver a *herr* Legland de nuevo y tuvieron una larga conversación. Los dos estaban de acuerdo en que, además de que Jan correría menos peligro allí, Revdal era mejor como punto de partida para intentar llegar a la frontera. Si hubiera intentado ir desde Furuflaten, habría tenido que atravesar varios valles, además de la carretera principal, mientras que desde Revdal se llegaba directamente al altiplano con solo subir novecientos metros. Una vez arriba, no había carreteras ni viviendas de ningún tipo antes de la frontera y se podía esquiar fácilmente. Pero si Jan necesitaba ayuda durante el viaje, tendría que venir de alguno de los pueblos de ese lado del fiordo.

Es posible que Marius se sintiera decepcionado con la idea de tener que dejar a Jan en manos de otros, pero tenía que reconocer que, si se daba una situación en la que hubiera que llevarle a la frontera precipitadamente, él no podría ser de ninguna ayuda. Nunca había estado en el altiplano, para empezar, y además no había forma de saber cuánto podría durar el viaje. En ningún caso serían menos de cuatro días, y si pasaba tanto tiempo fuera de casa todo el mundo se enteraría. Sin embargo, en esa orilla había al menos una aldea en la que no había ninguna guarnición alemana. Los hombres de allí conocerían el altiplano, o al menos la parte que tenían más cerca, y para ellos sería mucho más fácil ausentarse durante unos días.

Una vez que Marius, aunque a su pesar, se mostró de acuerdo con esta conclusión, *herr* Legland quedó a cargo de avisar a la gente que conocía en la otra orilla de que quizá fuera necesario un grupo de hombres para llevar a Jan a la frontera. Su intención era acordar un lugar de encuentro y una contraseña para la operación por si tenía que hacerse de forma apresurada.

El nombre del pueblo que tenían en mente es Manndal. Está situado en un profundo valle, Manndalen, cuyos más de treinta kilómetros penetran en el altiplano, y tiene una población de unas seiscientas o setecientas personas. Se encuentra mucho más aislado del mundo que Lyngseidet o Furuflaten, ya que no hay ninguna carretera que conduzca al pueblo ni un solo paso entre las montañas que le dé acceso por tierra. La única forma de llegar a él es bien por los montes, por rutas que en invierno siempre están llenas de peligros, o bien navegando más de quince kilómetros desde Lyngseidet. Pero incluso allí la organización tenía sus contactos.

En cuanto Marius y *herr* Legland empezaron a pensar en Manndal, se encontraron con un problema que ya venía preocupándoles a los dos: la cuestión del dinero. Si tenía que intervenir Manndal, toda la operación de rescate de Jan iba a costar más de lo que ellos dos podían encontrar en sus propios bolsillos o en los de sus vecinos. Es fácil olvidar que este tipo de actividad requiere dinero, pero así es, o al menos así era en el norte de Noruega. La gente como Marius estaba dispuesta a estirar su comida racionada para compartirla con Jan, dormir con una manta menos en sus camas o darle su ropa, pero estaba claro que tarde o temprano iba a necesitar algo que ninguno de ellos tendría, y entonces no habría más opción que acudir a alguien que pudiera proporcionárselo (y contarle la verdad para que se lo diera sin pedir nada a cambio) o comprarlo. Las cosas que era más probable que necesitara Jan, los artículos de primera necesidad, estaban racionadas, y muchas de las cosas que quizá fuera a necesitar no podían comprarse más que a precios del mercado negro, aparte de que alguien que estuviera dispuesto a vender en el mercado negro era la última persona que querían que supiera lo de Jan, claro. La única forma segura de conseguir lo que hiciera falta sería pagar lo que pidieran por ello, por elevado que fuera el precio, y no contar nada a nadie. Jan ya se había terminado los cigarrillos y el brandi que había conseguido Marius y necesitaba más. Para ser exactos, necesitaba el brandi, para soportar el frío, mientras que los cigarrillos eran el único lujo que podía darse. Si Manndal se sumaba a la operación, también estaría la cuestión del combustible para los barcos. En Manndal había un teléfono, pero todas las líneas estaban intervenidas. La única forma de explicar la situación a la gente de allí sería llegar hasta el pueblo en una lancha motora y, salvo que el dueño del barco pudiera dar un buen motivo para el viaje, el combustible también tendría que venir del mercado negro.

También estaba la cuestión del pago a la gente que dedicara su tiempo a una misión de este tipo. Marius no tenía que rendir cuentas a nadie y podía dejar de trabajar para cuidar de Jan. Sus compañeros de Furuflaten estaban en la misma situación. Pero muchos hombres de la zona vivían al día, sobre todo en un sitio como Manndal, y perder varias jornadas de trabajo significaba realmente menos comida en la mesa para sus mujeres e hijos. Posiblemente habrían prestado su ayuda de todas formas, pero la organización tenía por principio que nadie debía sufrir penurias económicas por hacer algo que le encargaran. El Estado pagaba a sus soldados y la organización pretendía hacer lo mismo. Si había que pedir a alguien que llevara a Jan a Suecia, sin duda habría que pagarle el dinero que no iba a poder ingresar durante los días que pasara fuera. Entre unas cosas y otras, toda la operación podría costar mucho más de lo que se podía cubrir con los recursos de Lyngseidet y Furuflaten.

Por suerte, *herr* Legland tenía que ir a Tromsø y le prometió a Marius que se encargaría de la cuestión económica. Fue así como, por segunda vez, llegaron a la ciudad noticias de lo que estaba ocurriendo en Lyngen. Legland acudió a Sverre Larsen, cuyo padre, el dueño del periódico al que habían despedido, era un viejo amigo suyo. Llegó un sábado por la noche y le contó la historia a Larsen de principio a fin, aunque sin mencionar los nombres de las personas y los lugares implicados. Había calculado que necesitaría el equivalente a 150 libras esterlinas para gastos urgentes con los que ya contaba. Sin ese dinero, o sin la seguridad de poder conseguirlo enseguida, no le parecía que pudiera pedir a nadie que fuera a la frontera.

Larsen accedió a su petición sin la menor discusión. Era la clase de cosa que esperaban financiar los comerciantes de Tromsø. Sin embargo, encontrar el dinero en metálico un sábado por la noche fue todo un desafío para su organización. Si Legland hubiera llegado a una hora a la que estuvieran abiertos los bancos y las oficinas, no habrían tardado más de unos minutos en reunir el dinero. Dadas las circunstancias, el propio Larsen puso todo lo que tenía en casa y después fue a ver a sus compañeros de la organización uno por uno. El domingo por la mañana había recaudado el total, a base de aportaciones de diversa cuantía hechas por muchas personas diferentes. *Herr* Legland se llevó el dinero a casa y sus preocupaciones económicas quedaron aliviadas por el momento. Tal como se acabaron desarrollando los acontecimientos, sin embargo, aquello no fue más que el principio de los gastos derivados de salvarle la vida a Jan. De principio a fin, la operación costó el equivalente a 1.650 libras esterlinas en efectivo (además del trabajo y los bienes materiales que aportaron voluntariamente cientos de personas), y la totalidad de esta suma procedió de las donaciones de comercios e individuos de Tromsø que veían en Jan un símbolo de la lucha contra los alemanes.

Marius cumplió su promesa de volver a visitar a Jan. Dos noches después de dejarle en Revdal, volvió a ponerse en marcha y remó hasta el otro lado del fiordo, con nuevas provisiones de comida y unas cuantas botellas de leche. Jan seguía en la cama, exactamente como le había dejado. Estaba de buen humor y el reposo le estaba sentando bien. Se había estado entreteniendo arrancando el musgo con el que se habían rellenado las juntas entre los troncos de la pared de la cabaña y usándolo para liar cigarrillos con papel de periódico. Marius le prometió que la próxima vez le traería algo mejor para fumar. Mientras tanto, le preparó un poco de pescado y, cuando Jan terminó de comer, los dos echaron un vistazo a sus pies. Parecía que iban mejorando, así que discutieron sus planes con la esperanza de que pronto pudiera volver a ponerse unos esquís.

Ya habían acordado que Jan no debía saber nada de la organización. Aunque sus perspectivas eran algo más halagüeñas que una semana antes, en el fondo ambos sabían que, mientras no pudiera andar, sus posibilidades de librarse de acabar siendo capturado eran verdaderamente limitadas. De modo que Marius seguía fingiendo llamarse Hans Jensen y Jan no conocía los nombres de ninguna de las otras personas a las que había visto ni sabía nada sobre las actividades que se estaban llevando a cabo en Lyngseidet y Tromsø. Tenía que conformarse con no saber quién le estaba ayudando y limitarse a sentirse agradecido por la ayuda cuando esta llegaba.

Para mantenerle animado, sin embargo, esa noche Marius sí le contó que iban a pedir a la gente de Manndal que acudiera en su ayuda si era necesario. También le describió a Jan la geografía de las montañas de la zona y del altiplano, para que la tuviera clara en el caso de que hubiera que tomar alguna medida repentina. Por las montañas, la distancia entre la cabaña de Revdal y el valle donde está Manndal no es muy grande, apenas ocho kilómetros en el mapa, pero recorrerla requiere subir novecientos metros hasta el nivel del altiplano y volver a bajar. Si cuando llegara la hora Jan necesitaba ayuda, Marius tenía pensado subirle desde Revdal y pedir a los hombres de Manndal que subieran por el otro lado y se reunieran con ellos en la cima para tomar el relevo y acompañar a Jan por el altiplano en dirección sur hasta llegar a la frontera.

A Jan le dio ánimos saber que se habían hecho planes concretos para su huida, y cuando Marius se fue aquella noche, le dejó de buen humor y resignado de buen grado a soportar otros dos días de soledad y oscuridad.

Fue poco después de que Marius se marchara, apenas unas horas más tarde, cuando a Jan le empezaron a doler los pies. Al principio no era nada grave, solo un ligero incremento del dolor que llevaba sintiendo desde que se le habían descongelado. El dolor iba y venía, y en algunos momentos de esa madrugada pensó que era su imaginación. Para cuando la luz del sol empezó a entrar por los agujeros del tejado, sin embargo, estaba seguro de que algo no iba bien. Cuando hubo toda la luz que iba a haber en el interior de la cabaña, se quitó las mantas de encima con dificultad y se descubrió los pies. Al verlos, se alarmó. Su aspecto había cambiado claramente desde la noche anterior, cuando Marius había estado allí con él. Ahora los dedos parecían estar grises y, aunque los pies en conjunto le dolían más que antes, tenía las puntas de los dedos frías y entumecidas, como si se le hubieran dormido. Se masajeó los dedos, pero solo consiguió que le dolieran más y se le levantara la piel. El dedo en el que había sufrido la herida se le había empezado a curar, pero la cicatriz había adquirido un color oscuro y tenía mal aspecto.

Volvió a taparse con las mantas y se quedó allí tumbado con una sensación de inquietud, preguntándose qué querrían decir aquellos síntomas. No sabía qué les pasaba a sus pies ni qué debía hacer para intentar frenarlo. Por primera vez desde que había conocido a Marius, empezó a sentirse solo. Le había resultado facilísimo decir que esperaría otros dos días allí solo, pero ahora se arrepentía. Deseaba con todas sus fuerzas tener a alguien con quien poder hablar de sus pies. Sabía que las treinta y seis horas que aún tendría que esperar para poder ver a Marius se le iban a hacer muy largas.

Resultaron ser infinitamente peores de lo que esperaba. El dolor aumentaba por horas, a una velocidad pavorosa. Se volvió tan intenso que dormir quedó descartado y lo único que podía hacer era permanecer allí tumbado mirando a la oscuridad y contando cada minuto hasta la llegada de Marius, moviendo las piernas e intentando en vano encontrar una postura que le aliviara las molestias. El dolor le subía por las piernas en oleadas y a veces parecía recorrerle el cuerpo entero como una llamarada, de tal forma que, cuando volvía a retroceder, le dejaba sudoroso, temblando y sin aliento.

Al amanecer del segundo día, cuando hubo luz suficiente, volvió a destaparse los pies. Después de la noche que acababa de pasar, lo que vio no le sorprendió. Tenía los dedos negros e hinchados, rezumaban un fluido hediondo y ya no podía moverlos en absoluto.

Sin nadie a quien poder acudir en busca de consejo o consuelo, se sintió conmocionado y desconcertado. Cuando el dolor alcanzaba su máxima intensidad, apenas podía pensar. Cuando disminuía, se quedaba allí preguntándose qué haría Marius, si le llevaría de vuelta a Furuflaten o si habría algún médico que se arriesgara a ir a Revdal. Se preguntó si habría siquiera algo que pudiera hacer un médico sin llevarle al hospital. Creía que tenía septicemia o gangrena. Cualquiera de las dos cosas, se imaginó, le iría subiendo por las piernas. Si hubiera estado en el hospital, pensó, le habrían puesto inyecciones para pararlo antes de que se extendiera demasiado, pero allí, en Revdal, sin instrumental médico de ningún tipo, no se le ocurría nada que hacer. Se preguntó si debía acceder a ir al hospital en el caso de que se presentara la oportunidad y enseguida decidió que no. En el hospital, los alemanes le acabarían atrapando con toda seguridad y toda una serie de personas podrían acabar metidas en un lío por él. Sabía que podría ser muy tentador acceder a ir si continuaba el dolor, así que, por si cuando llegara la hora no estaba en condiciones de decidir, tomó una decisión firme e inamovible allí mismo: pasara lo que pasara, no iría al hospital. Para no ceder en su propósito, intentó imaginar el peor desenlace posible y se dio cuenta de que, al fin y al cabo, lo peor no era más que la muerte. Depositó toda su confianza en Marius. Él sabría qué hacer: le llevaría a ver a un médico o traería a alguien a Revdal. O, si no podía hacer ninguna de las dos cosas, pediría consejo, conseguiría medicinas y vendría a tratarle él mismo. Este pensamiento le ayudó a aguantar todo el segundo día.

Por fin llegó el atardecer. Los tenues rayos de luz del interior de la cabaña empezaron a apagarse y dieron paso a la oscuridad que llevaba ansiando todo el día. Marius no podría cruzar el fiordo hasta que se hiciera de noche, por lo que aún faltaba al menos una hora y media para que llegara. Desde mucho antes, sin embargo, Jan se mantuvo atento para ver si oía las pisadas de delante de la puerta y el alegre saludo que siempre le dirigía Marius antes de entrar para que supiera que quien venía era un amigo. La interminable noche fue transcurriendo minuto a minuto hasta la primera luz del amanecer y Marius no apareció.

Entonces dio comienzo una etapa que, una vez finalizada, Jan recordaría con auténtico horror. Fue la primera vez que perdió toda esperanza de salir de allí con vida, a pesar de que en realidad aún no se había resignado a morir, o al menos a sufrir la muerte agónica, lenta y solitaria que parecía el único desenlace posible. Al principio siguió aguardando el anochecer cada día con la esperanza de oír a Marius, pero, a medida que iban transcurriendo las noches sin que pasara nada, la esperanza empezó a extinguirse. Al cabo de cinco días, no tuvo más remedio que creer que Marius y todos los que sabían de su presencia allí habían sido arrestados y fusilados y que él, completamente olvidado por el mundo, estaba condenado a permanecer en la cabaña abandonada hasta que la infección acabara con su vida o hasta consumirse por la inanición. Revdal, escogido porque parecía un lugar seguro, se había convertido en una trampa. Estaba acorralado por la yerma montaña que se alzaba sobre él, por el mar y por los kilómetros de costa desierta que se extendían a derecha e izquierda. Había dejado de creer que iba a levantarse, llegar hasta la puerta, abrirla y salir al exterior para volver a emprender su viaje. Sabía que sus pies no podrían llevarle hasta la casa amiga más cercana, y también que le quedaban tan pocas fuerzas que sería incapaz de llegar nadando o siquiera arrastrándose.

Tumbado allí, en medio de aquella soledad, le habría gustado poder rezar, y mientras esperaba a morir intentó poner en orden sus creencias religiosas. Como a muchos jóvenes de su generación, sin embargo, de niño no le habían inculcado la costumbre de rezar. No era culpa suya. Había recibido una educación científica y técnica que no había dejado mucho lugar a la religión y que le había llevado a tener, a sus veintiséis años, una visión materialista de la vida. Había hecho todo lo posible por vivir de acuerdo a la moral cristiana, pero nada de lo que le habían enseñado en su vida podía ayudarle a creer que había un Dios personal velando por él en Revdal. No desdeñaba ese tipo de creencia y sabía perfectamente que habría sido un enorme consuelo, pero ninguna persona seria y razonable puede cambiar sus creencias cuando le conviene. Después de toda una vida sin rezar, pensó que recurrir a las oraciones cuando se encontraba en una situación desesperada habría sido una hipocresía, además de una ofensa a cualquier clase de Dios en el que pudiera creer. Tampoco entonces creía en una vida futura. Pensaba que, con la excepción de su padre y sus hermanos, todos los que le conocían ya le habían olvidado o dado por muerto y que, cuando el último hilo que le sujetaba precaria y dolorosamente a la vida se rompiera, él ya no existiría más que como un cadáver en descomposición sobre la cama en la que yacía.

Así fueron transcurriendo los días, fundidos unos con otros en la neblina del dolor. Un día, oyó el ruido del viento y sintió cómo la nieve se colaba por los agujeros de las paredes y por debajo de la puerta. Otro día, al estirar la mano para coger la comida de la mesa, descubrió que no quedaba nada. Todos los días, cuando se quedaba medio dormido, incluso después de haber perdido toda esperanza, soñaba o se imaginaba que oía a Marius en la puerta y se despertaba de golpe con un vuelco del corazón. Pero nunca venía nadie.

10

Después de la tormenta

En realidad, a Marius no le había pasado nada. Los alemanes no habían tomado ninguna nueva medida y en Furuflaten todo estaba tranquilo. Lo que le había impedido ir a ver a Jan había sido simplemente otra tormenta. El temporal, procedente del sur, se había desatado justo después de su visita anterior, y, para cuando llegó la noche en que tenía pensado volver a la otra orilla, el mar estaba tan agitado que era completamente imposible atravesar el fiordo.

Mientras Jan yacía dolorido en la cabaña en el lado este, Marius se iba inquietando con impaciencia en el oeste; entre uno y otro, los seis kilómetros y medio de embravecido mar constituían una barrera infranqueable. Era imposible llegar a Revdal. Todos los días, Marius observaba las encrespadas aguas grises sobre las que el viento levantaba la espuma de las olas; todas las tardes, al anochecer, bajaba a la playa de Furuflaten para asegurarse de que efectivamente no podía cruzar, pero incluso intentar echar un barco al agua era imposible. Por las noches, en la cama, se mantenía atento por si oía calmarse el rugido del viento.

Pero lo cierto es que no estaba preocupado. No tenía motivos para estarlo. La salud de Jan estaba mejorando cuando se había despedido de él. No había podido dejarle tanta comida como le habría gustado, pero calculaba que, si estiraba un poco lo que tenía, aún podría aguantar un tiempo sin pasar hambre. Sabía que Jan estaría decepcionado y preguntándose qué había ocurrido, pero estaba seguro de que se imaginaría que era por la tormenta. No se dio cuenta de que en el interior de la cabaña, tras las paredes de troncos rodeadas de nieve acumulada, no se oía el aullido del viento. Por otro lado, él aún creía que Jan era alguna clase de marinero y pensó que se imaginaría el tremendo efecto que tendría un fuerte viento del sur con un *fetch* de veinte millas a barlovento en aquella estrecha franja de mar.

De modo que, aunque obviamente estaba disgustado por la sensación de estar decepcionando a Jan, no había ninguna preocupación inmediata por la qúe se sintiera nervioso. Lo que más le inquietó mientras duró la tormenta fue la creciente amenaza que representaban las horas de luz. En lo que concernía a su propia participación, auxiliar a Jan se estaba convirtiendo en una carrera contra el sol de medianoche. Estaban a principios de la última semana de abril y ya no llegaba a ser noche cerrada en ningún momento del día. Durante la tormenta, por las noches había muy poca luz, pero, una vez que el cielo estuviera despejado, no habría más que un par de horas en las que poder zarpar disimuladamente de la playa de Furuflaten sin que le viera el guardia, y si partía a la hora de máxima oscuridad, tendría que correr el riesgo de llegar a tierra a plena luz del día al volver de Revdal. Dos semanas más tarde habría tanta luz durante toda la noche que cualquiera que tuviera unos prismáticos podría verle hacer todo el trayecto por el fiordo y, si la lancha alemana seguía patrullando, podría detectarle desde muy lejos. Fuera como fuese, habría que sacar a Jan de Revdal antes de eso.

Fue exactamente una semana después de la segunda visita de Marius a la cabaña cuando la tormenta empezó a mostrar visos de ir a terminar. Ese día, cuando él y su familia vieron que quizá aquella noche sería posible cruzar, Marius reunió todas las cosas que tenía para Jan y las metió en su mochila: comida, parafina, botellas de leche y unos cuantos cigarrillos. Al caer la noche, se puso los esquís y se dirigió a la playa una vez más. Dos de sus amigos le esperaban allí. Aún había algo de oleaje, pero no lo suficiente para que fuera peligroso atravesar el fiordo; en esas aguas alejadas de alta mar, cuando amaina el viento el mar se calma muy deprisa. Echaron el barco al agua sin hacer ruido y empezaron a remar. Durante la tormenta no se había visto la lancha patrullera ni una sola vez, pero precisamente eso incrementaba las probabilidades de que esa noche volviera a salir a recorrer el fiordo.

No obstante, la travesía transcurrió sin incidentes. El propio Marius estaba contento porque tenía buenas noticias para Jan. Acababa de saber que *herr* Legland había enviado un mensaje al maestro de la escuela de Manndal y había recibido una respuesta favorable. Al parecer, habían celebrado algún tipo de reunión en el pueblo y muchos hombres se habían ofrecido voluntarios para subir a las montañas entre Manndal y Revdal si era necesario y recibir a Jan en el lugar que se acordara. En Manndal estaban dispuestos a asumir la responsabilidad de cuidar de Jan y el maestro creía que podrían acompañarle a la frontera. En aquel breve momento de optimismo, mientras cruzaba el fiordo, Marius se imaginó que Jan podría estar en Suecia menos de una semana más tarde.

Aquello hizo que la impresión que se llevó al llegar a Revdal fuera aún mayor. Antes de abrir la puerta, gritó: «¡Hola!», pero no recibió respuesta. Entró en la cabaña. Dentro estaba muy oscuro y se respiraba un hediondo olor a descomposición. Asustado, llamó a Jan por su nombre y se inclinó sobre la cama mientras le pasaba por la cabeza la idea de que los alemanes habían estado allí y se lo habían llevado. Pero sintió el bulto bajo las mantas y entonces, con gran alivio, oyó un débil sonido y notó que Jan giraba la cabeza.

—¿Qué ocurre? —preguntó Marius—. ¿Qué ha pasado?

—Me duele una barbaridad —contestó Jan.

Marius cerró la puerta a toda prisa y encendió un farol. Lo que se encontró ante sus ojos le horrorizó. Bajo la roña y la barba desgreñada, Jan tenía la cara tan pálida que parecía un cadáver. Abrió los ojos lenta y trabajosamente cuando Marius dirigió la luz hacia ellos y se movió sin fuerzas. Alrededor de sus piernas, las mantas tenían oscuras manchas de sangre.

Jan estaba en un estado demasiado deplorable para alegrarse de la llegada de Marius. Ya le había pasado muchas veces en sueños. Durante unos instantes, hasta se resistió a que le obligaran a recobrar el conocimiento y hacer el esfuerzo de volver a vivir. Pero cuando Marius puso agua a hervir y le hizo beber algo caliente, se reanimó ligeramente. Dijo que llevaba varios días sin comer ni beber, lo cual extrañó a Marius, ya que pensaba que había dejado provisiones suficientes. Lo cierto era que, tres o cuatro días antes, la comida que quedaba se había caído de la mesa y Jan se encontraba en tal estado de aturdimiento que no se había dado cuenta de que eso era lo que había pasado. Desde ese día, había permanecido allí tumbado, cada vez más debilitado por el hambre, teniendo el pan y el pescado seco a su lado en el suelo, en un sitio bajo el tablón de la cama donde no alcanzaba a verlos.

Cuando Jan volvió en sí lo suficiente para poder hablar con coherencia, Marius acometió la desagradable tarea de examinarle los pies. Incluso antes de verlos, ya sabía que era gangrena. Era del todo evidente que, aunque Jan estaba vivo, los dedos de ambos pies llevaban tiempo muertos. Casi toda la sangre de las mantas había salido de una serie de cortes que se había hecho él mismo. Unos días antes, cuando aún le quedaban fuerzas, había empezado a operarse los pies con su navaja. Pensando que podía tener septicemia, había llegado a la conclusión de que lo único que podía hacer era extraerse la sangre, como se hacía con las picaduras de serpiente, así que había flexionado las piernas sobre la cama, primero una y luego otra, se había hecho varios cortes en los pies con la navaja y había dejado que sangraran.

Marius se los lavó lo mejor que pudo y volvió a vendárselos. Los dos sabían, sin que hiciera falta decirlo, que Jan jamás iría a Suecia a pie o sobre unos esquís. Marius pensó para sus adentros que no quedaría más remedio que amputarle los dos pies. No se lo dijo a Jan por miedo a desanimarle, pero este había llegado a la misma conclusión.

Marius no podía quedarse mucho tiempo por la luz, pero antes de irse le prometió a Jan que le traería a un médico u organizaría como fuera su traslado a Suecia y que, en cualquier caso, volvería dos o tres días más tarde. Entonces se marchó y volvió a dejarle solo. Esta vez, sin embargo, sabiendo que aún tenía amigos que estaban intentando seriamente ayudarle, Jan se vio capaz de afrontar con serenidad unos días más en aquella abominable cabaña. La mera aparición de Marius le había devuelto las ganas de vivir. Durante los días siguientes, entre punzadas de dolor, empezó a hacerse a la idea de vivir como un lisiado. Al principio estuvo repasando morbosamente en su cabeza todas las actividades físicas que no podría hacer, pero más adelante empezó a pensar con ilusión en los placeres sencillos de los que aún podría disfrutar. Su máxima aspiración en ese momento era volver a Londres, visitar los jardines de Kensington en silla de ruedas en un día soleado y ver jugar a los niños.

Mientras volvía remando por el fiordo a la luz del amanecer, Marius era consciente de que acababa de hacer varias promesas a Jan que no sabía cómo iba a cumplir, pero era un gran defensor de la idea de que, si uno está dispuesto a darlo todo para encontrar la solución a un problema, siempre acabará hallando una respuesta. No sabía con certeza de ningún médico que estuviera dispuesto a arriesgar su vida para ir a Revdal, y en realidad tampoco creía que un médico pudiera hacer demasiado sin llevar a Jan a un hospital, cosa que él no había querido ni oír mencionar. Menos aún, en aquel momento, sabía cómo iba a ser posible transportar a Jan por las montañas hasta la frontera. Pero había que organizar alguna de esas alternativas; no solo porque se lo había prometido, sino porque era evidente que, de lo contrario, Jan iba a morir.

En cuanto volvió a casa, informó a todos sus compañeros de la organización de la nueva dificultad, aparentemente insuperable, que suponía la invalidez absoluta de Jan. Analizó la situación con *herr* Legland y con los tres hombres de Furuflaten que habían llevado a Jan a Revdal y poco a poco elaboraron un plan que parecía factible. Enviaron mensajeros a Tromsø, a Manndal y a un valle llamado Kåfjord, situado todavía más al este. La noticia se propagó por toda la zona, transmitiéndose disimuladamente de una persona de confianza a otra por si alguna podía ayudar. El club patriótico que hasta entonces había permanecido inactivo entró en acción, impulsado por fin por una situación que iba a poner a prueba su eficacia como ninguna otra. A lo largo de esa noche, uno a uno, los mensajeros fueron regresando y trajeron críticas, otras propuestas y nuevos ofrecimientos de ayuda a los cabecillas de la conspiración. El plan empezó a tomar forma.

La respuesta de Sverre Larsen que les llegó desde Tromsø se limitaba a una promesa incondicional de ayuda económica. El hombre que había estado en Manndal trajo un mensaje más complicado, pero fue recibido casi con el mismo agrado. En Manndal había un equipo de cuatro hombres dispuestos a subir al altiplano en cualquier momento y asumir la responsabilidad de mantener a Jan con vida. Si Marius y sus compañeros de Furuflaten podían subir a Jan hasta allí y llevar un trineo, ellos también estaban dispuestos a intentar arrastrarlo hasta la frontera. Sin embargo, ellos veían esta opción como el último recurso. Ninguno de ellos había intentado nunca desplazarse por el altiplano tirando de un trineo. Podrían tardar una eternidad y, si el tiempo volvía a empeorar, las consecuencias podrían ser nefastas. Además, ninguno conocía el lado sueco de las montañas y había que tener en cuenta que, si bien la frontera estaba a solo cuarenta kilómetros, sería fácil que alguien que no conociera el terreno tuviera que recorrer otros ciento cincuenta kilómetros por los bosques en dirección al Báltico para encontrar alguna zona habitada. Si eso ocurría, el viaje duraría tanto que sería imposible que su ausencia pasara desapercibida, lo que significaría que ninguno de ellos podría regresar. Tendrían que exiliarse, cosa a la que ninguno estaba dispuesto, ya que todos tenían familiares a su cargo. Sin embargo, tenían una propuesta mejor: pedir a los lapones que hicieran el viaje.

La ventaja de que lo hicieran lapones y no noruegos resultó evidente de inmediato para Marius y *herr* Legland, como lo habría sido para cualquiera que conociera el terreno y a los lapones. Lo único que les sorprendió fue que en Kåfjord o en Manndal hubiera alguien con la suficiente confianza con un lapón para albergar alguna esperanza de convencerlos de que hicieran el viaje. Los lapones son gente muy particular en cualquier circunstancia, una pequeña raza primitiva completamente diferente de cualquier otro pueblo de Europa, y durante la guerra eran aún más particulares que de costumbre. La clase de lapones que tenían en mente son nómadas que viven de la cría del reno y que llevan haciendo las mismas migraciones anuales con sus rebaños desde tiempos inmemoriales. Las mismas familias laponas llegan a Kåfjord y Lyngseidet con sus renos cada primavera, siempre en torno al 5 de mayo. Pasan el verano allí, en Noruega, y el invierno en Finlandia o en Suecia. Las fronteras nacionales no significan nada para ellos, ya que llevan haciendo sus viajes desde mucho antes de que existieran. Impedir estos desplazamientos llevaría a la extinción de su raza, ya que los renos no pueden sobrevivir sin cambiar de zona de pasto con las estaciones y los lapones no pueden sobrevivir sin sus renos. Seguramente a los alemanes les habría gustado impedir estas migraciones, aunque solo fuera por mantener las cosas en orden, pero tuvieron la prudencia de no intentarlo, de modo que, durante toda la Guerra Mundial, los lapones siguieron desplazándose como si tal cosa entre Finlandia, que luchaba en el bando alemán, Noruega, que combatía como podía en el de los aliados, y Suecia, que era neutral.

Una consecuencia de esta excepcional situación era que los propios lapones, como es natural, no tenían ningún interés en la guerra. Seguramente ninguno tenía la menor idea de en qué consistía todo aquello, por lo que apelar a su patriotismo o ideología no serviría de nada. No había uno de los tres países al que tuvieran más apego que a los otros y no sabrían siquiera lo que era la política. Tampoco los motivos humanitarios para ayudar a Jan habrían significado mucho para ellos, ya que no conceden demasiado valor a la vida humana. Si un lapón perdiera el uso de los pies, como Jan, sabría que no servía para nada y esperaría que su familia le abandonara y le dejara morir solo.

Aun así, si conseguían persuadir a los lapones de que llevaran a Jan a la frontera, sus probabilidades de éxito serían mucho mayores que las de cualquier partida de noruegos. Para empezar, nadie podía controlar sus movimientos, por lo que el viaje podría durar el tiempo que hiciera falta. Además, aunque no sabían nada de brújulas ni de mapas, los lapones conocían aquel territorio inexplorado mejor que nadie y eran capaces de sobrevivir a los meses más crudos del invierno a cielo descubierto. Por último, tenían renos entrenados para tirar de trineos que podían recorrer una distancia mucho mayor en un día que un grupo de hombres que tuvieran que tirar del trineo ellos mismos. Por todo ello, esta sugerencia fue bien recibida por Marius, *herr* Legland y el resto de los conspiradores. Se esperaba que la primera oleada migratoria de renos no tardara más de una semana en llegar. Ya estarían de camino por las montañas. Según el mensaje que recibieron de Manndal, el mejor esquiador de Kåfjord estaba listo para partir y seguir las rutas migratorias en dirección a la población lapona de Kautokeino, a ciento cincuenta kilómetros de allí, para intentar encontrar los rebaños. Enviaron una respuesta para dar su conformidad y pedirle que se pusiera en camino de inmediato.

Mientras tanto, el principal problema de Marius y sus compañeros de Furuflaten era cómo subir a Jan al altiplano. Ya habían acordado un lugar de encuentro con el grupo de Manndal. Se encontraba en una suave depresión del terreno en el altiplano, a medio camino entre Revdal y Manndal. Desde el lado de Revdal, el trayecto hasta allí comprendía una pronunciada subida inicial de seiscientos metros, seguida de un ascenso más suave a lo largo de unos cinco kilómetros por amplias pendientes cubiertas de nieve. El lugar de encuentro estaba a algo más de ochocientos metros de altitud. Para el primer tramo de la subida sería necesario algo parecido a una camilla que pudiera levantarse, mientras que para la última parte lo más fácil sería utilizar un trineo. Decidieron intentar combinar las dos funciones construyendo el trineo más ligero posible.

Todas estas conversaciones y las idas y venidas de los mensajeros por Furuflaten y Lyngseidet habían tenido lugar en medio de las zonas donde los alemanes tenían guarniciones. Para construir el trineo, la conspiración se acercó todavía más al corazón del bando alemán. Nadie conocía un carpintero mejor que el conserje del instituto de *herr* Legland. Los alemanes habían requisado los edificios del instituto y echado a los alumnos para hacer sitio al personal del cuartel del distrito, pero el conserje seguía trabajando allí y aún tenía acceso a lo que había sido el taller del centro. Se comprometió a construir el trineo y cumplió el encargo en el interior del propio cuartel alemán. Aquella impertinencia llenó de una especie de júbilo infantil a todo el que se enteró. El único inconveniente de aquel atractivo plan era que el carpintero no podía correr el riesgo de montar el trineo en el taller, ya que los alemanes que entraban y salían mientras trabajaba le habrían preguntado para qué era. Sin embargo, fabricó todas las piezas a partir de cuidadosas medidas y garantizó que, cuando llegara la hora de ensamblarlo, todo encajaría. El trineo iba montado sobre unos esquís normales y tenía una plataforma hecha con listones que medía unos treinta centímetros de alto, medio metro de ancho y un metro ochenta de largo. Los acontecimientos demostraron la calidad de su trabajo: no solo las piezas encajaron, sino que el trineo aguantó varias semanas del trato más brusco posible.

Estuvo terminado tres días después de la última visita de Marius a Revdal, cuando también quedaron finalizados todos los planes, salvo por el detalle de que el esquiador de Kåfjord que había ido en busca de los renos aún no había regresado. Los tres vecinos de Marius —Alvin Larsen, Olaf Lanes y Amandus Lillevoll— estaban preparados para ir con él a Revdal esa noche e intentar subir a Jan a la montaña. *Herr* Legland telefoneó al maestro de Manndal y, con palabras cuidadosamente escogidas, le comunicó que el paquete que estaba esperando se iba a enviar de inmediato. Alvin Larsen iba a ir a Lyngseidet esa tarde a recoger el trineo, pero esa misma mañana un alud bloqueó la carretera entre Lyngseidet y Furuflaten.

Por suerte, el alud no le retrasó demasiado y, en general, seguramente fue beneficioso para sus planes. También fue la causa indirecta de un episodio que resultó muy cómico para los amantes de lo que podría llamarse el humor de la ocupación. La gente de la zona ya contaba con que el camino quedara bloqueado. Justo al norte de Furuflaten, la carretera que discurre junto a la orilla del fiordo pasa junto a un acantilado de trescientos metros de altura, el mismo que estaba intentando rodear Jan cuando se perdió en las montañas. Alrededor de la última semana de abril, la nieve de los despeñaderos siempre cae y bloquea la carretera. Ocurre con tal regularidad que en Furuflaten se ha construido un embarcadero para un ferri que permite que los vehículos atraviesen ese tramo hasta que desaparece el peligro en mayo. Alvin Larsen ya había planeado ir a Lyngseidet en barco si la avalancha se producía antes de que estuviera terminado el trineo, pero a los alemanes los pilló más desprevenidos y, en aquel momento decisivo, el bloqueo repentino de la carretera desvió su atención de todo lo que estaba pasando.

Alvin llegó a Lyngseidet sin ningún percance y dejó su barco amarrado en el embarcadero. En el muelle había un soldado alemán de guardia que no le prestó ninguna atención. Fue al instituto, donde el conserje le entregó las piezas del trineo y una bolsa con pernos y tornillos, así como instrucciones detalladas para el montaje. Los esquís y las piezas de madera atadas con bramante no levantaban ninguna sospecha. Atravesó el pueblo cargando con ellos en dirección al muelle. Al llegar allí, sin embargo, la marea había bajado mucho y entre el barco y el embarcadero había un buen salto. Le daba miedo tirar las piezas al barco desde esa altura por si se rompían, y si se subía al barco no llegaría con los brazos al embarcadero, así que llamó al guardia y le pidió que le echara una mano. El guardia se acercó, apoyó su fusil y le fue pasando amablemente los esquís y los bultos uno por uno. Alvin le dio las gracias solemnemente en noruego, encendió el motor y se alejó navegando.

11

La ascensión de Revdal

Esa noche, la embarcación de vela que utilizaba Marius volvió a atravesar el fiordo, cargada con todo lo necesario para el intento de subir a la montaña: el trineo, todavía sin ensamblar; una cuerda de veinte metros de largo; un viejo saco de dormir de lona y dos nuevas mantas para Jan; dos mochilas con ropa de recambio, comida y una botella de brandi, y los cuatro pares de esquís de los hombres que iban a acometer la subida.

La ascensión de Revdal fue la primera de dos hazañas del montañismo que se llevaron a cabo durante el rescate de Jan y que posiblemente sean únicas en la historia. Es habitual en tiempos de paz que, tras un accidente en la montaña, haya que recorrer largas distancias transportando a un hombre herido para bajarle del monte, pero pocas veces hasta entonces o desde ese día ha debido de darse una situación (si es que se ha dado alguna vez) en la que alguien haya subido a una montaña de novecientos metros de altura transportando a un hombre herido en unas condiciones tan duras de nieve y hielo. Alentados por el convencimiento de que la vida de Jan dependía de ello, los cuatro hombres que acometieron el ascenso en ningún momento contemplaron la posibilidad de fracasar. Una vez conseguido, sin embargo, cada vez que alzaban la vista hacia la empinada ladera de Revdal y lo pensaban con frialdad, se preguntaban cómo habían sido capaces de hacerlo.

Cuando llegaron a la otra orilla del fiordo esa noche, se acercaron a la cabaña con cierto nerviosismo por lo que iban a encontrarse dentro, temerosos del efecto que habría tenido sobre Jan el pasar otros tres días aislado. Sin embargo, le encontraron más animado que la vez anterior. Estaba más débil físicamente, y los que no le habían visto desde que le habían dejado en la cabaña doce días antes se quedaron impresionados ante el cambio en su apariencia, ya que había perdido mucho peso y tenía los ojos y las mejillas hundidos. Pero estaba mucho más lúcido que cuando le había visto Marius e incluso había recuperado un atisbo de sentido del humor. Les dijo que no tenía los pies peor. Los dedos no podían empeorar más, claro, pero le parecía que la gangrena no se había extendido. Dijo que seguía teniendo tanto dolor como antes, pero su actitud les indicó que, ahora que sabía que no le habían abandonado, era capaz de soportarlo. En definitiva, era un paciente al que en un hospital no habrían permitido moverse de la cama ni un instante y, al observarle allí tumbado y cubierto de mugre, los cuatro se preguntaron si sacarle a la nieve y hacerle pasar por lo que tenían planeado era una buena idea. Todos pensaban que era muy probable que no sobreviviera, pero sabían con total certeza que no tenía otra opción.

Mientras dos de ellos armaban el trineo, los otros envolvieron bien a Jan con las dos mantas y le metieron dificultosamente en el saco de dormir. Cuando el trineo estuvo listo, le levantaron de la cama en la que llevaba tumbado casi dos semanas, le subieron al trineo y le ataron bien con cuerdas hasta que no pudo moverse ni un centímetro y prácticamente la única parte de su cuerpo que quedó al descubierto fueron sus ojos. Sacaron el trineo por la puerta y lo apoyaron en la nieve. Mientras ellos se ajustaban su propia carga (esquís, bastones, cuerdas y mochilas), Jan tuvo un momento para echar un último vistazo, sin ningún pesar, al cuchitril en el que había pensado que iba a morir. A continuación agarraron las cuerdas de corta longitud que habían atado al trineo para poder tirar de él y lo giraron hacia la montaña. Era poco después de la medianoche, pero en el norte, sobre la boca del fiordo, aún lucía el arrebol, y ni siquiera en la falda de la montaña había demasiada oscuridad. Hacía unos quince grados bajo cero.

El primer tramo de la subida, que comenzaba justo al lado de la cabaña de Revdal, está cubierto por el bosque de abedules enanos. En términos de montañismo, su inclinación no es suficiente para permitir hablar de escalada, pero la clase de subida que se puede realizar por él cuando está cubierto de nieve es de las más frustrantes, incluso si el montañero no transporta ninguna carga. Ninguno de los diminutos árboles tiene un tronco mucho más ancho que un brazo, pero llevan creciendo y muriendo allí desde el principio de los tiempos sin que nadie se ocupe de ellos y el suelo está cubierto de una gruesa maraña de troncos podridos que no ofrece ninguna firmeza a la hora de apoyar los pies. Los árboles crecen muy juntos y quedan unidos por ramas a medio caer, combadas o quebradas por el peso de la nieve. Algunos troncos siguen en pie a pesar de haber muerto, sostenidos por los otros árboles apiñados a su alrededor, y se rompen y se desintegran cuando alguien comete la imprudencia de intentar utilizarlos para agarrarse. Cuando la gruesa y mullida capa de árboles caídos unos encima de otros queda oculta bajo un engañoso manto de nieve lisa, el bosque es un lugar por el que todo montañero debe andar con cuidado. Aunque sería imposible sufrir una caída de más de medio metro, sería facilísimo romperse una pierna al caer.

Subir a Jan por el bosque fue sobre todo una cuestión de fuerza bruta y de paciencia infinita, pero obviamente la fuerza y la paciencia eran dos de las cualidades que Marius había tenido en cuenta a la hora de escoger a sus tres acompañantes. Alvin Larsen era de complexión delgada y solo tenía unos veintiún años, pero acababa de volver de trabajar en la pesca en Lofoten y su paso por aquella dura escuela había sido el entrenamiento perfecto. Amandus Lillevoll era algo mayor que él, un hombre menudo y fibroso con enormes reservas de fuerza física y excelentes habilidades como esquiador. Olaf Lanes era el único de los cuatro que era de constitución corpulenta. Tenía hombros de toro y apenas hablaba si no tenía que hacerlo: el arquetipo del hombretón callado. En cuanto a la segunda cualidad, los cuatro tenían la eterna paciencia obstinada típica de la gente del Ártico.

En el empinado terreno del bosque, enseguida descubrieron la técnica que mejor les funcionaba. Dos de ellos sujetaban el trineo, amarrado a un árbol para que no se deslizara cuesta abajo, mientras los otros dos ascendían con la cuerda, abriéndose paso entre la maleza congelada. Cuando la pareja de más arriba encontraba un lugar que pareciera firme, enrollaban la cuerda alrededor de un árbol y tiraban del trineo hacia sí mientras los otros dos se encargaban de dirigirlo, detenerlo cuando amenazaba con volcar, empujarlo como podían y levantarlo a pulso cuando quedaba enterrado en alguna acumulación de nieve. El avance era muy lento. Pocos claros en el bosque eran lo suficientemente grandes para permitirles tirar del trineo más de tres o cuatro metros de una vez, y cada cambio de posición suponía tener que amarrarlo de nuevo y volver a enrollar y desenrollar la gélida cuerda. Al ir abriéndose camino por la nieve intacta, los que iban delante a menudo caían en agujeros que había entre los troncos de árbol podridos y pasaban dificultades para salir de esas trampas ocultas. Apenas habían recorrido unas pocas decenas de metros cuando empezaron a temer que habían emprendido una tarea que iba a ser imposible llevar a término, no tanto porque pensaran que sus propias fuerzas y empeño no estarían a la altura de lo que exigía la operación, sino porque cada vez tenían más miedo de que Jan no sobreviviera a ella. Les faltaba mucho para llegar a la cima y se habían encontrado con un nuevo problema para el que no tenían respuesta y que nadie había previsto: la sencilla cuestión de en qué posición poner el trineo al tirar de él. Si llevaban a Jan con las piernas por delante, siempre tenía la cabeza mucho más baja que los pies y a veces, cuando la pendiente era muy empinada, quedaba colgando cabeza abajo, en posición casi vertical. Jan no podía aguantar esto de forma prolongada; desde luego, no durante horas. Sin embargo, cuando le daban la vuelta y le llevaban con la cabeza por delante, la sangre le bajaba rápidamente a los pies y le provocaba nuevas hemorragias, y entonces en su rostro se apreciaba el dolor que estaba intentando soportar en silencio. Al seguir ascendiendo, sin embargo, se volvió cada vez más habitual que, al mirarle, se encontraran con que estaba inconsciente. Aunque era un alivio, aquello los convenció todavía más de que no iba a durar mucho. Esta urgencia, unida a la confianza ciega que parecía tener en ellos, los hizo seguir adelante con las fuerzas que da la desesperación. Cada pocos metros, el bosque les presentaba un nuevo obstáculo que debían salvar. Se enfrentaban a cada uno de ellos hasta que lo superaban y a continuación encaraban el siguiente sin atreverse a parar, con la esperanza de que Jan sobreviviera hasta que llegaran a la cima y de que, una vez allí, los hombres de Manndal pudieran llevarle directamente a Suecia a toda prisa.

Cuando por fin salieron del bosque, a una altitud de unos trescientos metros, tuvieron que pararse a descansar. Pusieron el trineo perpendicular a la pendiente, enterraron uno de sus patines en la nieve para que estuviera horizontal y se desplomaron sobre la nieve a su lado. Jan estaba despierto y le dieron un trago de brandi mientras ellos chupaban trozos de hielo y observaban el camino por el que habían venido. La subida ya les había llevado casi tres horas y ahora era de día. La luz del alba brillaba en los picos sobre Furuflaten, al otro lado del fiordo, y el Jæggevarre resplandecía por encima de todos ellos, recortado contra el cielo de poniente. Las aguas del fiordo estaban en calma y en ellas no había ninguna señal de vida. A la sombra de la montaña, la temperatura del aire era muy fría.

Justo encima del límite del arbolado se alzaba una escarpada pared rocosa. A la derecha de donde se encontraban, sin embargo, la pared quedaba interrumpida por una empinada hendidura por cuyo fondo discurría el cauce de un arroyo congelado. Cada vez que habían cruzado el fiordo, al aproximarse a esa pared habían llevado la vista arriba y aquella grieta les había parecido la ruta más apropiada para alcanzar la cumbre. Ahora que la veían de cerca, todavía parecía posible. Para llegar al pie de la hendidura, tendrían que atravesar una empinada pendiente cubierta de nieve, de unos sesenta metros de alto y alrededor de cien metros de largo. En su parte superior, por donde tendrían que cruzarla, la pendiente estaba lisa y despejada, mientras que la parte inferior desaparecía en el interior del bosque. Estaba cubierta por una capa de nieve firme y no parecía entrañar ningún peligro especial. Cuando recuperaron el aliento, se prepararon para subir por ella.

Era la primera vez que intentaban atravesar una pendiente con el trineo y resultó ser una pesadilla, como tratar de hacer equilibrismo en un sueño. Tres de ellos se situaron por debajo del trineo y uno, por encima. Para mantenerlo en posición horizontal y evitar que cayera rodando por la ladera, los tres de debajo tenían que sostener el patín exterior del trineo y dejar que el interior se fuera deslizando por la nieve. Fueron avanzando muy poco a poco, formando escalones en la nieve con los pies y moviéndose de uno en uno hasta que vieron la pendiente entera extendida vertiginosamente bajo ellos. Una vez allí, era imposible detenerse o retroceder. El trineo, apoyado sobre un solo esquí, se movía con demasiada facilidad. Mientras pudieran mantenerlo totalmente horizontal, todo marchaba bien, pero eran conscientes de que si dejaban que se inclinara lo más mínimo por cualquiera de sus extremos, el delantero o el trasero, perderían el control del trineo, se les escaparía de las manos y todo acabaría en un abrir y cerrar de ojos. Avanzar por una pendiente haciendo escalones en la nieve con los pies siempre requiere bastante equilibrio, ya que no hay absolutamente nada a lo que agarrarse. Es imposible mantenerse inmóvil ante una fuerza repentina e inesperada. Si el trineo hubiera empezado a deslizarse, ellos podrían haberse salvado echándose hacia delante y metiendo las manos y los pies en la nieve, pero no habrían podido frenar el trineo, que al chocar contra los árboles tras un descenso de sesenta metros habría llevado una velocidad que daba pánico imaginarse. Quizá fue una suerte que Jan, tumbado sobre el trineo boca arriba y sin poder moverse, solo pudiera ver el cielo y la pared rocosa que tenía encima, pero no el abismo de debajo. Antes de llegar al otro lado de la pendiente, los cuatro hombres estaban sudorosos y temblando del esfuerzo y la tensión. Al pie de la hendidura, donde la inclinación del terreno disminuía, volvieron a detenerse con una sensación de alivio y aseguraron el trineo con bastones de esquí clavados en la nieve para poder descansar y recobrar fuerzas. Desde allí, Jan pudo ver la hendidura en la roca que se alzaba sobre ellos.

Cuando levantaron la mirada hacia ella, les pareció más empinada de lo que habían esperado. La grieta medía algo menos de diez metros de ancho y sus paredes eran casi verticales. La nieve acumulada en el fondo daba toda la impresión de estar a punto de derrumbarse y provocar un alud, pero acababa de amanecer y la orientación de la pendiente hacia el oeste reducía el peligro de avalanchas. La hendidura describía una ligera curva hacia la izquierda, por lo que desde abajo solo alcanzaban a ver la parte que tenían más próxima. Por lo que habían visto desde el fiordo, sin embargo, sabían que no tenía ningún tramo cuya inclinación fuera tan grande como para que la nieve no pudiera acumularse y que por ella se llegaba prácticamente hasta las pendientes más sencillas de la mitad superior de la montaña. Sin duda iba a ser difícil y quizá resultara imposible, pero ahora que habían llegado hasta allí no tenían alternativa.

Tras un descanso muy breve, dos de ellos empezaron a ascender al tiempo que iban largando la cuerda de veinte metros. Fueron subiendo uno al lado del otro, formando dos filas paralelas de escalones en la nieve que podría utilizar la segunda pareja. Dentro de la hendidura pudieron usar por primera vez la cuerda entera y los dos hombres que iban delante no se detuvieron hasta tenerla totalmente desenrollada sobre la nieve por encima del trineo. A continuación adoptaron una posición firme, enterrándose en la nieve todo lo que pudieron, y tiraron del trineo mientras la pareja de abajo retiraba los anclajes. Así comenzó el primer largo de una lenta y pesada subida.

En cierto modo, subir por una pendiente no era tan difícil como intentar atravesarla en diagonal. Mantener el trineo en equilibrio no era importante, ya que colgaba del extremo de la cuerda como un péndulo, pero el esfuerzo físico requerido era mayor y más constante. En cada posición, los dos hombres de delante tiraban del trineo hacia sí mientras los otros dos iban detrás, subiendo por los escalones y empujándolo como podían. Al final de cada largo de veinte metros, volvían a asegurarlo. Sin embargo, no podían confiar en que los bastones de esquí bastaran para sostenerlo y el mero esfuerzo de sujetarlo con las manos era tan agotador que no podían permitirse parar.

Una vez pasada la curva, la pendiente ascendía con suavidad hasta la línea del horizonte, pero esta quedaba espantosamente lejos y en toda la subida no había ningún lugar en el que poder descansar: ni una roca, ni una piedra encajonada en la hendidura, ni una grieta en alguna de las paredes verticales.

En algún punto del tramo superior de la hendidura, Jan estuvo lo más cerca que había estado en todo su viaje de sufrir un accidente mortal. Para entonces, los cuatro escaladores tenían ese dilema tremendamente desagradable al que tarde o temprano se enfrenta todo montañero, cuando sabe que ha superado el límite de sus fuerzas, pero es demasiado tarde para desandar el camino andado, por lo que tiene que escoger entre seguir adelante y conseguir llegar hasta la cima como sea o derrumbarse. Fue en esa fase del ascenso, cuando sabían que sería imposible volver a bajar el trineo, cuando tuvo lugar el temido acontecimiento. Uno de ellos se resbaló, otro perdió el equilibrio y, en una milésima de segundo, el trineo salió disparado pendiente abajo. Sin embargo, Amandus se encontraba debajo. Le golpeó con fuerza en el pecho y le pasó por encima, pero de alguna manera el trineo y él quedaron enredados, con lo que su cuerpo hizo de freno y lo detuvo y los otros lograron volver a controlarlo en un momento. Siguieron subiendo sin que Jan supiera lo que había ocurrido, ya que estaba inconsciente. Durante el resto del ascenso, y mucho tiempo después, Amandus tuvo dolores en el pecho; lo más probable, visto *a posteriori*, es que se rompiera varias costillas.

Alcanzaron la línea del horizonte, pero no habían llegado a la cima. La hendidura terminó y se encontraron con una cascada congelada. El hielo colgaba como finas cortinas translúcidas. No existía ni la más mínima esperanza de poder subir el trineo por allí. Al pie de la cascada, sin embargo, vieron una roca que asomaba entre la nieve y que les causó más alegría que cualquier otra cosa que pudieran haber encontrado. Con un último esfuerzo, subieron el trineo, lo encajaron allí y por fin pudieron descansar.

Se sentaron en grupo alrededor del trineo y contemplaron el siguiente tramo. Daba la impresión de que esa podría ser la última dificultad que tendrían que superar, pero parecía la peor de todas. Estaban en medio de un pequeño circo u hondonada, rodeado por roca y hielo por todas partes excepto por el estrecho hueco por el que sus propias huellas bajaban hacia la hendidura y se perdían de vista. Este hueco enmarcaba una vista de las resplandecientes aguas del fiordo, ahora muy por debajo de ellos, y de los picos iluminados por la luz del sol en la otra orilla. Casi todo el borde de la hondonada era tan empinado e inaccesible como la propia cascada, pero justo a la derecha de esta había una posible vía de salida, por una estrecha pendiente coronada por una cornisa de hielo. Su pronunciada inclinación sugería que la pendiente entera era de hielo y no de nieve, al igual que la cascada, pero era la única ruta de salida de la hondonada que merecía la pena intentar tomar.

Al final aquel resultó ser el único tramo de toda la subida que en realidad era mucho más sencillo de lo que parecía. Si hubiera estado cubierto de hielo duro, no habrían podido seguir adelante, ya que ninguno llevaba piolets y lo único que podían usar para tallar escalones en el hielo eran las punteras de las botas y las puntas de los bastones de esquí. Sin embargo, cuando la primera pareja llegó a la pendiente, descubrió que era de cristales de hielo duro en los que podían meter los pies sin demasiadas dificultades y que se compactaban firmemente bajo su peso. Ascendieron por la pendiente de forma metódica, de nuevo uno al lado del otro y formando dos filas de escalones. La pendiente medía más que los veinte metros de cuerda, de modo que tuvieron que detenerse cuando estuvo totalmente desenrollada, volver a enterrarse y tirar del trineo. Aquel fue el único momento de peligro. Una vez más, en aquel tramo los propios escaladores estaban a salvo; si se hubieran resbalado, desde luego no habrían podido impedir la caída hasta el fondo de la hondonada, pero no habría sido muy grave. La situación de Jan, atado al trineo, era muy distinta. Si le hubieran soltado, habría descendido mucho más deprisa, de cabeza y tumbado boca arriba, y con toda seguridad se habría roto el cuello al llegar abajo. Pero corrieron el riesgo y una vez más salió ileso. La segunda pareja aseguró el trineo a unos diez metros de la cornisa. Los que iban delante empezaron a ascender de nuevo y, una vez debajo de la cornisa, desde los últimos escalones, la golpearon con los bastones hasta que se desprendió un trozo. Se metieron trepando por el hueco que habían hecho, se pusieron de pie y miraron a su alrededor. Por fin estaban en el borde del altiplano, gélido y azotado por el viento, y ante ellos se extendían suaves pendientes cubiertas de nieve firme.

En cuanto el trineo sobrepasó la cornisa, los cuatro hombres se pusieron los esquís y el ascenso cambió completamente. Subidos a sus esquís se sentían mucho más a gusto que a pie, así como más capaces de afrontar cualquier nueva crisis que se les presentara. Por fin quedó resuelto también el dilema de qué posición del trineo era menos dolorosa para Jan, quien, con su característica capacidad de recuperación, enseguida empezó a reponerse del duro trato al que le habían sometido. Lo que más les preocupaba ahora era simplemente la cuestión del tiempo: el ascenso les había llevado varias horas más de lo previsto y, teniendo en cuenta que aún tenían que subir otros trescientos metros, iban a llegar tarde a la cita con el equipo de Manndal. Jan se libró de esta preocupación, al igual que de muchas otras. Llevaba desde la salida perdiendo y recuperando el conocimiento una y otra vez, por lo que no tenía ni idea de cuánto tiempo llevaban en camino.

El miedo a no llegar a tiempo a la cita los hizo seguir adelante sin volver a pararse a descansar. Los cuatro se sujetaron al trineo mediante unas cuerdas de poca longitud atadas a la cintura y se pusieron en marcha a toda velocidad hacia el interior del altiplano. Ya no tenían dudas acerca del itinerario. Para llegar al lugar acordado, tenían que atravesar una depresión poco profunda que conduce a una serie de lagunas situadas en la divisoria de aguas entre Revdal y Manndal. La depresión se ve fácilmente desde Furuflaten, al otro lado del fiordo, y, aunque ninguno de los cuatro había estado nunca en aquel lugar, llevaban toda la vida viéndolo desde la lejanía. Cuando dejaron atrás la peligrosa cornisa del borde del altiplano, ascendieron en diagonal por la suave pendiente hacia la derecha. La superficie estaba helada y sobre ella se desplazaba alguna que otra nube de nieve en polvo arrastrada por el viento.

Había pasado menos de media hora cuando divisaron la depresión en el horizonte. Subieron hasta ella y, avanzando entre montículos de nieve, se adentraron en un pequeño valle. Cuando estuvieron metidos en el valle y perdieron de vista el fiordo y las montañas de detrás, todos empezaron a percibir por primera vez, cada uno a su manera, la amenazadora atmósfera de desolación que ha oprimido a todas y cada una de las pocas personas que alguna vez se han aventurado a subir al altiplano en invierno. La magnitud y la yerma soledad del altiplano resultan espeluznantes hasta para el viajero más insensible. Desde Lyngenfjorden se extiende en dirección este hacia la lejana frontera con la Unión Soviética, a través de Suecia y Finlandia, y desde ahí, pasado el estrecho territorio de tierras bajas de Petsamo, hasta el mar Blanco y la inmensidad de Siberia. El valle en el que entraron esa mañana temprano no es más que el borde del altiplano, y aun así es muy poco probable que la mirada de un ser humano se pose sobre él más de una vez cada diez años. Todo el que lo contempla, sobre todo cuando está cubierto de nieve, se vuelve tremendamente consciente de los cientos de kilómetros de monótono páramo que se extienden ante sus ojos, la serie interminable de horizontes que se van sucediendo, todos idénticos, la inimaginable cantidad de valles helados y de colinas estériles, adustas y desiertas. No es lugar para la humanidad. Se trata de un mundo inerte en el que los asuntos del género humano no tienen ninguna trascendencia. Siempre permanece igual, en tiempos de guerra o en época de paz, y tal es su hostilidad hacia la vida que, cuando uno se encuentra dentro de sus fronteras, tiene que verlo como a un maligno enemigo preparado para atacar. Uno sabe que el cuerpo humano es demasiado frágil para defenderse de esa clase de enemigo, cuyas armas son el hambre, la congelación y la ceguera. Uno sabe perfectamente que el altiplano puede matar a un hombre con facilidad, en poco tiempo y sin hacer distinciones, ya sea inglés, alemán o noruego, ya sea un patriota o un traidor. Era en ese espeluznante ambiente en el que ahora se adentraba silenciosamente el pequeño grupo, arrastrando el cuerpo inmóvil y semiinconsciente de Jan.

No había sido nada fácil escoger un sitio en el que encontrarse con el otro grupo, ya que en el altiplano no hay prácticamente ningún lugar que pueda distinguirse del resto y no existía ningún mapa que mostrara más que su contorno. Desde Furuflaten, sin embargo, mirando al horizonte, se podía divisar un risco de perfil y, a falta de un lugar mejor, les habían dicho a los hombres de Manndal que se encontrarían al pie del mismo.

Llegaron a él casi de improviso, al coronar una pequeña elevación del terreno en el fondo del valle. Ante ellos se extendía una zona llana de unos cien metros de ancho que seguramente en verano fuera un lago o un pantano. Detrás de esta zona, el valle volvía a ascender hasta la divisoria de aguas, que aún no se veía desde donde estaban. A la derecha estaba el risco. Era totalmente inconfundible: el único trozo de roca negra, vertical y al descubierto que había a la vista. En lo alto del peñasco había una gruesa cornisa de nieve, como el glaseado de un opulento pastel, que habían visto desde la otra orilla con un catalejo. Pero al pie del risco, en el valle, no había nadie esperando.

Se quedaron allí parados durante unos instantes, horrorizados al ver frustradas sus esperanzas. Naturalmente, lo primero que pensaron al ver el valle desierto fue que, a pesar de todos sus esfuerzos, habían llegado tarde y los hombres de Manndal se habían ido. Sin embargo, bastó con inspeccionar la zona durante un par de minutos para ver que en el fondo del valle no había huellas de esquís por ningún lado. Nadie había estado allí, desde luego no desde que había amainado la última tormenta y probablemente desde hacía años.

La conclusión que sacaron todos de inmediato fue que había habido algún problema con sus instrucciones sobre el lugar de la cita y que el equipo de Manndal estaba esperando en otro sitio. Lo discutieron apresuradamente, reunidos alrededor del trineo al pie del risco. Era rarísimo que los otros no hubieran visto aquel lugar, que había resultado ser incluso más llamativo de lo que esperaban. Concibieron la vana esperanza de que quizá estuvieran muy cerca, ocultos quizá en alguna de las engañosas depresiones de poca profundidad que salpicaban el valle. Uno de ellos propuso que gritaran y, por extraño que parezca, se mostraron reacios a hacerlo. Romper el silencio sepulcral que reinaba en el altiplano parecía una imprudencia. Llevaban tanto tiempo actuando en secreto que todos sentían el mismo temor absurdo: que, si gritaban, podría oírlos alguien que no fuera de fiar. Aun así, sabían que era inconcebible que los oyera nadie que no estuviera metido en el mismo asunto que ellos. Tras vacilar durante unos instantes, presa de la superstición, todos gritaron al unísono. Pero sus gritos se apagaron, amortiguados por el manto de nieve, y no recibieron ninguna contestación.

A continuación, los cuatro partieron en busca del equipo de Manndal, cada uno en una dirección, y dejaron a Jan tumbado donde estaba. Intentar encontrar a un grupo de hombres en el altiplano no era una tarea tan imposible como puede parecer. No era cuestión de encontrar a las personas, sino de buscar sus huellas. Si los hombres de Manndal hubieran estado quietos en un sitio, habría sido completamente inútil, pero un grupo en movimiento dejaría huellas que se verían desde una distancia de cientos de metros. De hecho, suponiendo que hubiera un rastro, dando una batida en paralelo a Manndalen sería imposible no verlo.

Cuando Jan se quedó allí solo, atado al trineo y mirando al cielo, tuvo tiempo de recuperarse de la decepción que quizá sintiera por el fracaso del plan y de prepararse mentalmente para el peor desenlace posible. Como él no había participado en los preparativos, es posible que no estuviera tan sorprendido como los demás de que algo hubiera fallado de una forma tan clara. Ya desde el principio, a él le había parecido muy optimista pensar que realmente iba a haber unos hombres esperándole allí arriba, listos para llevarle a Suecia de inmediato. Lo cierto es que en ningún momento se había imaginado a sí mismo sano y salvo al otro lado de la frontera un par de días más tarde. Además, después del tormento que había sufrido durante el ascenso a la montaña, que le permitieran estar allí tumbado sin moverse era un alivio tan grande que nada más parecía tener importancia. Quedarse quieto y descansar, quizá dormitar un poco, era lo único que realmente deseaba. Hasta se alegró de que todo fuera a retrasarse y de no tener que volver a partir de inmediato. Y había una cosa que tenía absolutamente clara: pasara lo que pasase, aunque fuera para salvar su vida, no podía soportar la perspectiva de que volvieran a bajarle de la montaña.

Cuando los demás fueron regresando, ya antes de que abrieran la boca pudo ver en el rostro de cada uno de ellos que no había ni rastro del grupo de Manndal. Amandus fue el último en volver. Había atravesado la divisoria de aguas y bajado hasta la parte alta del valle afluente que sube desde Manndalen, la ruta por la que esperaban que vendrían los otros. No había huellas procedentes de allí. Para asegurarse del todo, había bordeado toda la parte alta del valle y llegado hasta un escarpado bastión rocoso que separa el valle lateral del propio Manndalen. Desde allí, asomándose a un precipicio de casi novecientos metros de altura, había contemplado todo Manndalen y había visto las casas que salpicaban el fondo del valle. No había señales de vida entre ellas.

Jan sabía que los cuatro hombres ya habían pasado mucho más tiempo con él de lo que resultaba prudente. Tenían que volver a casa enseguida o con toda seguridad alguien notaría su ausencia y eso sería su ruina, tanto la de ellos como la suya propia. Por su parte, Marius y los demás también sabían lo que Jan ya había decidido que iba a transmitirles: que la idea de volver a bajarle quedaba del todo descartada. Tardarían una eternidad, no les quedaban fuerzas suficientes y, por último, estaban completamente convencidos, como lo estaba él mismo, de que no llegaría abajo con vida.

La decisión de dejarle en el altiplano, por lo tanto, no requirió mucha discusión. No había ninguna otra alternativa. Fue una decisión dura para todos, especialmente para Marius, que se culpaba a sí mismo de que el plan hubiera fracasado. Le prometió a Jan que enviaría un mensaje a Manndal en cuanto llegara a casa y que haría todo lo posible para asegurarse de que subieran a buscarle a la noche siguiente, pero hizo esta promesa con un profundo pesar, ya que en realidad no creía que Jan fuera a sobrevivir un día más a la intemperie. Pensó que todos los esfuerzos que había hecho iban a culminar en un fracaso y que sus esperanzas de hacer algo para compensar su propia pasividad en la guerra de Noruega nunca se verían cumplidas.

Buscaron un sitio en el que dejar a Jan que estuviera un poco resguardado y encontraron una roca junto a la que el viento había hecho un agujero en la nieve. Tenía algo más de un metro de profundidad y su tamaño era exactamente igual que el de una tumba. Se quitaron los esquís, metieron a Jan en el agujero, con trineo y todo, y desataron las cuerdas que le mantenían inmovilizado. Le dieron la poca comida que tenían y el brandi que quedaba en la botella.

Cuando los cuatro estuvieron fuera del agujero, se quedaron de pie a su alrededor, mirando el rostro demacrado, barbado y consumido que les sonreía desde abajo. Jan dijo que allí estaría bien y expresó su agradecimiento lo mejor que pudo. Odiaban lo que estaban haciendo y, aunque resultara ilógico, se odiaban a sí mismos por estar haciéndolo. Pero ni Jan, ni Marius ni ninguno de los otros quisieron ponerse dramáticos. Uno por uno, se despidieron de él y se dieron la vuelta para volver a ponerse los esquís. Amandus, que fue el último en marcharse, siempre recordaría las últimas palabras que intercambiaron, ya que fueron completamente absurdas.

—¿No hay nada más que podamos dejarte? —le preguntó a Jan.

—No, gracias —contestó él—, tengo de todo. Salvo agua fría y caliente.

Empezaron a descender con la seguridad de que le estaban dejando morir.

12

El altiplano

La guerra no había afectado demasiado a Manndal hasta la llegada del mensaje urgente de *herr* Legland. Era un lugar que no tenía ningún interés para los alemanes, por lo que no le habían hecho ningún caso y la vida tranquila, precaria y un tanto primitiva que llevaban sus habitantes continuó prácticamente como siempre. Para alguien de fuera es muy difícil entender cómo la gente de Manndal puede ganarse la vida y sacar adelante a sus familias en un lugar tan aislado y desolado como ese. Hay millones de personas en el mundo, claro está, que viven a gusto sin una carretera que los conecte con la civilización, incluso en Europa, y muchas de ellas incluso lo prefieren así, pero la situación de Manndal no parece ofrecer ninguna ventaja. Los hombres pescan, pero su embarcadero se encuentra lejos de las zonas de pesca, de alta mar y de los mercados. También practican la agricultura, pero sus tierras están cubiertas de nieve y hielo durante ocho meses al año y el valle da al norte y está tan encajonado entre montañas que solo recibe luz cuando el sol se encuentra bien alto. No muy lejos de allí, hacia el oeste, los Alpes de Lyngen atraen a turistas que cada año proporcionan abundantes beneficios, pero Manndal no tiene ningún atractivo espectacular que ofrecer a los visitantes, por lo que la excitación que provoca la llegada de cualquier forastero al pueblo enseguida se desvanece.

A pesar de todo esto, la aldea cuenta con una población de entre seiscientas y setecientas personas que no querrían vivir en ningún otro sitio. Están muy lejos de ser ricos, pero mantienen sus casas y granjas muy cuidadas y a ellos mismos no les falta un ápice de dignidad. Sus casas se encuentran desperdigadas por todo el valle, a lo largo de unos quince kilómetros desde la orilla del mar, donde están el embarcadero y la tienda. Hay una carretera que conecta unas con otras y al menos un camión que la recorre de arriba abajo en verano, pero que no puede llegar a ningún otro lugar. A dos kilómetros y medio del embarcadero está la escuela del pueblo, y fue esta escuela la que se convirtió en el centro de operaciones desde el que se coordinaron los esfuerzos de Manndal para rescatar a Jan.

El maestro del pueblo, *herr* Nordnes, era oriundo de Manndal y había vivido allí toda su vida. Era otro de los discípulos de *herr* Legland, lo que sin duda fue el motivo por el que este le escogió para organizar la operación de rescate. Conocía a todos los habitantes del valle y estaba enterado de casi todo lo que pasaba allí, y prácticamente todos los jóvenes del lugar habían recibido toda su educación de él y aún le consideraban su maestro. Si bien él ya alcanzaba la mediana edad, habría sido imposible encontrar a alguien más adecuado para una operación que implicaba movilizar a la juventud del valle.

Tras recibir el mensaje de Legland y darse un poco de tiempo para pensar, Nordnes fue a ver a unos cuantos de sus alumnos recientes y les contó lo que le habían comunicado y lo que se requería. Los jóvenes respondieron con entusiasmo. Pese al aislamiento de Manndal y aunque la mayoría de sus habitantes nunca habían visto a un soldado alemán, uno de sus barcos o siquiera un avión, y que llevaban años sin recibir verdaderas noticias del mundo exterior, la sensación allí era muy parecida a la de la orilla oeste de Lyngenfjorden: sentían que hasta entonces no habían tenido la oportunidad de demostrar cómo podían contribuir a la guerra. A Nordnes no le faltaron voluntarios. Su única dificultad, de hecho, fue evitar que la noticia se propagara demasiado rápido y que hubiera demasiada gente que quisiera participar en aquella novedosa aventura. El entusiasmo con el que respondieron no deja de ser sorprendente, ya que la petición de ayuda que habían recibido era totalmente impersonal. Ellos no contaban con el aliciente de haber visto a Jan y no tenían ni idea de qué clase de persona era. La historia entera les llegó de tercera o cuarta mano. Ni siquiera Legland le había visto, ni tampoco el mensajero. La única razón para pensar que merecía su ayuda era que lo había dicho Legland y que, según la información que había transmitido a Nordnes, el hombre que estaba en apuros había venido desde Inglaterra.

En aquellas circunstancias, los hombres de Manndal no habrían sido humanos si su primera reacción no hubiese sido señalar que llevar a un hombre herido a Suecia no era tan fácil como parecía. Pensaron que era probable que la gente de Tromsø y Lyngseidet no se hiciera idea realmente de las dificultades que entrañaba lo que les estaban pidiendo. Quizá habían consultado un mapa, habían visto la frontera señalada en él, a cuarenta kilómetros, y se habían imaginado algún tipo de vallado con una guardia fronteriza sueca que se haría cargo de Jan allí mismo. Lo más probable es que no se dieran cuenta de que allí no había absolutamente nada, salvo algún mojón cada varios kilómetros, por lo que uno podía cruzar al lado sueco sin darse cuenta siquiera y adentrarse en bosques interminables en los que podría pasar semanas perdido sin ver una sola casa o una carretera. Si no había defensas en la frontera, era simplemente porque resultaba tan difícil atravesarla que no eran necesarias.

Una vez que hicieron constar sus objeciones y sugirieron, con toda la razón, que los lapones estaban mejor preparados para realizar aquel viaje, se mostraron más que dispuestos a intentarlo ellos mismos si realmente era necesario y, en todo caso, a encontrarse con los hombres de Furuflaten en el lugar propuesto y cuidar del herido cuando se lo entregaran. Casi seguro que sintieron cierta satisfacción por el hecho de que una localidad como Furuflaten, que siempre había aparentado despreciar a Manndal por no estar en la carretera, les pidiera que le sacaran las castañas del fuego.

Durante la semana que transcurrió tras el primer mensaje de Legland, cuando estuvo soplando el vendaval que tuvo a Jan prisionero en Revdal, en Manndal no tuvieron más noticias sobre lo que estaba ocurriendo. Siguieron con las labores habituales de la primavera y seguramente su entusiasmo inicial empezó a decaer. Para ellos, la historia entera solo existía en forma de una única visita repentina de un mensajero. Empezaron a pensar que lo más probable era que la organización hubiera encontrado otra forma de trasladar a su hombre o que este hubiera muerto o hubiera sido capturado, y que finalmente no fueran a pedirles nada. Se llevaron una decepción y sintieron que se habían hecho ilusiones para nada.

Esa era la situación cuando llegó el segundo mensaje urgente, esta vez por teléfono. Era muy críptico: el paquete que estaba esperando *herr* Nordnes se iba a enviar de inmediato. No les dio ninguna información sobre lo que estaba pasando en Furuflaten, si los alemanes les iban pisando los talones o si el hombre al que esperaban que cuidaran estaba gravemente enfermo o no. Entendieron que por teléfono era imposible decir más, claro, pero el mensaje los dejó completamente a oscuras. La única pizca de significado que les transmitió fue la idea de urgencia, y la urgencia en aquel contexto sugería que los alemanes tenían sospechas.

Aun así, lo que les pedían que hicieran estaba suficientemente claro, así que *herr* Nordnes convocó a su primer grupo de voluntarios y les comunicó que el plan volvía a estar en marcha. Todos eran hombres al comienzo de la veintena a los que había seleccionado porque en la escuela habían demostrado inteligencia e inventiva, así como por su fortaleza física y buena forma. En ningún momento se planteó la posibilidad de que él mismo subiera al altiplano, en parte porque les sacaba muchos años a los escaladores a los que había escogido y solo habría conseguido retrasarlos, pero sobre todo porque era uno de los pocos habitantes de Manndal cuya hora de entrada al trabajo por la mañana era inamovible. Pero sus voluntarios seguían dispuestos y todos dijeron que podrían subir a la montaña esa noche. El esquiador que había salido de Kåfjord en busca de los lapones aún no había traído noticias, pero al menos podrían hacerse cargo del desconocido de Furuflaten hasta que supieran si iban a venir los lapones. Todos se fueron a prepararse: a cambiarse de ropa, encerar los esquís, preparar una mochila y quizá dormir un poco antes de partir.

Fue justo entonces cuando se avistó un extraño barco que se acercaba a Manndal. Aquello era un acontecimiento muy poco habitual y muchos observaron la embarcación, algunos con catalejos y prismáticos, desde las casas de la parte baja del valle. Cuando se aproximó al embarcadero, vieron algo que iba a sumir a todo el valle en un estado de agitación y temor: a bordo del barco había un destacamento de soldados alemanes. El barco llegó al muelle y los alemanes se bajaron, y en ese momento varias de las personas que estaban al corriente de la operación de rescate se pusieron los esquís y salieron disparadas hacia la escuela para avisar a *herr* Nordnes. Cuando la noticia empezó a propagarse por el valle, todos aquellos con los que había hablado de la operación acudieron a la escuela para discutir aquel desafortunado giro de los acontecimientos.

Todos dieron por sentado que tenía algo que ver con lo que se estaba tramando. Parecía indudable que la organización de Furuflaten había sido desarticulada y que los alemanes sabían que Manndal estaba implicado, o, si no, que alguien más cercano a la cúpula de la organización, quizá en Tromsø, había sido detenido y los alemanes tenían planeadas sendas redadas simultáneas a ambos lados de la montaña. En cualquier caso, habría sido una locura subir al altiplano esa noche, antes de que los alemanes dieran alguna pista de lo que pensaban hacer. El propio *herr* Nordnes sabía que su nombre era el único de Manndal que alguien de fuera podría relacionar con el asunto e hizo lo único que podía hacer: les dijo a todos los demás que se quedaran en casa y no dijeran nada y, en lo que respectaba a sí mismo, tomó la determinación de intentar no delatar a nadie si acababa detenido, le hicieran lo que le hicieran.

Esa tarde, los habitantes de Manndal no quitaron el ojo de encima a los alemanes, pero estos no parecían tener ninguna prisa por hacer nada. Según la segunda noticia que se propagó por el valle, solo había seis soldados y un suboficial, lo que parecía indicar que habían venido a detener a una sola persona. Más tarde, sin embargo, empezó a rumorearse que iban a requisar una casa junto al embarcadero para utilizarla como alojamiento. Nadie sabía si era para una noche o para siempre, pero estaba claro que si iban a detener a alguien no sería antes del anochecer. Esa noche, mientras el grupo de Marius subía el trineo por Revdal y buscaba al otro grupo en el altiplano, nadie en Manndal estaba durmiendo profundamente, salvo quizá los alemanes. Cuando, por la mañana temprano, Amandus contempló el valle desde lo alto del bastión, lo que mantenía en silencio las casas que divisó a lo lejos eran el miedo y la ansiedad.

Sin embargo, en toda la noche no ocurrió nada. Los alemanes se quedaron en la casa, y a la mañana siguiente salieron a la calle y empezaron una inspección puerta a puerta de todos los vecinos de Manndal. En general, aquello alivió la tensión, ya que sugería una vaga sospecha general sobre el pueblo en su conjunto y no una acción específica contra una persona concreta. Sin embargo, significaba que nadie podía moverse de allí mientras su casa no hubiera sido inspeccionada y, a juzgar por la forma tan relajada en que los alemanes se pusieron a trabajar, cualquier intento de llegar a la frontera se iba a retrasar varios días. Por el momento también era imposible viajar a Lyngseidet en barco para averiguar lo que había pasado, e incluso llamar a *herr* Legland por teléfono sería un riesgo, por si había sido detenido.

El misterio siguió sin aclararse durante todo aquel día. Comoquiera que lo analizaran, a Nordnes y a los demás conspiradores les costaba creer que fuera una simple casualidad que, después de años sin una guarnición en su pueblo, la misma noche que tenían planeado subir al altiplano llegara de repente una unidad de soldados alemanes, por pequeña que fuera. Sin embargo, nada de lo que hicieron los alemanes al desembarcar parecía guardar ninguna relación con su operación o sugerir en modo alguno que supieran lo que estaban tramando.

Lo cierto es que ese misterio en particular nunca llegó a resolverse. A día de hoy, aún parece increíble que los alemanes llegaran allí por casualidad y, sin embargo, no hay motivos para creer que en aquel momento sospecharan que Jan había sido trasladado a la orilla este de Lyngenfjorden. La última vez que le habían visto había sido cuando atravesaba Lyngseidet esquiando, y de aquello hacía casi tres semanas. Pero quizá el hecho de que se les hubiera escapado y hubiera desaparecido había llevado a algún miembro del mando local a tomar conciencia de que no tenían bien controladas las rutas hacia la frontera. Quizá a algún otro responsable le había caído una reprimenda. Es posible que la pequeña guarnición un tanto lamentable que enviaron a Manndal, así como las lanchas motoras que aparecieron en Lyngenfjorden de un día para otro, formara parte de un intento general por reforzar su control sobre la frontera, una consecuencia indirecta del viaje de Jan más que un intento deliberado de encontrarle. Si hay alguien que conozca la respuesta a este misterio, solo puede ser algún oficial alemán.

Sin embargo, el misterio más inmediato para *herr* Nordnes quedó más o menos aclarado a través de un mensaje urgente que recibió esa noche. Aunque llegó por una ruta algo tortuosa, procedía de Marius, quien le comunicaba que habían dejado a Jan en el lugar acordado en el altiplano y le rogaba que fueran a recogerlo cuanto antes. El mero hecho de que hubieran enviado un mensaje indicaba que no había ningún problema con el resto de la organización y que ni siquiera sabían nada de la llegada de los alemanes a Manndal. Salió de casa para volver a reunir a su equipo y ver si les parecía seguro ponerse en marcha de inmediato, pero antes de que tomaran una decisión empezó a nevar.

Desde delante de la escuela de Manndal se puede ver prácticamente toda la ruta por la que tenían planeado subir al altiplano. Tal como pensaban Marius y Amandus, el camino asciende por el valle lateral que sale del lado sur de Manndalen. Este valle menor lleva el nombre de Kjerringdalen, que significa «Valle de la Vieja», en correspondencia con el «Valle del Hombre», Manndalen. En la empinada pendiente de Kjerringdalen se suceden una serie de resplandecientes terrazas en curva y en primavera casi todo el valle se ve afectado por aludes, pero existe una ruta conocida por los habitantes del lugar que se encuentra apartada de la zona de riesgo de avalanchas. Esta ruta termina en un ancho canal que penetra entre las rocas y cuyo extremo, a novecientos metros de altitud, se ve recortado contra el cielo desde Manndalen. Detrás del borde del canal, a poco más de tres kilómetros, se encuentra el lugar donde esperaba Jan.

Esa noche, las nubes aparecieron primero sobre la parte alta de Manndalen y después, mientras Nordnes y sus hombres las observaban y discutían las condiciones meteorológicas, empezaron a llegar desde el sur a través del altiplano, superaron el borde del canal y descendieron hacia Kjerringdalen. Fueron acercándose y ganando espesura minuto a minuto, cubriendo las terrazas del valle una tras otra, hasta que las nubes de Kjerringdalen se fundieron con las de Manndalen y se arremolinaron en torno al peñasco vertical que separa los dos valles. A los pocos minutos las tenían encima y la espesa nieve comenzó a caer suavemente sobre la zona del fondo del valle donde se encontraban. Muy pronto no se veían más que copos de nieve.

Aunque a ninguno le agradaba imaginarse a un hombre enfermo, indefenso y desamparado en medio de aquella masa de nubes, por el momento toda esperanza que pudieran tener de llegar hasta él quedó frustrada por aquella nevada. La guarnición alemana se podría haber esquivado y quizá el ascenso de Kjerringdalen habría sido factible incluso con nieve, pero encontrar el lugar de la cita en el altiplano habría resultado del todo imposible. Nadie en Manndal sabía exactamente dónde estaba. Tendrían que confiar en ver el risco que se describía en el mensaje de Furuflaten, y ponerse a buscarlo cuando no veían nada que estuviera a más de unos pocos metros de distancia era una tarea inútil y una misión suicida. No quedaba otra que esperar a que dejara de nevar.

Siguió nevando toda la noche y toda la mañana. Mientras se dedicaban a sus asuntos en el valle al día siguiente, ninguno tenía muchas esperanzas de que el hombre que esperaba en la cima de la montaña fuera a sobrevivir. Es posible que se arrepintieran de no haber subido la noche que llegaron los alemanes. Al final había resultado que podrían haberlo hecho sin que los descubrieran, pero en ese momento nadie podía saberlo. Ahora todo dependía de la nevada. Estaban listos para partir en cuanto diera las primeras muestras de ir a parar. Todo era cuestión de si aquel hombre sobreviviría hasta entonces.

La oportunidad se presentó a los tres días de que Marius dejara a Jan en el altiplano. Esa noche, las nubes empezaron a disiparse y los hombres de Manndal, gracias a sus conocimientos del clima de la zona, pensaron que el cielo podría estar despejado antes de la mañana siguiente. Los cuatro voluntarios se reunieron. Se había observado y contado a los alemanes para asegurarse de que todos estaban en su cuartel en la parte baja del valle y no podían verlos. Todas las condiciones parecían propicias.

La subida de Kjerringdalen transcurrió sin grandes problemas, aunque ni siquiera en las mejores condiciones es un ascenso fácil ni seguro en esa época del año. De vez en cuando, Nordnes alcanzaba a ver a los cuatro hombres subiendo dificultosamente por el valle, escogiendo su ruta con cuidado para evitar los aludes. Al cabo de cuatro horas, durante las cuales no se quitaron los esquís, llegaron al borde del altiplano. Para entonces había dejado de nevar, tal como esperaban que ocurriera, y se dirigieron hacia la derecha para atravesar el terreno llano de la divisoria de aguas y después descender hacia Revdal.

Divisaron el risco desde una distancia considerable. Llegaron hasta él por una serie de barrancos poco empinados y lagunas congeladas, y descendieron hasta el valle poco profundo al que habían llegado Marius y sus compañeros tres noches antes. Una gruesa capa de nieve recién caída lo cubría todo. El valle parecía tan desierto y silencioso como el resto del altiplano. No había huellas ni indicios de ningún tipo de que alguien hubiera pasado por allí. Estuvieron buscando al pie del risco, así como por todo el terreno del valle que quedaba por encima y por debajo del mismo, pero no encontraron absolutamente nada. Dieron una batida por los alrededores, gritando, pero no obtuvieron respuesta. Pasaron dos horas buscando por todas partes, pero al final tuvieron que rendirse y volver a Kjerringdalen para estar en casa antes de que los alemanes iniciaran su jornada de inspección de las viviendas de la localidad. Tardaron muy poco en bajar esquiando por Kjerringdalen y llegaron a Manndal antes de que el pueblo despertara.

Cuando analizaron la expedición de esa noche con Nordnes, la única conclusión a la que pudieron llegar fue que el hombre al que habían dejado en el altiplano se había movido de allí. Seguían teniendo muy poca información sobre él. Les habían dicho que estaba impedido, pero, con los datos que tenían, pensaron que quizá aún era capaz de arrastrarse de un sitio a otro. Lo más probable era que, cuando había empezado a nevar, hubiera intentado volver a bajar por el lado de Revdal para buscar un lugar en el que guarecerse. También les pasó por la cabeza, claro está, la posibilidad de que hubiera muerto y hubiera quedado enterrado bajo la nieve. De hecho, pensaban que cualquiera que hubiera pasado los últimos tres días en el altiplano estaría muerto casi con total seguridad. Sin embargo, descartaron la idea de que hubiera muerto cerca del lugar acordado para el encuentro, ya que pensaban que habrían visto el cuerpo. En esa zona no había habido ningún alud y apenas había montículos de nieve acumulada por el viento, por lo que pensaban que el bulto de un cadáver se vería claramente sobre el valle nevado. Incluso si él mismo se hubiera enterrado en la nieve y después hubiera quedado sepultado, habría habido algo que permitiera reconocer el lugar donde lo había hecho. Pero no había nada. Simplemente había desaparecido.

A efectos prácticos, en aquel momento la comunicación de Manndal con el resto del mundo estaba completamente cortada. Los alemanes habían estado haciendo rigurosas averiguaciones sobre todos aquellos a los que no encontraron en sus casas y esperaban una explicación de dónde estaba y qué estaba haciendo cada habitante del pueblo. Estaba claro que no iban a permitir que nadie se moviera de allí hasta que terminaran el lento y laborioso proceso de inspeccionar todo el valle casa por casa, por lo que Nordnes no podía enviar a un mensajero a la otra orilla del fiordo para contarle a *herr* Legland lo sucedido. Tampoco podía usar el teléfono. Lo tenían intervenido periódicamente y sin duda estaría pinchado (o incluso desconectado) mientras los alemanes estuvieran haciendo sus registros, y todo aquel misterio era demasiado complicado para hablarlo en clave sin haber establecido un código previamente. Todo habría sido muy fácil si Nordnes hubiera podido mantener una conversación de cinco minutos con Marius, pero era como si estuvieran en continentes diferentes. Además, por aquel entonces ninguno de los dos sabía quién era el encargado de coordinar las acciones del otro pueblo. La única vía de comunicación entre ellos era a través de Legland, y por el momento esa vía estaba bloqueada.

Sin ayuda ni consejo del exterior, la única opción que le quedaba a Manndal era volver a intentarlo, de modo que un segundo grupo realizó el largo ascenso de nuevo a la noche siguiente, la cuarta desde que habían dejado a Jan en el altiplano. Les pareció un esfuerzo prácticamente inútil, pero Manndal, representado por la persona de *herr* Nordnes, había prometido que haría todo lo posible y, además, mientras existiera alguna posibilidad remota de que hubiera un hombre con vida allí arriba, ninguno de ellos podría haber dormido tranquilo.

Esta vez, cuando llegaron al pie del risco vieron que el valle seguía cubierto con las huellas de los esquís de la noche anterior. Ampliaron la búsqueda hasta el punto donde comenzaba la bajada hacia Revdal, así como hacia el interior del altiplano. Cada pocos metros, rompían el opresivo silencio con un grito y se paraban a escuchar hasta que volvía a apagarse.

Alguien había escogido una contraseña que se les había comunicado tanto a Jan como a los hombres de Manndal. Supuestamente en honor a la formación de Jan en Gran Bretaña, los hombres de Manndal debían identificarse ante él con las palabras «*Hallo, gentleman*». Muchos noruegos creen que la palabra *gentleman*, en singular, puede usarse como tratamiento, como efectivamente ocurriría si la lengua inglesa tuviera alguna lógica.[1] Aquella noche, ese grito resonó repetidamente en el altiplano, pero nadie en Manndal ni en Furuflaten hablaba una palabra de inglés, así que no había nadie allí a quien pudiera haberle resultado extraño o ridículo, con la excepción de Jan, quien no podía oírlo. Cuando se fue aproximando la mañana, el grupo volvió a descender por Kjerringdalen sin haber encontrado nada. Cuando estaban bajando, el tiempo volvió a empeorar.

Esta segunda salida había puesto de manifiesto que era inútil seguir buscando sin tener antes algún tipo de conversación con Furuflaten. Para acabar por completo con toda intención que aún pudieran tener de emprender otra expedición, de nuevo empezó a nevar y, a lo largo del día, se levantó un viento que fue ganando fuerza hasta acabar convirtiéndose en una ventisca. Aquello era mucho peor que la nevada sosegada de dos días antes. La temperatura descendió de repente en el encajonado valle y la visibilidad quedó limitada, lo que imposibilitó cualquier clase de actividad en el exterior. En el altiplano, como sabía la gente de Manndal por la experiencia de muchas generaciones, ninguna partida de rescate tendría esperanzas de encontrar nada; apenas podrían moverse

---

[1] Como vocativo, en inglés esta palabra solo se utiliza en su forma plural *gentlemen* (para dirigirse a un grupo de hombres) y nunca en singular (para dirigirse a uno solo). Mientras que «*Hallo, gentlemen*» (Hola, caballeros) es correcto y totalmente natural, la expresión en singular, con la forma *gentleman*, resulta chocante y ningún hablante nativo la utilizaría. *(N. de la T.).*

contra el viento ni, de hecho, siquiera mantenerse con vida durante mucho tiempo.

Eso sí, la ventisca tuvo una consecuencia útil, y es que entorpeció las tareas de las tropas alemanas tanto como las de los demás. Los alemanes ya no podían tener vigilada toda la parte baja del valle, ni siquiera aunque salieran fuera y se expusieran a la deslumbrante nieve, lo que permitió que, al amparo inesperado de la tormenta, un esquiador se escabullera del valle y llevara la noticia de la desafortunada situación de Manndal a unos amigos de Kåfjord. Desde allí, con un día de retraso —lo que se tardó en encontrar un barco que pudiera atravesar el fiordo en aquellas rigurosas condiciones—, la noticia llegó a *herr* Legland, que inmediatamente envió un mensaje a Marius.

No cabe duda de que aquel mensaje supuso un durísimo golpe para Marius. Lo recibió en Furuflaten cuando la tormenta aún estaba en pleno apogeo y ya había durado varios días. Para él solo significaba una cosa: que después de todo lo que había sufrido Jan y después de todos los riesgos que se habían corrido por él, estaba muerto. Había pasado exactamente una semana desde que Marius se había despedido de él después de meterle en la tumba de nieve en el altiplano. Al no recibir más noticias, durante todo ese tiempo había dado por supuesto que los hombres de Manndal le habían encontrado; incluso se lo había imaginado ya a salvo en un hospital sueco. Le horrorizaba pensar que nadie había acudido a sacarle de ese agujero. Por sus propios conocimientos de las montañas del Ártico, así como la sabiduría recibida de sus mayores, sabía que ningún hombre había sobrevivido ni podría sobrevivir jamás a una semana expuesto a la nieve y la ventisca en el altiplano. Le entraron ganas de llorar solo de pensar en la pésima protección que había tenido Jan: dos mantas, un saco de lona que ni siquiera era impermeable y provisiones que no alcanzaban para más de un día. Odiaba imaginarse lo que debía de haber pensado Jan de él cuando supo que se acercaba su hora.

El día que recibió el mensaje, Marius no pudo quitarse todas esas imágenes de la cabeza. Dio la noticia a todos aquellos a los que podía contársela, a quienes habían prestado ayuda de diversas formas. Todos fueron de la misma opinión: era una lástima que todo hubiera terminado así, pero todos habían hecho lo que habían podido. Nadie sugirió siquiera que Jan aún pudiera estar vivo. Aun así, y aunque a esas alturas ya diera lo mismo, en el fondo Marius tuvo claro todo el tiempo que esa noche tendría que volver a subir al altiplano, hiciera el tiempo que hiciera y aunque corriera el riesgo de ser descubierto y detenido por los alemanes. Naturalmente, no había olvidado la solemne promesa que le había hecho a Jan y, puesto que daba por sentado que estaba muerto, no la había cumplido. Tenía que ir, aunque solo fuera para verlo por sí mismo. Le incomodaba la idea de dejar el cuerpo de Jan allí arriba hasta que sus restos mortales quedaran al descubierto con el deshielo primaveral. Pensó que a lo mejor Jan le había dejado un mensaje, escrito quizá en un trozo de papel, y que quedaría destruido con el deshielo. Quizá, como sucede cuando se siente cargo de conciencia tras la muerte de un amigo, tenía la idea de reconciliarse con Jan yendo a ver su cuerpo. Fuera como fuese, tanto si se trataba de algo racional como si no, tanto si era una idea suicida y peligrosa como si no, supo que iba a ir.

La pregunta era quién iría con él. Subir solo habría incrementado el peligro considerablemente: en una tormenta de nieve en la montaña, el riesgo que corre una persona sola siempre es más del doble del que corren dos. Sin embargo, de los tres hombres que le habían acompañado la otra vez, Alvin Larsen y Olaf Lanes volvían a estar fuera pescando, probablemente sitiados en algún lugar de la costa por el temporal, y a Amandus Lillevoll le dolían tanto las costillas rotas que era una insensatez plantear que volviera a subir a la montaña. En todo el pueblo no había ningún otro hombre que estuviera al tanto de la operación, solo mujeres: sus propias hermanas y su madre, así como las familias de los hombres que habían subido con él.

Olaf Lanes tenía varias hermanas y una de ellas se llamaba Agnethe. Agnethe conocía bien a Marius y le tenía un gran afecto, al igual que él a ella. Cuando se enteró de que estaba decidido a subir al altiplano esa noche, a Agnethe no le cupo ninguna duda de que, si nadie iba con él, Marius subiría solo, así que, en lugar de permitirle que hiciera una cosa así, fue a decirle con toda firmeza que subiría con él. Si hubiera sido cualquier otra, seguramente Marius habría rechazado la oferta sin pensárselo dos veces. Estaba claro que aquella no era una expedición para una chica. Pero Agnethe esquiaba tan bien como cualquier hombre y era una muchacha fuerte además de guapa. Por otro lado, y quizá esto fuera aún más importante, fue la única persona ese día que realmente entendió en profundidad los sentimientos de Marius y estuvo de acuerdo con él en que debía subir al altiplano. Es posible que, incluso más que ayuda física, lo que necesitara Marius en ese momento fuera compasión. Agnethe le ofreció ambas cosas, lo cual él agradeció, y, dado que realmente no había ninguna alternativa razonable, accedió a que le acompañara.

En la penumbra del atardecer, que para entonces era lo único que quedaba de las noches evanescentes, los dos se embarcaron en la que sería la última travesía por Lyngenfjorden para llegar a Revdal. Amandus fue con ellos para ayudarles con el barco y quedarse cuidándolo en Revdal. Cuando cruzaron el fiordo, hacía un tiempo horrible y la pequeña embarcación de vela recibió el azote de la fuerte borrasca procedente de las montañas, pero al menos mientras siguiera nevando los alemanes no podrían verla. Llegaron a la otra orilla empapados y con frío, pero a salvo, y vararon el barco a unos ochocientos metros al sur de Revdal. Agnethe y Marius desembarcaron.

Iniciaron el ascenso por una ruta diferente. Para alguien que no transportara ninguna carga, parecía más fácil que la que había seguido Marius con el trineo, pero incluía algunos tramos de escalada en roca por estrechas chimeneas en las que este habría sido un estorbo insalvable. Marius estuvo pendiente de Agnethe con afecto y admiración, pero la joven no necesitaba su ayuda. Por las rocas le ganaba en agilidad, y quizá tuviera incluso más ansias que él por llegar al altiplano y encontrarse con lo peor, para que Marius se quedara tranquilo.

Cubrieron los primeros seiscientos metros de empinado ascenso muy deprisa. Sin embargo, al subir por la abrupta pared de la montaña habían estado más o menos resguardados. Cuando se aproximaron al borde del altiplano, el ruido del viento que les llegó desde arriba era diferente. Al alzar la vista hacia allí, a través de la penumbra vieron nubes de nieve que el vendaval levantaba por encima del borde. Parecía como si estuvieran formadas por duros perdigones grises, disparados en ráfagas con una fuerza y una velocidad que les advirtieron que la parte peligrosa del ascenso no había hecho más que empezar.

Una vez que cruzaron el borde del altiplano y estuvieron de pie en el terreno llano que se extendía a continuación, el viento les tiraba de la ropa, les hacía perder el equilibrio y ahogaba el sonido de sus voces. Había tantas partículas de nieve arremolinadas en el aire que les costaba respirar y tenían la sensación de que se ahogaban. Los dos iban vestidos adecuadamente, claro, con pantalones a prueba de viento y anoraks con capucha, pero la nieve les azotaba las partes de la cara que llevaban al descubierto con tal violencia que el dolor al volverse hacia el viento era insoportable. Marius, medio convencido él mismo, le gritó a Agnethe que lo que estaban haciendo era una locura, pero ella ya estaba separando sus esquís, que hasta entonces había llevado atados juntos para facilitar su transporte. Los dejó caer sobre el movedizo terreno y se agachó para ajustar las fijaciones.

Los últimos cinco kilómetros, desde allí hasta su destino, eran contra el viento. De lo contrario, seguir adelante habría sido una auténtica imprudencia, ya que habrían corrido el riesgo de no tener fuerzas suficientes para hacer el trayecto de vuelta. Se bajaron las capuchas todo lo que pudieron y se taparon la boca con la mano para protegerse de la nieve y poder respirar. Marius fue delante, ya que conocía el camino, y avanzó con la cabeza inclinada, levantándola dolorosamente de vez en cuando para echar una mirada al frente. Agnethe le siguió de cerca, esquiando sobre las huellas que iba dejando él. Ninguno de los dos podía ver con normalidad ni oír otra cosa que el aullido del viento, y su sentido del tacto estaba atrofiado por el frío. Cuando los sentidos quedan atrofiados, es imposible evitar que la mente también se entumezca. En este estado, siguieron subiendo metro a metro, adentrándose en aquel páramo sin detenerse, sin pensar más que en el siguiente paso y en el de después. Avanzaron con esa obstinación inconsciente y completamente irracional que a menudo es el acicate de las grandes hazañas; Marius, movido por la fuerza de su propia conciencia y Agnethe, por la compasión y el amor.

Cuando llegaron al risco, vieron cómo su silueta se alzaba borrosa ante ellos entre la nube de nieve, pero hasta Marius dudó antes de encontrar la roca junto a la que habían dejado a Jan. Todo tenía un aspecto diferente. Con la nevada reciente y el fuerte viento, se habían formado nuevas acumulaciones de nieve, algunas rocas habían aflorado y otras habían quedado ocultas. La roca que anteriormente quedaba bien a la vista sobre la superficie había quedado casi enterrada y, a su lado, en la zona protegida del viento donde había estado el agujero, ahora había una lisa capa de nieve que el viento había arrastrado hasta allí. El misterio de por qué los hombres de Manndal no habían encontrado nada quedó aclarado: no había absolutamente nada que ver. Aun así, Marius estaba seguro de que se encontraban en el sitio correcto. Sabía que esa era la roca que buscaba y que Jan no podía haberse movido de allí, por lo que su cuerpo estaría enterrado a gran profundidad bajo aquella superficie intacta. Se quitó los esquís, se arrodilló sobre la nieve blanda y empezó a excavar, apartando la nieve con las manos. Agnethe se agachó a su lado, muerta de frío. Estaba agotada.

Cuando Marius había sacado cerca de un metro de nieve, el resto se derrumbó sobre una cavidad que había debajo y supo que no se había equivocado. Apartó la nieve y vio el rostro pálido y cadavérico de Jan. Tenía los ojos cerrados y la cabeza cubierta de escarcha.

—No mires —le dijo a Agnethe—. Está muerto.

Al oír la voz de Marius, Jan se movió.

—No estoy muerto, diantres —dijo, con la voz débil pero llena de indignación.

En ese momento abrió los ojos, vio cómo Marius le miraba desde arriba con cara de estupefacción y sonrió.

—No se puede matar a un viejo zorro —dijo.

13

Enterrado vivo

No es posible relatar con exactitud lo que vivió Jan durante todas las semanas que pasó solo en el altiplano. Para cuando tuvo tiempo de rememorar aquel periodo, sus recuerdos eran confusos. Tenía la misma dificultad que se tiene para evocar lo que ha ocurrido y lo que se ha sentido durante una grave enfermedad, y es que, de hecho, él estuvo gravemente enfermo durante todo ese tiempo. Recordaba claramente algunos episodios e impresiones, pero en su memoria carecían de contexto; aparecían aislados, como lejanos recuerdos de infancia, y no tenía más que una idea borrosa de lo que había llevado a ellos o lo que había venido después. Sin embargo, la mayor parte de los episodios que recordaba quedaron confirmados de una forma u otra por las personas que subieron a visitarle de cuando en cuando mientras estuvo allí. Por extraño que parezca, en general no tuvo la sensación de estar aburrido. En una ocasión alguien le preguntó cómo había pasado el rato y él contestó que no había estado tan ocupado en su vida. Y hay al menos una cosa sobre la que no existe la más mínima duda: la duración de aquel extraordinario suplicio. Jan estuvo en el altiplano, metido en el saco de dormir en la nieve, nada menos que veintisiete días seguidos, desde la noche del 25 de abril, cuando le subió Marius, hasta la noche del 22 de mayo, cuando lo desesperado de la situación hizo que volvieran a bajarle.

Aquella primera semana en la tumba de nieve fue la peor en algunos sentidos, en parte porque no estaba tan acostumbrado a esa clase de vida como lo estaría hacia el final y en parte porque las circunstancias le llevaron a creer, por segunda vez, que sus amigos le habían abandonado, que no eran capaces de encontrarle o que los habían matado a todos. Pensó que jamás volvería a salir de aquella sepultura.

Al principio se había sentido tan aliviado por no tener que seguir moviéndose que se despidió de Marius y sus tres compañeros sin ningún miedo a pasar otro periodo solo. Se acomodó en el saco de dormir sobre el trineo, con la pared de nieve a un lado, la roca al otro y un pequeño trozo de cielo encima, y decidió echarse a dormir. Pero aquella complacencia enseguida quedó ahuyentada por la temperatura. Hacía demasiado frío para dormir. El saco y las mantas se habían mojado durante la subida y, una vez en el agujero en la nieve, la humedad que los impregnaba se congeló y se pusieron rígidos. Iban a permanecer mojados o congelados durante todo el tiempo que estuvo allí, y enseguida descubrió algo que le atormentaría durante todas esas semanas: era imposible dormir, ya que el frío le despertaba constantemente y tenía que mantenerse en movimiento bajo las mantas para evitar nuevos episodios de congelación. Como mucho, podía dormitar sin llegar a relajarse.

Además del frío, como cama el trineo era incomodísimo. Había sido un fallo construir la parte superior con listones y dejar huecos entre ellos. Aparte de la ropa que llevaba puesta, entre su cuerpo y los listones de madera solo había dos mantas y la lona del saco de dormir. Como tenía que estar moviéndose todo el tiempo, enseguida le salieron úlceras por toda la espalda y los costados, lo que aumentó infinitamente la incomodidad.

Durante los dos primeros días y la primera noche, antes de que empezara a nevar, no dejaba de imaginarse que, entre los susurrantes sonidos que llegaban de vez en cuando del altiplano, oía ruido de esquís. A veces llamaba a gritos a las personas que le parecía que estaban allí. Pero aquello no era una alucinación como las que había tenido después del alud. En el altiplano su mente estaba completamente lúcida. Es posible que el ruido lo causaran pequeñas bolas de nieve al rodar sobre las piedras nevadas del pie del peñasco que se alzaba a su lado.

En cuanto empezó la nevada, la segunda noche que pasó en el agujero, supo que las probabilidades de que le encontraran eran mínimas, al menos hasta que dejara de nevar. A esto había que añadir otra preocupación, y es que más o menos al mismo tiempo se le acabó la poca comida que le habían dejado y empezó a tener mucha hambre.

Para entonces, con sus movimientos y el calor de su cuerpo se había formado una cavidad en la nieve y el trineo se encontraba más hundido que al principio. La nieve que caía enseguida le cubrió el cuerpo. Podía sacudírsela de la cara y la cabeza, pero en la estrechura del agujero era imposible quitársela del resto del cuerpo. Poco a poco le fue cayendo sobre el tronco y las piernas hasta dejarle metido en una especie de túnel, cubierto por una capa de nieve cada vez más gruesa que no podía mover. Durante unas horas mantuvo abierto un agujero encima de la cabeza que comunicaba con la superficie y por el que aún podía ver el exterior. Pero la capa de nieve siguió aumentando de grosor y llegó un punto en el que se volvió imposible llegar a la superficie, ni siquiera con el brazo estirado. Entonces la nieve tapó el agujero y Jan quedó enterrado vivo.

Los días que pasó sepultado tuvieron que ser cuatro o cinco. Qué fue lo que le mantuvo con vida es un misterio. No fue la esperanza, pues no tenía ninguna, y no fue ninguna de las condiciones físicas que normalmente se consideran esenciales para la vida humana. Quizá lo que más se acerca a la verdad es que su supervivencia fue el resultado de una obstinada aversión a morir en unas circunstancias tan penosas.

Permaneció tumbado boca arriba en aquella pequeña cripta en la nieve. A los lados y encima del tronco quedaba un espacio de unos centímetros y sobre la cabeza había un hueco de casi dos palmos, pero no tenía sitio suficiente para flexionar las rodillas o tocarse los pies. Una tenue luz se filtraba desde arriba, como la que hay bajo la superficie del mar. No tenía problemas para respirar, ya que la nieve que tenía encima era reciente y porosa, pero sí el miedo constante a que el techo se derrumbara, le inmovilizara los brazos y le llenara la boca de nieve hasta ahogarle.

Podía imaginarse perfectamente cómo habría cambiado el aspecto de la superficie del altiplano tras una nevada tan fuerte y sabía que, aunque los hombres de Manndal vinieran a buscarle, era muy improbable que fueran a encontrarle antes de que el deshielo dejara su cuerpo a la vista en verano. Sabía que no sobreviviría hasta entonces, claro, ya que en las primeras fases del deshielo la nieve se volvería compacta e impermeable y la asfixia le provocaría una muerte extremadamente lenta.

El único vestigio de bienestar físico que tuvo en todo ese tiempo fue el que le proporcionó el escaso contenido de la botella de brandi. No quedaba mucho cuando le dejaron allí, pero estaba tan débil y famélico que con menos de un trago se achispaba. Consiguió que le durara bastante tiempo una vez que se le acabó la comida. Cuando todo se volvía insoportable, podía consolarse pensando en el brandi. Retrasaba horas el momento de dar un trago para disfrutar de la expectación de sentir la bajada del calor por la garganta. Cuando por fin agarraba la preciada botella, le quitaba el tapón con gran esfuerzo con los débiles dedos y se la llevaba a la boca dificultosamente en la estrechez de la tumba, las gotas de alcohol puro le calmaban los dolores y hacían más llevadero el siguiente par de horas. Hubo momentos en que llegó a verle el lado cómico a estar enterrado en su propia tumba dando tragos a una botella de brandi. Pero llegó el momento en que en la botella solo quedaban unas gotas, claro. Las guardó como si fueran lo único que le mantenía conectado a la vida y aún estaban allí cuando Marius le rescató.

Estar enterrado tuvo una ventaja. Está claro que evitó que los hombres de Manndal le encontraran, por lo que estuvo a punto de acabar con él, pero a cambio le protegió de todo lo que ocurrió en la superficie. De haber estado a la intemperie, la ventisca que siguió a la nevada le habría matado. Desde su tumba, en cambio, fue tan inconsciente del aullido del viento como lo fue de los gritos de los hombres de Manndal. Mientras la ventisca soplaba encima de él, en su cripta bajo la nieve reinaban un silencio y una calma absolutos en todo momento y la temperatura se mantuvo constante, en unos cuantos grados bajo cero.

Así permaneció mientras iban transcurriendo los días y las noches. Para entonces no tenía ganas de permitirse soñar despierto ni de filosofar, como en la cabaña de Revdal. Tenía la mente ocupada con los pormenores de la existencia física: seguir moviéndose, evitar la congelación, tratar de aliviar el dolor de los pies y de las úlceras de la espalda, intentar llevar a cabo la tarea imposible de mantener cierta higiene corporal, conseguir que el techo de nieve no se derrumbara, impedir que la botella de brandi se volcara. Cada una de estas tareas se convertía en una actividad que le absorbía durante horas y cada una de ellas constituía una parte importante del esfuerzo que estaba haciendo para no morir. A estas añadió, como de costumbre, la labor de limpiar el revólver que aún llevaba guardado en su funda. Cada vez que completaba una de las tareas, tenía la sensación de haber ahuyentado a la muerte durante unos minutos más. A veces se imaginaba la muerte como un ente físico que le acechaba. Esquivaba las embestidas de esta criatura y se sentía orgulloso de sí mismo cuando sorteaba otro de sus ataques. En esos momentos no se le pasó por la cabeza la posibilidad de aceptar de buena gana otras insinuaciones más afectuosas de la muerte.

Cuando Marius abrió un agujero en la capa de nieve que le cubría, Jan estaba medio dormido y oyó su voz en sueños, como tantas otras veces anteriormente. En el sueño, le molestó que la voz dijera que estaba muerto. Le pareció una lástima que Marius sugiriera que había perdido la batalla contra la muerte, después del enorme esfuerzo que había hecho por ganarla, así que lo negó con vehemencia. Entonces abrió los ojos y vio que era real, y la cara de sorpresa de Marius era tal que Jan se echó a reír y, en un estado de semiinconsciencia, pronunció en voz alta el proverbio noruego que le había estado rondando la cabeza: «No se puede matar a un viejo zorro, ¿eh? No se puede matar a un viejo zorro».

Aquella voz de ultratumba realmente dejó a Marius casi paralizado de la impresión durante el tiempo que tardó en reordenar sus ideas. Un sentimiento de alivio le aceleró el corazón, pero inmediatamente después se le revelaron los problemas que también habían resurgido con Jan. Para entonces el propio Jan ya no se sorprendía ante nada: no le resultó demasiado extraño, aunque sí agradable, que al lado de Marius hubiera un rostro encapuchado pero inequívocamente femenino y atractivo con la mirada dirigida hacia él. Marius y Agnethe siguieron retirando nieve hasta que Marius pudo meterse en el agujero y hacer algo más de sitio alrededor de Jan para que tuviera espacio para moverse. Había traído comida, más como ofrenda a los hados que con alguna esperanza de utilizarla. Le dio pan y trozos de pescado mientras le explicaba que los hombres de Manndal habían estado intentando encontrarle. También había traído más brandi y tabaco. Jan no podía comer mucho, pero se moría por un cigarrillo, así que Marius le lio uno y se agachó a su lado para protegerle del viento mientras lo encendía.

Mientras daba caladas al cigarrillo, al tiempo que la nieve se metía en el agujero y el viento rugía sobre sus cabezas en la gris penumbra, Jan empezó a sentirse casi como si volviera a ser el mismo de siempre. Creer que se habían olvidado de él era lo que siempre le hundía por completo. Ahora sus propias penas se desvanecieron y reparó en el terrible estado en que se encontraba Agnethe. Para entonces, de hecho, la joven tenía tanto frío que apenas podía hablar. En cuanto Jan se dio cuenta de lo mucho que estaba sufriendo, y todo por él, insistió en que le dejaran allí y volvieran a bajar al fiordo mientras aún pudieran.

El propio Marius sabía que no iba a conseguir nada quedándose. Lo único útil que podía hacer era bajar del altiplano y asegurarse completamente y cuanto antes de que un grupo con suficientes hombres subiera desde uno de los dos lados para sacar a Jan de allí. Los hombres de Manndal habían dicho en su mensaje que volverían a subir en cuanto el tiempo lo permitiera. Marius le explicó esto a Jan y, para que les fuera más fácil encontrarle si es que venían, fabricó una bandera atando un trozo de tela a un bastón de esquí y la clavó en la nieve junto al agujero. Así, tras apenas media hora con Jan, volvieron a dejarle, bajo aquella triste señal que se agitaba violentamente en medio de la tormenta.

Como siempre, la implacable conciencia de Marius le preguntó si había hecho todo lo humanamente posible, y esta vez tuvo que reconocer que no. Aún existía una posibilidad remota de que los hombres de Manndal estuvieran de camino en ese mismo momento. Era cierto que el tiempo no había mejorado en absoluto, pero, por si acaso habían decidido subir esa noche, Marius sentía que debía estar allí para asegurarse de que encontraban la bandera. No podía perder tiempo esperando; la única forma de asegurarse rápidamente sería dirigirse hacia Manndalen para ver si venían. Por lo tanto, en lugar de volver a bajar hacia Revdal en la dirección del viento y regresar a casa, Marius y Agnethe volvieron a ponerse cara al viento y se dirigieron cuesta arriba hacia la divisoria de aguas.

En aquellas condiciones tan espantosas, aquello fue un acto de enorme valentía y, como muchas otras hazañas heroicas, también una temeridad. Agnethe accedió de buen grado cuando Marius lo propuso, pero esa decisión casi le cuesta la vida. Peleando contra el viento a cada paso, llegaron a la divisoria. Una vez allí, se perdieron, pero los salvó una tregua repentina en la tormenta. Siguieron adelante y llegaron al borde del canal situado en la parte alta de Kjerringdalen. En ese punto hay una pequeña roca aislada desde la que, en un día despejado, se alcanza a ver el fondo de Manndalen. Marius se sujetó a la roca por el lado que quedaba resguardado del viento y se asomó al abismo. Aquel era el lugar por el que los hombres de Manndal accederían al altiplano desde Kjerringdalen. Pero aquella noche, pese a que para entonces era de día, la nieve que arrastraba el vendaval no le permitió ver más que unos pocos metros del valle. No se veía a nadie. Mientras Marius estaba oteando el valle desde el borde, Agnethe se desplomó junto a la roca detrás de él. Al volverse hacia ella alarmado, vio que estaba inconsciente.

En ese momento, las vidas de ambos dependían de que fuera capaz de reanimarla, ya que no cabe duda de que Marius jamás la habría abandonado. Lo intentó de la forma más drástica posible: le zarandeó el flácido cuerpo, la golpeó y la abofeteó. Como contaría más tarde, pensó que, independientemente de todo lo demás, con eso conseguiría que Agnethe se enfadara y el enfado mejoraría su circulación. Estuviera en lo cierto o no, el caso es que la joven recobró el conocimiento y, en cuanto dio muestras de estar viva, Marius la levantó del suelo y se puso en marcha, llevándola medio en brazos y resuelto a no permitir que dejara de moverse pasara lo que pasase.

Por suerte, moverse en la dirección del viento era muchísimo más fácil que avanzar en su contra y, una vez que recorrieron el primer kilómetro y medio por la divisoria de aguas, el resto del camino era cuesta abajo. Por suerte también, aunque el frío y el esfuerzo de la subida habían consumido todas sus fuerzas físicas, Agnethe tenía una reserva ilimitada de fuerza de voluntad. Cuando están exhaustas por el frío, muchas personas pierden incluso la voluntad de ayudar a quienes están intentando rescatarlas. Si Agnethe se hubiera resistido al duro trato que recibió de Marius, que iba tirando de ella y obligándola bruscamente a seguir moviéndose, o si hubiera sucumbido a la insidiosa tentación de rendirse, no se habría vuelto a ver con vida a ninguno de los dos. Pero la joven tenía esa capacidad de resistencia propia de las gentes del Ártico, lo que la hizo seguir adelante, y entre los dos consiguieron llegar a lo alto de Revdal y bajar a trompicones hasta la orilla, donde Amandus los esperaba con el barco.

Agnethe no tuvo secuelas físicas permanentes a raíz de la expedición, pero el recuerdo de la imagen de Jan en el agujero la atormentaría durante años. Había sido una visión tan terrible que, en el momento de encontrar a Jan, pensó que no le quedaban motivos para vivir y que habría estado mejor muerto.

14

Hacia la frontera

Cuando en Manndal recibieron el mensaje de que Jan seguía en el altiplano y aún estaba vivo, empezaron a hacer los últimos preparativos para intentar a toda costa llegar a la frontera en cuanto pasara la ventisca. En los últimos días habían dejado de contar con que tendrían que intentarlo, pues al mirar hacia las montañas a través de la furiosa tormenta de nieve nadie podía creer que allí arriba, pasada la cima de Kjerringdalen, aún pudiera haber un hombre con vida. Sin embargo, les pareció que el hecho de que hubiera sobrevivido hasta entonces les daba todavía más motivos para intentar ponerle a salvo. Los preparativos se llevaron a cabo en un ambiente sombrío. Sabían que el riesgo de no regresar jamás era elevado, ya fuera a causa de alguna catástrofe en el altiplano o porque acabaran perdiéndose o retenidos en un campo de internamiento en Suecia. Pero si un hombre enfermo podía sobrevivir en el altiplano, habría sido vergonzoso admitir que cuatro hombres sanos no podían intentar atravesarlo para trasladarle a un lugar seguro.

El plan de contar con la ayuda de los lapones no había funcionado, al menos por el momento. El esquiador que había salido en su busca desde Kåfjord había regresado, justo antes de que empezara la fase más intensa de la tormenta, pero las noticias que había traído no eran nada alentadoras. Los renos aún se encontraban mucho más lejos de lo que suelen estarlo en esa época del año. Había tenido que recorrer más de ochenta kilómetros por el altiplano, siguiendo la ruta migratoria en dirección sureste, antes de dar con los inmensos rebaños, detenidos y escarbando en la nieve en busca de musgo. Los lapones a los que buscaba estaban acampados en medio de los rebaños, en sus tiendas de piel de reno.

Más tarde se le criticó por no haber tenido en cuenta la extraña psicología de los lapones. Había sacado el tema de Jan y del viaje a la frontera estando sentado con ellos en una tienda llena de mujeres y niños, y los lapones simplemente habían rehusado contestar sí o no. Fueron amables, como siempre son los lapones, pero no dieron la menor indicación de si estarían dispuestos a ayudar, ni siquiera de si realmente habían entendido lo que se les estaba pidiendo. Los que conocían bien a los lapones dijeron —*a posteriori*, eso sí— que jamás se comprometerían a nada delante de sus familias.

Desde luego, los procesos mentales de los lapones son de lo más extraños. La idea de expresar una opinión es algo que no parecen comprender. En cuestiones prácticas del ámbito de su propia experiencia son profundamente dogmáticos y lúcidos, pero su mente no funciona en términos de probabilidad y la pregunta de si es probable que ocurra algún acontecimiento les causa auténtica confusión y les parece absurda. Se cuenta la historia de un turista noruego que quería ir a pescar salmones y le preguntó a un lapón si pensaba que conseguiría pescar alguno en un río de la zona. El lapón, que le conocía bien, sacudió la cabeza suspirando y respondió: «De verdad que a veces me parece que los noruegos estáis locos. ¿Cómo voy a poder contestar yo una pregunta como esa? Por supuesto que hay muchos salmones en el río, pero ¿qué te hace suponer que yo te puedo decir si vas a poder pescarlos?».

Esta curiosa limitación, claro está, hace que para un lapón sea difícil tomar decisiones sobre lo que va a hacer. Ante una situación que requiere una acción inmediata, siempre que tenga que ver con los renos o con el arte de extraer su subsistencia de las tierras árticas, puede ser más astuto que nadie. También es capaz de hacer planes futuros en los que intervengan los ciclos inalterables de la naturaleza, la salida y la puesta del sol, las estaciones y los desplazamientos de los renos. En otras cuestiones, sin embargo, no se le da nada bien planear las cosas con antelación.

Lo que se les planteó a los lapones de Kåfjord, por lo tanto, era la clase de pregunta que probablemente fueran incapaces de contestar. El esquiador no les pidió que acudieran de inmediato, ya que sabía que no podían abandonar a sus renos y que no se puede apremiar a los rebaños. La pregunta fue si ayudarían a Jan cuando llegaran con los rebaños a Kåfjord, pero aquello quedaba demasiado lejos en el tiempo para que pudieran contemplarlo. Probablemente se quedaran aturdidos ante aquellas conjeturas imposibles. Había infinidad de imponderables que debieron de alterarles y confundirles: quizá sus renos enfermaran, quizá hiciera mal tiempo, quizá ellos mismos cayeran enfermos... Podía pasar cualquier cosa. En ese momento, de hecho, nadie podría haber prometido más que hacer todo lo posible cuando llegara el día en cuestión, y un lapón o no es capaz de pensar en esos términos tan abstractos o no puede expresarlos mediante el lenguaje. Su respuesta tiene que ser concreta y literal. Un lapón solo podría afirmar, con absoluta firmeza: «Cuando llegue a Kåfjord, llevaré a un hombre a Suecia», y decir una cosa así sería absurdo. Al fin y al cabo, pensaría un lapón, para entonces el hombre podría estar muerto y, en ese caso, si hubiera dicho que iba a llevarle a Suecia, quedaría en ridículo.

De momento, por lo tanto, aquel plan quedó en un punto muerto. En Kåfjord aún esperaban poder convencer a los primeros lapones que llegaran allí de que se hicieran cargo de la tarea, pero los renos ya iban con retraso y la ventisca entorpecería aún más su avance. No iba a llegar ningún rebaño al menos hasta tres o cuatro días después de que mejorara el tiempo. En Manndal pensaron que no podían esperar tanto, sobre todo sin tener la seguridad de que algún lapón fuera a acceder a ayudarles.

La ventisca, de hecho, empezó a amainar al día siguiente de la expedición de Marius y Agnethe, por lo que un tercer grupo de voluntarios llevó a cabo la subida de Kjerringdalen a la noche siguiente. Llevaron todo lo que pudieron reunir para un largo viaje, pero nadie en Manndal tenía el equipo adecuado para acampar en el altiplano en invierno. Por primitivos que sean, los lapones habrían estado mucho mejor equipados, con sus tiendas de campaña de piel curtida, sus prendas de ropa de piel de reno a la que no quitaban el pelaje y su experiencia de siglos resguardándose de lo más crudo del clima ártico. De hecho, los equipos de acampada más sofisticados del mundo civilizado habrían resultado menos apropiados para aquellas regiones montañosas del Ártico que los útiles de los lapones, completamente elaborados a mano con distintas partes del reno, y los mejores equipos disponibles en Manndal estaban lejos de ser sofisticados. Nadie tenía siquiera una tienda de campaña o un hornillo que pudiera utilizarse con viento, ya que nadie de quien se tuviera memoria había tenido que hacer jamás un viaje así en invierno. Pero en un sitio como Manndal la gente no pierde el tiempo pensando en aquello que le gustaría tener, sino que se las arregla con lo que hay disponible. Lo único que podían hacer era esperar que el tiempo los acompañara.

En cuanto se aproximaron esquiando al lugar de encuentro, vieron la bandera. Se dirigieron hacia ella a toda prisa, gritando la contraseña: «*Hallo, gentleman!*». Jan oyó por primera vez aquel alegre y cómico saludo y contestó: «¡Hola!». Al cabo de un minuto, su solitaria tumba estaba rodeada de amables desconocidos que derribaron las paredes y levantaron el trineo hasta sacar a Jan a un mundo que no había visto en una semana y que había pensado que no volvería a ver nunca más.

Quienes habían estado allí alguna de las dos veces anteriores no entendían cómo era posible que no le hubieran encontrado. De hecho, pensaban que habían pasado esquiando por encima de él mientras estaba allí enterrado. Aunque Jan no los oyó en ningún momento, esto no es imposible, ya que una capa de más de un metro de nieve absorbe mucho ruido y es probable que no tuviera los sentidos tan aguzados como quizá le pareciera a él.

Sin perder más tiempo del que fue necesario para explicarle lo que iban a hacer, volvieron a atarle al trineo e iniciaron su desesperado intento de atravesar el altiplano en dirección a la frontera sueca. Abandonaron el valle con muchas esperanzas, ya que habían encontrado a Jan enseguida y no se habían retrasado teniendo que buscarle. Incluso él, que había aprendido a no esperar demasiado, se sentía prudentemente contento de volver a estar en camino y no pudo evitar pensar en lo corta que era la distancia que le separaba de Suecia.

Sin embargo, su avance fue muy lento desde el principio. Arrastrar un trineo por el altiplano es mucho más difícil que por las llanuras de las banquisas ártica y antártica. En el altiplano no hay ni una sola zona llana. Está lleno de valles y diminutas colinas por todas partes. Casi ninguna de las colinas se eleva más de cincuenta o sesenta metros sobre el nivel de los valles, pero uno siempre está subiendo o bajando alguna pendiente. Esto no supone ningún impedimento para un esquiador, ya que el tiempo que pierde subiendo lo recupera al descender rápidamente por las pendientes sin obstáculos, pero no se podía dejar que el trineo fuera muy deprisa. Subirlo a las colinas era un proceso lento y al bajar siempre tenían que frenarlo para que no se les descontrolara. Las dos cosas eran igual de cansadas. En una ocasión el trineo se les escapó mientras bajaban y Jan salió disparado cuesta abajo a toda velocidad con los pies por delante, atado e indefenso. Por suerte, la pendiente no era muy pronunciada y el trineo no volcó, sino que quedó detenido en la nieve al llegar abajo, seguido de cerca por los jadeantes esquiadores.

El laberinto de pequeñas colinas, desperdigadas por el altiplano sin orden ni concierto, también destruye todo sentido de la orientación. Es imposible mantener un rumbo magnético sin desviarse. Probablemente la mejor forma de guiarse es utilizar el sol, pero cuando el cielo está muy nublado, como lo estaba ese día, hay que detenerse cada pocos minutos para orientarse. En campo abierto, normalmente uno puede tomar alguna referencia a cuatro o cinco kilómetros y dirigirse hacia ella. En el altiplano, sin embargo, rara vez se puede ver nada a lo lejos y rara vez hay alguna referencia que resulte reconocible. Si uno consigue divisar una roca que llame la atención en la lejanía desde lo alto de una colina, la vuelve a perder de vista al avanzar por los valles, y antes de llegar a ella parece que ha desaparecido. La única forma de evitar desviarse innecesariamente es detenerse en lo alto de cada minúscula colina o elevación y localizar alguna piedra o depresión en la nieve en la siguiente, que quizá no se encuentre a más de cien metros. Hacen falta tiempo y mucha paciencia.

A medida que los cuatro hombres que arrastraban el indefenso cuerpo de Jan por la nieve se fueron adentrando más y más en aquel páramo con rumbo sur, en dirección a Suecia, las infinitas colinas que aún tenían delante, con sus infinitos obstáculos y pequeños estorbos, empezaron a parecerles una maraña impenetrable. Al abrirse camino entre ellas, no se vieron limitados por la preocupación de que se les hiciera de noche que suele ser habitual entre los montañeros. Aún faltaban dos semanas para que el sol permaneciera sobre el horizonte día y noche, pero había luz suficiente para seguir avanzando durante toda la noche. El único límite de su expedición lo marcaba su propia resistencia física. Llegaría un momento en el que tendrían que intentar dormir, e iban tan mal equipados que no podían confiar en que disfrutarían de un sueño lo bastante profundo como para recuperar fuerzas. Después de dormir, la segunda etapa sería más lenta y más corta que la primera, y esta ya estaba siendo tan desesperantemente lenta que un nuevo peligro empezó a cernerse sobre ellos: que sus fuerzas se agotaran por completo antes de llegar a Suecia, pero cuando ya estuvieran demasiado lejos para poder regresar a casa.

A medida que fueron avanzando, por lo tanto, sus esperanzas empezaron a desvanecerse y dieron paso a un miedo cada vez mayor a estar intentando lograr algo que no estaba en absoluto al alcance de sus capacidades. Ninguno quería ser el primero en reconocer la derrota, por lo que siguieron avanzando mucho tiempo después de haber perdido toda esperanza. Lo que finalmente convirtió la duda en desesperación fue el clima. Durante la mañana había vuelto a levantarse viento y el cielo del sur se había oscurecido al llenarse de nubes que anunciaban nieve. Parecía como si la mejora que habían visto durante la noche hubiera sido tan solo una breve tregua y la ventisca fuera a empezar de nuevo, con la misma furia que antes. Se detuvieron en lo alto de una colina. Para entonces llevaban arrastrando el trineo seis horas, que se sumaban a las cuatro de la subida de Kjerringdalen. Ninguno sabía cuánta distancia habían recorrido, pero estaba claro que aún quedaba mucho camino. Fue la clase de decisión incómoda que no hace falta debatir. Casi sin mediar palabra, dieron la vuelta al trineo y se pusieron en marcha de retorno hacia Manndalen.

Durante el largo y agotador viaje de regreso del descorazonado grupo, la ventisca volvió a desatarse con fuerza, lo que confirmó que habían tomado la decisión correcta. Hicieron el trayecto de vuelta prácticamente con el viento a la espalda; en dirección sur, con el viento en contra, les habría sido imposible avanzar.

Cuando por fin llegaron a la empinada pendiente del extremo de Manndalen, descubrieron que la zona del valle en la que se encontraban estaba bastante más arriba que el punto del que habían partido. Esto se debió simplemente a la dificultad para seguir un rumbo por el altiplano, pero tuvo sus ventajas. Bajar directamente al valle desde donde estaban les permitiría evitar Kjerringdalen, donde en cualquier momento iba a producirse un alud. No tenía sentido volver a recorrer todo el camino hasta el lugar en el que habían recogido a Jan.

Una vez más surgió la pregunta de qué hacer con él. Jan recordaba la experiencia de la subida a la montaña y seguía muy reacio a volver a bajar. Aparte del dolor, habría supuesto un retroceso de lo más desmoralizante. Además, podía apreciar que los hombres de Manndal estaban muertos de cansancio. Llevaban unas dieciséis horas de máximo esfuerzo e intentar bajarle hasta el valle estando agotados y en medio de una tormenta de nieve entrañaba riesgos evidentes para todos. Ellos mismos eran de la opinión de que, si se sentía capaz de afrontar unos cuantos días más en el altiplano, estaría más seguro allí. Decidió quedarse.

Le buscaron otra roca que fuera fácil de identificar y le arrastraron hasta ella. Le desataron del trineo, dejaron a su lado la comida que les había sobrado y levantaron una pequeña muralla de nieve para protegerle del viento. Aquello era todo lo que podían hacer por él y, de hecho, lo único que él quería que hicieran. Cuando terminaron, y no sin antes prometerle que volverían a subir, se volvieron hacia la pendiente que les conduciría a casa, desaparecieron en la nube de nieve y le dejaron solo una vez más. Después de todo el día de viaje, estaba unos tres kilómetros más cerca de Suecia que al partir.

15

La última misión

Jan pasó casi tres semanas tumbado entre la pared de nieve y la roca. En algunos sentidos era mejor que la tumba: podía ver un trozo de cielo bastante mayor, aunque no viera lo que quedaba al otro lado de la pared, y tenía sitio suficiente para hacer todos los movimientos que era capaz de hacer. Sin embargo, en otros sentidos era peor: aquel lugar estaba más expuesto al viento y a las precipitaciones y era mucho más sensible a los cambios de temperatura entre el día y la noche. La tumba siempre había estado ligeramente por debajo del punto de congelación. A cielo abierto, cada vez que el sol asomaba entre las nubes, la nieve del saco de dormir y de su alrededor se derretía hasta dejarle empapado; por la noche, cuando el sol descendía hacia la línea del horizonte en el norte, la ropa y las mantas se le congelaban. Si bien esto resultaba enormemente incómodo, en ningún momento le hizo enfermar. En unas condiciones que habrían sido más que suficientes para pillar una pulmonía, él no tuvo ni un resfriado, ya que en el altiplano no hay gérmenes que produzcan esa clase de enfermedades humanas.

Cuando le dejaron allí, tenía bastantes provisiones y distintos grupos estuvieron subiendo desde el valle cada tres o cuatro días para mantenerle abastecido de alimentos. Nada de lo que le trajeron estaba muy bueno, sobre todo después de congelarse y descongelarse varias veces, y no tenía nada con lo que cocinar. Aun así, se puede vivir sin exquisiteces como cocinar los alimentos y Jan se sentía agradecido por lo que tenía. Había pescado seco, aceite de hígado de bacalao y pan. Cabía la duda de cómo estaba peor el pan, si mojado o congelado. También tenía leche en polvo, que había que disolver en agua. Derretir la nieve entre las manos para que goteara en la taza que le habían dado y echar los polvos en ella le mantenía ocupado durante horas. Más adelante, cuando comenzó el deshielo de verdad, empezaron a caer gotas de agua de un carámbano que colgaba de la roca que tenía a su lado. Con el brazo completamente estirado, llegaba a él por los pelos y podía colocar la taza debajo; a continuación se quedaba observándolo e iba contando las gotas que caían lentamente, esperando en suspense mientras cada una de ellas temblaba en la punta emitiendo destellos. A veces, cuando ya había un poco de agua en el fondo de la taza, las gotas salpicaban y se desperdiciaba la mitad de cada una. Cuando se sentía débil, esto le parecía una catástrofe e, irritado, maldecía sin fuerzas para sí mismo, pero al final se le ocurrió la idea de poner un trozo de nieve sobre la taza para que las gotas cayeran en ella sin salpicar. Llenar la taza le llevaba horas. La bebida resultante, con la leche en polvo mezclada con el agua fría, estaba asquerosa, pero le ayudaba a conservar las fuerzas y se obligaba a tomársela.

En aquellos días de soledad, entre el final de una de esas tareas que le mantenían ocupado y el inicio de la siguiente, a veces aún tenía entereza suficiente para reírse del contraste entre lo que había sido en el pasado y la existencia primaria que llevaba ahora. Al llevar la vista atrás, a su vida de antes de la guerra e incluso en el ejército, le parecía que en esos días había sido remilgado y maniático. Tenía cierta gracia pensar que había habido un tiempo en que había cuidado su apariencia física, escogiendo las corbatas como si fueran algo importante, planchándose los pantalones, asegurándose de llevar el pelo corto e incluso arreglándose las uñas. Un día, escarbando en la nieve en busca de una corteza de pan, le vino a la memoria una ocasión en la que había tenido que quejarse en un restaurante de Oslo porque había una mancha de café en el mantel y lo mucho que se había disculpado el camarero mientras se lo cambiaba por uno limpio. Aquello había parecido algo importante; de hecho, para el hombre que era por aquel entonces lo era. Si aquel hombre hubiera podido ver a la persona que era ahora, le habría producido repugnancia. Llevaba semanas sin lavarse, afeitarse, peinarse ni cambiarse de ropa. Olía mal y había alcanzado ese grado de inmundicia en el que la ropa parece formar parte del propio cuerpo. Por fortuna, sin embargo, lo que había vivido en las últimas semanas le había cambiado y aquella suciedad no le importaba. Le había cambiado de una forma más profunda que simplemente dejándole sucio, enfermo, demacrado y lisiado. Le había cambiado de tal manera que le costaba reconocerse a sí mismo en la esencia que aún persistía en el interior de aquel repugnante y debilitado cuerpo. Ya entonces sabía que, si sobrevivía, nunca volvería a ser la misma persona. Habría perdido los pies, se imaginaba, pero habría ganado en experiencia. Le parecía que nunca más se atrevería a impacientarse, que siempre sería apacible y tolerante y que ninguna de las molestias de la vida civilizada conseguiría irritarle ya. Viajar te abre la mente, pensó, y se echó a reír a carcajadas ante la tremenda desolación del altiplano.

Durante esos días, cuando se quedaba medio dormido a menudo soñaba con lobos. Aquel era un miedo con el que no había tenido que convivir durante su primera semana en el altiplano, ya que entonces nadie le había dicho que allí hubiera lobos, pero es cierto que los hay. A veces atacan a los rebaños de renos y los lapones libran continuas batallas contra ellos sobre sus esquís. Muy rara vez, por no decir nunca, atacan a un ser humano, ni siquiera si está solo, pero nadie sabía con certeza si atacarían a una persona indefensa si estaban hambrientos, como a menudo lo están a comienzos de la primavera. Los hombres de Manndal habían dado la suficiente importancia a aquel peligro como para advertir a Jan y darle un palo con el que defenderse. Más tarde, cuando se dieron cuenta de que el palo no serviría de nada porque Jan no tenía fuerzas ni para espantar a un conejo con él, le trajeron ramas y parafina para que pudiera encender una hoguera si le rodeaban los lobos. Tenía una pistola, claro, pero solo le quedaban tres balas y dijo que quería reservarlas para presas más importantes. A Jan le parecía estúpido tener miedo de un animal (incluso de una manada) que, hasta donde se tenía noticia, jamás había matado a un hombre y, sin embargo, al pensar en ello se ponía nervioso. Hasta que mencionaron a los lobos, lo único a lo que había tenido que enfrentarse era a las fuerzas inanimadas del altiplano. Había estado convencido de que se encontraba solo y se había sentido tan a salvo de una intrusión inesperada como en una casa con las puertas y las ventanas cerradas con llave. Con todos los peligros presentes a su alrededor, al menos no había tenido que mantenerse alerta por si se producía una crisis repentina. En cambio, ahora, tumbado tras la pared de nieve sin poder ver lo que ocurría en el terreno nevado que le rodeaba, metido en su saco de dormir sin poder moverse, sabía que en cualquier momento podría ver los afilados colmillos y el alargado hocico a menos de un metro de su cuerpo, o sentir el cálido aliento en su rostro mientras dormía, u oír los aullidos y saber que estaban al acecho. Aquello, más que cualquier otra cosa, le hizo tomar conciencia de su soledad.

En el espacio relativamente amplio de detrás de la pared de nieve, podía sacar las piernas del saco, primero una y luego otra, y examinarse los pies, cosa que había sido imposible en la tumba. Tenían un aspecto repugnante. Lo peor de todo seguían siendo los dedos, pero los pies enteros se encontraban en un estado deplorable, completamente congelados de lado a lado, entre el tendón de Aquiles y el hueso. Tenía manchas negras y grises en las piernas, hasta la altura de las rodillas. Había perdido por completo la esperanza de volver a caminar con esos pies. Suponía que, en cuanto llegara a un hospital, le pondrían directamente en una mesa de operaciones y se los amputarían sin pensárselo dos veces. Estaba resignado a eso, pero aún conservaba una férrea voluntad de no perder las piernas. Aparte de las dificultades para mantenerse con vida, lo que más había ocupado su mente en esos días habían sido sus piernas y la pregunta de si habría algo que pudiera hacer para salvarlas. Hacía tiempo que había tomado la decisión de adoptar una medida drástica, pero en la tumba no había tenido espacio suficiente para ponerla en práctica. Aún tenía la impresión, acertada o no, de que la gangrena no deja de extenderse a menos que uno la elimine, como los hongos en la madera de una casa. El origen de todo eran los dedos de los pies. Ya no formaban parte de su cuerpo, aunque siguieran unidos a él, y parecía de sentido común que estaría mejor sin ellos. No había nadie a quien pudiera pedir que le ayudara, pero había llegado el momento y ahora tenía la oportunidad, así que se preparó para amputarse los dedos él mismo.

Seguía teniendo su navaja y aún le quedaba un poco de brandi. Con el alcohol como anestesia y la navaja como bisturí, tumbado de costado sobre la nieve, hecho un ovillo y con una pierna flexionada para poder llegar a los dedos, empezó a cortarlos cuidadosamente uno por uno.

Habría sido mejor acabar con ello cuanto antes, pero, aparte del dolor y de las náuseas, era difícil cortarlos, más de lo que esperaba. Tenía que encontrar las articulaciones. Sus manos estaban muy débiles y se movían con torpeza, ya que también había sufrido congelación en los dedos, y la navaja estaba más desafilada que antes. Perseveró con determinación y poco a poco lo fue consiguiendo. Cuando por fin lograba amputar uno de los dedos, lo dejaba en un pequeño saliente de la roca encima de él, fuera del alcance de su vista, ya que no le quedaban fuerzas para lanzarlo lejos. Después de cada uno tenía que hacer una pausa, para esperar a que se le pasaran las náuseas y anestesiarse con el brandi. En cada herida se puso un buen pegote de una pomada de aceite de hígado de bacalao que le habían traído y, para que no se movieran, se ató alrededor una tira que arrancó de la manta.

La truculenta operación se prolongó durante casi tres días. Al cabo de este tiempo, en el saliente había nueve dedos. El meñique del pie izquierdo no tenía tan mal aspecto como los demás, así que lo conservó. Cuando la tarea estuvo terminada, se sintió mucho mejor mentalmente. No hubo ninguna mejoría inmediata en las piernas, claro, pero el haber tomado una medida que esperaba que contribuyera a salvarlas le dio cierta satisfacción. Se encontraba mejor sabiendo que aquellas cosas putrefactas y repugnantes habían sido eliminadas y no podrían seguir infectándole. Se sintió más limpio.

Una vez concluida la operación, volvió aliviado a la sencilla rutina de su vida diaria: alimentarse; recoger agua helada; disolver la leche; intentar limpiar la pistola; alguna que otra vez, tan infrecuentemente como podía, liar un cigarrillo con extremo cuidado y buscar la caja de cerillas que guardaba bajo la ropa interior, pegada a su cuerpo; intentar echarse pomada en las úlceras de la espalda sin enfriarse demasiado; de cuando en cuando, permitirse un trago de brandi; y, en todo momento, intentar evitar nuevos episodios de congelación. Estando allí tumbado, era dificilísimo no ponerse a escuchar e imaginarse el sonido de unos esquís o los gruñidos de los lobos a lo lejos. A veces se tapaba los oídos para ahuyentar el silencio sepulcral y a veces hablaba consigo mismo para tener algo que escuchar. Cuando tenía visita de verdad y los hombres de Manndal se acercaban gritando: «*Hallo, gentleman!*» desde la lejanía, la interrupción repentina del silencio le causaba una gran impresión y muchas veces la voz tardaba un rato en salirle para contestar.

Durante todas esas semanas siguieron visitándole religiosamente, llevando a cabo el largo y exigente ascenso a la montaña cada tres o cuatro noches. Siempre le traían nuevas provisiones de alimento y, a menudo, leña seca para encender una hoguera y prepararle algo caliente de beber, pero al hacer fuego siempre se ponían nerviosos, por si alguien veía el humo o la luz. Cada vez que los oía acercarse, Jan recobraba la compostura para intentar mostrarse lo más enérgico posible, ya que en el fondo tenía miedo de que se deprimieran, pensaran que estaban perdiendo el tiempo con él y dejaran de venir. Ellos, por su parte, tenían la sensación de que debían animarle, por lo que los encuentros solían ser alegres, aunque la alegría fuese forzada. A veces hasta había algo de lo que reírse, como la vez que a uno de ellos se le olvidó la contraseña. La historia de cómo Jan había disparado al oficial de la Gestapo se había extendido por Manndal, donde se había ganado la fama de disparar a la mínima y de tener una puntería infalible. De modo que, cuando aquel hombre se dio cuenta de que en el momento crítico no le salían las palabras «*Hallo, gentleman!*», se echó al suelo a toda prisa y se acercó a Jan a gatas, manteniéndose bien a cubierto hasta que estuvo lo bastante cerca para hablarle y asegurarse completamente de que no iba a producirse un desafortunado malentendido.

En una de sus visitas, Jan les preguntó si podrían traerle algo para leer. Lo que realmente quería era una novela de suspense en inglés o en francés, ya que en los últimos años se había acostumbrado a leer en idiomas extranjeros más que en su propia lengua. Pero nadie sabía de ningún libro así en Manndal y el hombre al que se lo pidió no tenía otra cosa que ofrecerle más que obras religiosas en noruego. Jan rechazó la oferta, pero más tarde el hombre se acordó de un anuario de una revista semanal que podría tomar prestado. Jan se lo agradeció y subieron el pesado volumen a la montaña, pero al final apenas lo leyó. Nunca parecía tener tiempo.

Cuando Jan ya llevaba allí un tiempo, alguien tuvo la brillante idea de subir un rollo de papel grueso del que se emplea como aislante en los edificios. Lo colocaron encima de Jan formando un arco, como una cabaña Nissen en miniatura, lo cubrieron de nieve y taparon uno de los dos lados con una pared de nieve. Dejaba espacio suficiente para que Jan permaneciera tumbado en el interior y le resguardaba bastante de la intemperie. De hecho, a veces daba la sensación de que dentro hacía calor. Pero también tenía sus inconvenientes: cada vez que parecía que en el interior se iba a alcanzar una temperatura razonable, la nieve de encima se derretía y las gotas atravesaban el techo de papel y le caían encima, con lo que acababa incluso más mojado que antes.

A veces sus visitantes venían con muchas esperanzas, pero lo habitual era que las noticias que le traían del valle fueran decepcionantes. Una noche, al poco de que le dejaran allí, dos hombres subieron entusiasmados a contarle que había llegado un lapón a Kåfjord y que había prometido llevarle consigo esa noche o la siguiente, así que se quedaron esperando toda la noche para ayudar a Jan cuando viniera. Pero llegó la mañana siguiente y el lapón no había hecho acto de presencia. Durante las tres noches siguientes, Jan estuvo acompañado de hombres que subieron del valle a esperar con él y asegurarse de que el lapón no pasara de largo sin verle. Estuvieron haciendo guardia hora tras hora, pero no hubo ningún movimiento en el horizonte. Al cuarto día, supieron que el lapón había cambiado de opinión porque había oído que los alemanes habían enviado patrullas de esquiadores a la frontera.

Aquel rumor quedó confirmado por numerosas fuentes a lo largo de los días siguientes. Últimamente, todos habían estado tan concentrados en los problemas relacionados con la salud de Jan, el clima y el viaje por el altiplano que casi se habían olvidado de los alemanes. Había pasado mucho tiempo desde la llegada de la guarnición a Manndal y, hasta donde ellos sabían, esa había sido la última acción de los alemanes que aparentemente formaba parte de una operación de búsqueda. En Manndal se habían acostumbrado a la presencia de la guarnición y habían empezado a detestarla. Pero ahora empezaba a dar la impresión de que los alemanes aún andaban a la caza de Jan y de que incluso tenían una idea aproximada de dónde estaba. Cuando se lo contaron a Jan, se paró a pensar que era la primera vez en toda su huida que los alemanes le llevaban la delantera. En los primeros días, cuando iba moviéndose de un sitio a otro, en ningún momento habían llegado más que a pisarle los talones. En cambio ahora, por lo visto, habían mandado patrullas justamente a la zona de la frontera que iba a tener que atravesar, cosa que, a menos que ocurriera inminentemente, iba a tener que hacer a plena luz del día. Si hubiera estado en forma, tanto él como los hombres de Manndal se habrían tomado las patrullas a broma, ya que, como todos los noruegos, tenían una opinión pésima —posiblemente injustificada— de las habilidades de los alemanes como esquiadores. Incluso estando así las cosas, nadie a excepción del lapón se vio disuadido por aquel peligro adicional. Con que lograran llegar a la frontera, estaban seguros de que conseguirían atravesarla de una forma u otra.

Poco después de que surgiera aquel rumor, sin embargo, se produjo un extraordinario suceso en el altiplano que sí les hizo tomarse más en serio el peligro que suponían los alemanes. Lo más destacable de la vida en el altiplano siempre había sido que allí jamás ocurría absolutamente nada. Podían pasar días y días sin que tuviera lugar el más mínimo acontecimiento, ni siquiera de la naturaleza más insignificante, y Jan descubrió que la mayoría de los hechos que creía recordar eran en realidad cosas que había soñado o se había imaginado. Su sueño o alucinación más frecuente era que oía acercarse a alguien. Un día, estando medio dormido, oyó unas voces que se aproximaban. Había ocurrido muchas veces, pero en esta ocasión, según se fueron acercando, se dio cuenta de que estaban hablando en alemán. No entendió lo que decían y enseguida volvieron a alejarse. Cuando estuvo completamente despierto, le pareció que había sido una ligera variación de su sueño de siempre y no le dio mayor importancia. Pero a la noche siguiente, cuando subió a verle un grupo desde el valle, sus visitantes llegaron consternados porque había dos rastros de esquís sobre la nieve que pasaban a menos de treinta metros de donde estaba Jan y que no eran de ninguno de los hombres de Manndal.

Fue uno de esos misterios absolutos que dan origen a infinidad de especulaciones. Hasta entonces, en todo momento habían visto el altiplano como un refugio a salvo de los alemanes, en parte porque nunca creyeron que fueran a aventurarse a subir allí y en parte porque buscar a un hombre entre los cientos de kilómetros de nieve era una tarea tan imposible que estaban seguros de que los alemanes no iban a perder el tiempo intentándolo. Nadie podía figurarse de dónde habían venido los dos hombres que habían dejado las huellas, hacia dónde se dirigían o cuáles eran sus intenciones. No eran de la guarnición de Manndal, ya que la tenían vigilada a todas horas, y cualquier otro puesto alemán quedaba a más de un día de viaje de aquel lugar. No podían formar parte de una patrulla fronteriza, ya que la frontera estaba demasiado lejos. Sin embargo, si andaban buscando a Jan, parecía una casualidad increíble que hubieran pasado tan cerca de él, a menos que hubiera cientos de patrullas por todo el altiplano o que tuvieran una idea muy precisa de dónde se encontraba. Por otro lado, esa forma tan discreta de buscar no era propia de los alemanes. Si era cierto que sabían dónde estaba, sabrían que no podría estar viviendo allí a menos que los habitantes de Manndal le estuvieran ayudando, y su reacción a eso sin duda habría sido emplear amenazas y arrestar a gente en el pueblo con la esperanza de encontrar a alguien que les dijera dónde estaba y les ahorrara la humillación de tener que buscar en la montaña.

Esa noche, en el altiplano, estuvieron un buen rato dando vueltas a aquel misterio con una nueva sensación de miedo e inseguridad. Fuera lo que fuese lo que estaban haciendo los alemanes, había sido pura suerte que no hubieran visto a Jan al pasar junto a él. Ese día había caído una nevada que había tapado las pisadas de alrededor de su guarida y las huellas de esquís que conducían hasta ella desde Manndal, pero, si los alemanes regresaban, verían los nuevos rastros y los seguirían directamente hasta él. La situación en conjunto era preocupante y la única teoría reconfortante que alguien sugirió fue que quizá las huellas pertenecieran a desertores alemanes que estaban intentando llegar a Suecia. Nadie llegó a descubrir jamás la verdad sobre aquel incidente. Aquellas voces nocturnas permanecieron en el ambiente a partir de entonces como una vaga amenaza.

La desilusión que se llevaron cuando el lapón se acobardó y cambió de opinión fue solo la primera de toda una serie de decepciones. De Kåfjord y otros valles de la región no dejaban de llegar historias esperanzadoras de trineos tirados por renos a los que se esperaba en cualquier momento, pero todas las veces las esperanzas estaban condenadas a extinguirse. Tras dos semanas viendo cómo todos sus planes se truncaban y fracasaban, los hombres de Manndal empezaron a desesperarse. Cada vez que subían a ver a Jan, lo encontraban un poco más débil. Daba la impresión de que se estaba muriendo muy poco a poco. Además, ahora sí que estaba empezando el deshielo primaveral de verdad, por lo que atravesar el altiplano e incluso subir desde el valle se volvía más difícil con cada día que pasaba. La nieve ya estaba podrida y pegajosa en las laderas que daban al sur y al cabo de una o dos semanas se volvería imposible viajar en trineo hasta el invierno siguiente. Todos los años, durante el deshielo, el altiplano se convierte en un cenagal atravesado por arroyos crecidos y es imposible cruzarlo. Después del deshielo, cuando ya no queda nada de nieve, la única forma de transportar a un hombre impedido es llevarlo en peso, lo que sería incluso más lento y laborioso que tirar de él con un trineo.

Así las cosas, decidieron hacer un último intento de llevar el trineo hasta Suecia mientras aún tuvieran tiempo, sirviéndose de un grupo mayor que pudiera operar en relevos. Para ello, la noche del 9 de mayo seis hombres subieron al altiplano, sacaron a Jan de su tienda de papel y volvieron a partir en dirección sur. Sin embargo, aquel intento solo consiguió crear falsas expectativas una vez más. Apenas habían recorrido dos o tres kilómetros cuando se vieron envueltos en un mar de nubes tan denso que no alcanzaban a ver nada que estuviera a más de un metro de distancia. No podían avanzar en esas condiciones, así que dieron la vuelta y siguieron su propio rastro hasta el punto de partida, donde volvieron a meter a Jan en la tienda de papel.

Después de este fracaso, Jan realmente empezó a desmoralizarse. Nunca perdió la fe en los hombres de Manndal y aún pensaba que conseguirían llevarle a Suecia de alguna forma si seguían intentándolo el tiempo suficiente, pero empezó a dudar si merecía la pena. No le habían contado muchos detalles de lo que estaba pasando, pero él mismo podía apreciar el enorme esfuerzo que estaban haciendo por él en Manndal y el resto de la región. Para entonces habían subido a verle tantos hombres distintos del valle que había perdido la cuenta, y se hacía una ligera idea del grado de organización que tenía que haber detrás de aquellas visitas tan frecuentes. A medida que fue transcurriendo el tiempo, cada vez parecía más increíble que la guarnición alemana pudiera seguir viviendo en el valle, en medio de toda esa actividad frenética, y mantenerse felizmente ignorante de lo que estaba pasando. Cada nuevo hombre que venía a ayudarle significaba una nueva familia involucrada en el asunto en mayor o menor medida, de modo que, cuanto más tiempo tuvieran que seguir ocupándose de él, más atroz sería la catástrofe en el valle si los alemanes se enteraban. Tanto Jan como los hombres de Manndal eran conscientes de las consecuencias que tendría la ira desenfrenada de los alemanes cuando descubrieran que toda una comunidad los había engañado. Había ocurrido en la costa occidental, donde se habían quemado pueblos enteros de forma sistemática y se había enviado a todos los hombres a Alemania y a las mujeres y los niños a campos de concentración en Noruega. No cabía duda de que Manndal podría correr la misma suerte, ahora que habia tantas personas involucradas, y Jan se vio obligado a preguntarse cuál era el beneficio que obtendrían a cambio de correr ese riesgo. Salvarle la vida era el único objetivo. Analizándolo fríamente, parecía un trato pésimo. Ya no había un móvil patriótico, la idea de salvar a un soldado profesional para que volviera a combatir; al contemplar sus piernas y los desechos de lo que un día había sido un cuerpo enormemente sano, pensaba que jamás volvería a ser útil como soldado. Si moría, pensaba, no sería ninguna pérdida para el Ejército, ya que de todas formas no servía para nada. Tampoco era como si estuviera casado o siquiera prometido. No había nadie cuya felicidad o subsistencia dependieran totalmente de él.

Su padre tenía otros dos hijos; su hermano Nils ya sería todo un hombre y Jan suponía que incluso Bitten, la hermana pequeña a la que tanto había querido, habría aprendido a arreglárselas sin su presencia y quizá nunca volvería a depender de él tanto como siempre se había imaginado. Se preguntó si su familia no le habría dado ya por muerto y si volvería a verlos algún día en el caso de que acabara sobreviviendo. En cuanto a los amigos que había hecho en Inglaterra durante la guerra, en los dos años anteriores, sabía que todos habrían dado por sentado que había muerto si es que sabían dónde estaba.

Esta idea fue tomando forma en su cabeza poco a poco, en el transcurso de unos diez días de soledad después del último viaje malogrado. Le llevó mucho tiempo llegar a una conclusión firme, ya que, por naturaleza, era una persona con unas intensas ganas de vivir. Pero inevitablemente acabó llegando un momento en el que, en contra de su voluntad, se vio ante una última misión que cumplir. Su propia vida no tenía ningún valor especial para nadie más que para sí mismo, y para él la vida ya solo iba a significar unas cuantas semanas más de sufrimiento seguidas de una muerte horrenda o, en el mejor de los casos, pensaba, un futuro como un lisiado prácticamente inútil. La vida de cualquiera de las muchas personas que le estaban ayudando, de un hombre sano y que quizá fuera el núcleo y el sostén de una familia, tenía más peso en la balanza que la suya. Tenía clarísimo que no debía permitir que corrieran más riesgos por él y sabía que solo había una forma de impedírselo. Su última misión era morir.

Decidir suicidarse cuando el instinto de uno se opone completamente a ello denota una inmensa fortaleza mental. La mente de Jan seguía activa y lúcida, pero su decisión había llegado demasiado tarde: para cuando la tomó, su cuerpo estaba demasiado débil para llevarla a cabo. Seguía teniendo su revólver cargado. Tumbado a solas en su saco de dormir entre los restos de nieve, lo sacó de la funda y lo sostuvo entre sus manos. Ya lo había utilizado para salvar su vida y pensaba utilizarlo de nuevo para acabar con ella. Hasta la semana anterior había seguido cuidando el arma con el cariño con el que siempre había tratado los mecanismos de precisión, pero últimamente la había tenido abandonada y se llevó un gran disgusto al descubrir que estaba oxidada. La sujetó para amartillarla y efectuar un último disparo, colocando la mano en esa posición que le resultaba tan familiar, pero el mecanismo estaba muy duro y él apenas tenía fuerza en los dedos. Intentó penosamente realizar la sencilla acción que le habían entrenado para ser capaz de hacer en menos de un segundo, pero fue del todo inútil. No le quedaban fuerzas en las manos para desplazar el martillo contra el muelle. Se sintió como si un amigo le hubiera fallado.

Después de aquello, intentó pensar en otras formas de acabar con su vida. Si hubiera podido salir del saco y arrastrarse hasta la nieve, podría haber dejado que el frío terminara lo que había empezado. Pero para entonces ya hacía tiempo, más de una semana, que no tenía fuerzas para quitarse las mantas que le envolvían ni para mover el cuerpo más de unos centímetros. Pensó en la navaja y comprobó la hoja, pero ya estaba roma cuando se había amputado los dedos y ahora estaba más oxidada y desafilada. Además, la idea de intentar rebanarse el cuello o cortarse las venas era tan espantosa que su determinación flaqueó, así que se relajó con languidez e intentó replantearse la decisión.

La situación era realmente absurda. Se sintió como un idiota. Había estado tanto tiempo esforzándose para preservar su propia vida que ahora no le quedaban fuerzas suficientes en los dedos para ponerle fin. De no haber sido porque se sentía avergonzado, se habría echado a reír.

16

Días contados

Cuando Jan tuvo esta crisis, los hombres que subían a verle notaron la diferencia. Hasta entonces siempre le habían visto animado, aunque ninguno sabía lo mucho que le había costado a veces mantener esa apariencia. Ahora, en cambio, había perdido el sentido del humor y apenas les dirigía la palabra. De hecho, hasta entonces las visitas ocasionales de aquellos desconocidos habían sido la única cosa que había esperado con alguna ilusión, pero ahora casi se sentía molesto cuando oía: «*Hallo, gentleman!*», ya que significaba que tenía que hacer un esfuerzo cuando lo que él quería era estar tranquilo sin tener que hablar con nadie. No les contó la conclusión a la que había llegado hasta más adelante. Ellos pensaron simplemente que había perdido las esperanzas. Bajaron y le dijeron a *herr* Nordnes que finalmente se estaba muriendo.

A diferencia de Jan, a ellos no se les había pasado por la cabeza en ningún momento que sus arriesgadas acciones pudieran no merecer la pena. Después de todos los esfuerzos que habían hecho por salvarle, si hubiera muerto en el altiplano se habrían sentido profundamente decepcionados e incluso enfadados con él. Pero sin duda tenían motivos para estar preocupados. Las semanas a la intemperie habían debilitado tanto a Jan que realmente había llegado a un punto en el que su vida podría extinguirse en silencio y sin ningún otro aviso. Dado que jamás se plantearon la posibilidad de dejarle morir sin más, solo les quedaba una opción: tendrían que bajarle al valle y tratar de conseguir que ganara algo de peso y recuperara fuerzas hasta que estuviera en condiciones de hacer otro intento de llegar a Suecia.

Había que tener en cuenta a los alemanes. No había ni una sola casa en todo el pueblo que estuviera exenta del riesgo de un registro fortuito. Para entonces ya no llegaba a hacerse de noche en ningún momento y habría sido demasiado aventurado llevar a Jan hasta la zona habitada del valle a plena luz del día. Desde la última casa, sin embargo, el valle se extiende a lo largo de otros quince kilómetros y toda esa zona está algo más protegida que el desabrigado altiplano y goza de temperaturas unos grados más altas. Alguien se acordó de una cueva que había justo en la cabecera del valle y, tras celebrar una reunión en la escuela, decidieron que la única forma de prolongar su vida era poner fin a aquella situación, bajarle del altiplano, instalarle en la cueva y volver a empezar.

Aquella fue una decisión difícil para todos y, una vez que le contaron lo que habían pensado, resultó especialmente dura para Jan. Significaba un retroceso a la etapa del viaje que había dado comienzo cuando le llevaron a la cabaña de Revdal, casi seis semanas antes. Significaba que todo lo que había sufrido desde entonces había sido en vano. Y significaba también, por encima de todo, que antes de poder esperar siquiera llegar a Suecia tendría que volver a pasar por el tormento de subir a la montaña.

Pese a todo, estaba demasiado enfermo para preocuparse de eso y los hombres de Manndal le aseguraron que no había alternativa, así que dejó que le sacaran de la tienda de papel y le ataran al trineo una vez más. Seis hombres le bajaron penosamente hasta el fondo del valle, lo que supuso renunciar a la altura y la distancia que con tanto sufrimiento se habían ganado en las últimas semanas.

Mientras este grupo le bajaba, otro se ocupó de acondicionar la cueva, preparando un lecho de hierba y ramas de abedul en el interior. Cuando le metieron en la cueva y por fin le dejaron solo, Jan se encontró rodeado de una serie de lujos de los que no había disfrutado desde el granero de Marius. Le habían movido del trineo y, en comparación con los listones de madera, la cama de abedul era deliciosamente mullida. Poco a poco fue dejando de estar mojado, por primera vez en un mes, y, cuando se le secó la ropa, incluso empezó a entrar en calor, una sensación que le pareció una experiencia completamente nueva. Una vez que dejó de tener frío, por fin se sumió en un sueño plácido y profundo.

Estuvo cuatro días en la cueva, casi todo el tiempo durmiendo. Cuando se despertaba, se quedaba mirando al techo, que estaba a apenas medio metro de su cabeza, y disfrutaba de la penumbra, después del deslumbrante resplandor de la nieve en el altiplano. El techo tenía humedad y a veces goteaba. Le resultaba fascinante observar las gotas y estudiarlas. Cuando había una a punto de caer, hacía un camino con el dedo en la viscosa superficie de la roca para que la gota se deslizara por él y no le cayera encima. Cuando se liaba un cigarrillo, hacía caminos para todas las gotas que veía que estaban a punto de caer para asegurarse de poder fumárselo en paz. Durante esos días, redescubrió los placeres que encerraban las cosas más sencillas: el gozo de dormir, el gusto de esperar el momento de comer, el indescriptible lujo de bostezar.

La entrada a la cueva se oscurecía a menudo, cada vez que alguien llegaba gateando hasta su lado para darle los mejores alimentos que podía permitirse Manndal y atender en la medida de lo posible cualquier deseo que expresara Jan. Los visitantes se sentaban a charlotear con él cuando estaba despierto y le dejaban tranquilo cuando le encontraban adormilado. Un día le trajeron la noticia de que uno de los soldados alemanes de la guarnición de Manndal había huido a Suecia, lo que llenó a todos de una alegría desmesurada. Todos los días, quienquiera que viniera a visitarle mencionaba a los lapones. Ahora estaban llegando a espuertas a Kåfjord y a los otros valles de la zona y los miembros de la organización estaban tratando de ganárselos, a base de mano izquierda y ofreciéndoles recompensas, con la esperanza de que tarde o temprano alguno decidiera ayudarles. Pero Jan ya no tenía depositada demasiada confianza en los lapones. Su único plan era dormir hasta que verdaderamente tuviera la sensación de haber dormido bastante. Para entonces, pensaba, tendría más fuerzas, y ese sería el momento de pensar en el futuro. Entonces decidiría entre seguir dependiendo de la generosidad de los habitantes de Manndal durante aún más tiempo, quizá todo el verano, o poner fin a todo en cuanto sus dedos fueran capaces de amartillar la pistola.

Al cuarto o quinto día de su estancia en la cueva, sin embargo, de repente llegó toda una delegación a contarle entusiasmada que por fin un lapón había hecho una promesa firme. Había pedido brandi, mantas, café y tabaco, los artículos más caros y difíciles de conseguir, pero en la organización estaban seguros de que lograrían encontrar mercancía suficiente para contentarle y los que le conocían dijeron que era una persona de fiar que no cambiaría de opinión. Sin embargo, sus renos aún estaban en el altiplano y no quería bajarlos y después tener que volver a subirlos, de modo que, si querían asegurarse de no perder esa oportunidad, tendrían que mover inmediatamente a Jan y subirle al altiplano para encontrarse allí con el lapón y su rebaño.

La verdad es que Jan no estaba preparado para abandonar la cómoda cueva. Un poco más de descanso le habría dejado en mejores condiciones para reanudar la lucha. Sin embargo, no podía negarse a aceptar un plan con el que tanto se habían ilusionado en Manndal y, pese a todas las decepciones que se había llevado, esta vez sí parecía que aquella podría ser la oportunidad que todos habían estado esperando. Intentó mostrar más entusiasmo del que sentía y le sacaron al exterior de la cueva, donde, a la deslumbrante luz del día, volvieron a atarle a los listones del trineo que tan bien conocía.

Para la subida desde el valle se congregó un grupo numeroso. Para ser exactos, participaron ocho hombres. En muchos sentidos, aquel ascenso resultó menos arduo que el de Revdal, al menos para Jan. Había el doble de hombres para manejar el trineo, además de que, para entonces, Jan también era una carga mucho más ligera. Su peso llegó a alcanzar los treinta y cinco kilos, menos de la mitad de lo que pesaba al salir de las islas Shetland.

Los ocho hombres, por lo tanto, pudieron llevarle en peso durante gran parte del trayecto y Jan no quedó colgando cabeza arriba o abajo tan a menudo. Pero el ascenso duró nada menos que trece horas, y para cuando llegaron a la cima estaba agotado y los beneficios de su descanso en la cueva se habían desvanecido. Después de tantas horas de verse sometido a aquel brusco trato, por primera vez en todas esas semanas se enfadó y, debido a su débil estado, olvidó que les debía absolutamente todo a los hombres que le estaban transportando. Uno de ellos le había prometido que le traerían tabaco, pero con los nervios se les había olvidado. Cuando Jan se enteró, por algún motivo aquello le pareció la gota que colmaba el vaso. La perspectiva de verse en el altiplano sin un cigarrillo, aunque solo fueran uno o dos días, se le hacía insoportable, así que les espetó con irritación: «Justo teníais que olvidaros de lo más importante». Fue un comentario de una ingratitud disparatada, sobre todo teniendo en cuenta que el tabaco era tan caro y tan difícil de conseguir que en Manndal casi todo el mundo había tenido que dejar de fumar. Pero nadie se lo tuvo en cuenta, ya que sabían que estaba al límite de lo que cualquiera puede tolerar y que realmente ya no era consciente de lo que decía.

Lo cierto es que la organización en Manndal y Kåfjord estaba siendo enormemente concienzuda y eficiente, como lo había sido durante toda la operación. Cuando el grupo que llevó a cabo el ascenso llegó con Jan al lugar donde iba a encontrarse con el lapón, en el altiplano ya había dos hombres de Kåfjord esperando. Se les había encargado que tomaran el relevo y cuidaran de Jan hasta que llegara el lapón, así como que actuaran de intérpretes. Al parecer, la lengua lapona no está emparentada con ningún otro idioma del mundo a excepción del húngaro, y hay muy poca gente que sea capaz de entenderla aparte de los lapones. La mayoría de ellos hablan también alguna de las lenguas de los países en los que viven (sueco, noruego o finés), pero el lapón al que esperaban esa noche era finlandés, por lo que Jan y él no tendrían ni una sola palabra en común.

Cuando llegaron al lugar acordado para el encuentro, los hombres que habían subido a Jan estaban rendidos, así que le dejaron en manos de los otros y regresaron al valle sin dilación. Los dos hombres de Kåfjord se quedaron haciéndole compañía toda la noche. Sin embargo, los acontecimientos empezaron a tomar un rumbo que resultaba enormemente familiar. Jan permaneció inmóvil sobre el trineo mientras la humedad acumulada en su ropa a lo largo del día se congelaba con el frío de la noche. Sus acompañantes estuvieron oteando el horizonte nevado pacientemente durante horas, pero no había ni rastro del lapón y no se observó ningún movimiento. A primera hora de la mañana, los hombres tuvieron que bajar al valle, donde les esperaban sus quehaceres diarios, y volvieron a dejar solo a Jan.

La espera dio comienzo una vez más, con todas sus penurias e incomodidades y con la misma monotonía desesperante. Se encontraba en un lugar distinto del altiplano, pero su aspecto era prácticamente el mismo. No había una roca con carámbanos con los que llenar su taza de agua, ni tampoco una pared de nieve ni una tienda de papel. La nieve que tenía justo a su alrededor era reciente y estaba limpia, en lugar de infecta después de varias semanas de improvisar una existencia sobre ella. Pero las pequeñas colinas y los estériles valles poco profundos que alcanzaba a ver apenas se distinguían de los anteriores, y el regreso del frío paralizante, la nieve cegadora y el silencio hicieron que los días en la cueva parecieran recuerdos fragmentarios de un sueño que no había hecho más que ofrecerle un breve destello de bienestar y acentuar así el horror del altiplano. Permaneció allí tumbado en un estado de aturdimiento, perdiendo y recuperando el conocimiento, y una vez más volvió a ponerse a la escucha. El leve viento suspiraba en alguna colina en la lejanía y levantaba débiles remolinos de nieve que emitían un susurro casi imperceptible antes de volver a aquietarse. En los momentos de lucidez, sabía que aquellos suaves sonidos sibilantes eran una amenaza de la llegada de otra ventisca. Cuando su mente perdía el contacto con la realidad, volvía a oír las sigilosas pisadas de los lobos a su alrededor. Una vez más, empezó a despertarse sobresaltado cada vez que se imaginaba ruido de voces o de unos esquís.

A la noche siguiente vinieron a acompañarle otros dos intérpretes. Hablamos de día y noche, pero para entonces lucía el sol de medianoche. Era completamente de día todo el tiempo y la llegada de la noche solo significaba que las sombras en el altiplano se alargaban y el ambiente se volvía más frío. Los dos hombres hicieron guardia junto a Jan durante aquella luminosa, deslumbrante y gélida noche. Pero no vino nadie. Jan había llegado a la conclusión de que el lapón no iba a venir. El sol recorrió el horizonte por el norte y volvió a elevarse hacia el este. Los hombres no podían seguir esperando y le dejaron solo ante otro deslumbrante día.

Transcurrieron otros cuatro largos días con sus cuatro largas noches antes de que le dieran la noticia de que aquel lapón también había cambiado de opinión y había puesto la excusa de que estaba enfermo. No fue ninguna sorpresa; Jan ya lo sabía antes de que se lo dijeran. Esta vez a nadie se le ocurría ninguna alternativa.

Volver a bajar a Jan al valle era aceptar la derrota de forma definitiva, ya que la nieve se estaba derritiendo rápidamente y sería imposible volver a subirle cuando en las rocas no quedara ningún rastro de ella. En el valle no podrían hacer nada aparte de seguir alimentándole hasta que los alemanes le encontraran y los apresaran a todos. Dejarle donde estaba simplemente le condenaba a una muerte más rápida y amable. Todos, incluido Jan, pensaron que habían llegado a un callejón sin salida. Por primera vez, no tenían ningún plan para el futuro, ninguna esperanza que ofrecerle, ningún comentario para animarle. Lo único que podrían haber hecho por compasión habría sido negarle la comida que había servido para prolongar su vida y dejarle consumirse en paz y lo más rápido posible. Hicieran lo que hiciesen, sabían que no le quedaba mucho tiempo. Incluso prometerle que volverían a subir a verle era inútil. Al marcharse le dejaron comida, pero no le hicieron ninguna promesa. Contaban con volver a subir, concretamente dos veces más: una, para localizar el cadáver y protegerlo de los pájaros y los lobos; otra, cuando no quedara nieve y la tierra se hubiera descongelado, para enterrarle.

Cuando todos se marcharon y sus voces se apagaron, Jan se quedó completamente quieto. Un viento quejumbroso le alborotó el pelo y le echó un poco de nieve en la cara. Su mente estaba relajada, sumida en la placidez que a veces llega con la aceptación final de la muerte.

17

Renos

Cuando abrió los ojos, había un hombre mirándole.

Jan nunca había visto a un lapón más que en fotografías. Estaba allí de pie, sobre unos esquís, apoyado en los bastones, en silencio y completamente inmóvil. Era de muy baja estatura. Tenía una cara fina de tez morena y los ojos rasgados. Llevaba una larga túnica de color azul oscuro con bordados rojos y amarillos, mallas de cuero y botas de piel y pelo de reno con bordados y con la punta alargada y levantada hacia arriba. De un ancho cinturón de cuero colgaban dos cuchillos envainados. Lo llevaba suelto a la altura de las caderas, no en la cintura, por lo que daba la impresión de tener el tronco mucho más largo que las piernas, como un gnomo. Jan no le había oído acercarse. Simplemente estaba ahí.

Se quedaron mirándose fijamente durante largo rato hasta que Jan fue capaz de articular palabra. Le costó volver a poner su cerebro en funcionamiento y sus recuerdos eran confusos. ¿Le habían avisado de que iba a venir ese hombre? ¿Había soñado con que todo había terminado? ¿Estaba soñando ahora? Al final pronunció un «Buenos días» sumamente inadecuado. El lapón no se movió ni contestó, pero dejó escapar un gruñido y Jan recordó vagamente que lo más seguro era que no pudiera entender ni una palabra que dijera. Volvió a cerrar los ojos, ya que estaba demasiado cansado para hacer el esfuerzo de pensar qué decir o hacer.

Tenía la incómoda sensación de que debería saber quién era aquel hombre y de dónde había salido. Le habían dicho muchas cosas sobre distintos lapones que iban a venir a ayudarle, de eso sí se acordaba, pero había pasado mucho tiempo y al final no se había concretado nada. Lo habían dado por imposible. No le encontraba sentido a que hubiera un lapón completamente solo en el altiplano ni entendía el motivo por el que estaba allí. Volvió a mirar para asegurarse de que había visto lo que creía que había visto y el hombre seguía allí parado en la misma postura, con los bastones de los esquís bajo las axilas y un gesto absolutamente inexpresivo en la cara.

Cada vez que cerraba los ojos, Jan no podía descansar sabiendo que había alguien observándole en silencio. Ni siquiera tenía claro si la mirada era amistosa u hostil, si la extraordinaria criatura a la que había visto quería ayudarle o si estaba llevándose los dedos a los largos cuchillos de su cinturón. Quería que se fuera. Tenía la sensación de que el hombre llevaba horas allí, sin moverse ni decir nada y en la misma curiosa postura encorvada. Pero entonces, sin hacer ningún ruido, el lapón desapareció. Jan se sintió aliviado y volvió a sumirse en el letargo que había quedado interrumpido por aquella repentina aparición.

El hecho es que aquel hombre era uno de los lapones a los que había ido a ver el esquiador de Kåfjord un mes antes. Acababa de llegar a las montañas de la cabecera de Kåfjord con sus rebaños, sus tiendas y su familia, y debía de haber estado dando vueltas al mensaje del esquiador todo ese tiempo. Cuando se le había formulado la pregunta por primera vez, todo el asunto estaba en el incierto e impredecible futuro. Ahora que estaba en el presente, lo primero que había hecho al llegar a Kåfjord había sido averiguar dónde estaba Jan y, a continuación, acudir él mismo a comprobar si la historia era cierta. Efectivamente, se pasó tres o cuatro horas observando a Jan: estaba intentando tomar una decisión. En cuanto la tomó, bajó al valle y anunció que se iba a la frontera. Inmediatamente le instaron a que aceptara los obsequios que habían preparado para los lapones que no se habían presentado: mantas, café, brandi y tabaco comprados a precios exorbitantes en distintos lugares y escondidos cuidadosamente para tal fin.

Lo siguiente que hizo recuperar el conocimiento a Jan fue un ruido de pisadas y resoplidos que no se parecía a nada que hubiera oído en su vida, berridos roncos, un repiqueteo de cencerros y un extraño olor acre a animal. Cuando abrió los ojos, el erial nevado que le rodeaba, en el que durante semanas no había habido nada, estaba cubierto de centenares de renos, una manada sin fin que se arremolinaba a su alrededor y cuyas pezuñas pisoteaban con fuerza el terreno en el que estaba tendido. Entonces aparecieron dos lapones de pie a su lado, hablando en su extraña e incomprensible lengua. Los dos se agacharon y le levantaron del suelo, sin dejar de hablar pero sin dirigirse a él. Al principio fue incapaz de deducir lo que iban a hacer, pero entonces entendió que le estaban moviendo de su trineo a uno de mayor tamaño. Le envolvieron en mantas y pieles hasta la altura de los ojos, le pusieron varios fardos y paquetes encima y alrededor y lo aseguraron todo, su cuerpo y los bultos, con correas hechas de tendones y piel de reno. El trineo dio una sacudida y empezó a moverse.

Todo había ocurrido tan rápido que Jan estaba desconcertado. Unos minutos antes estaba tendido en el altiplano, solo y aletargado; ahora iban tirando de él cada vez más deprisa, tumbado con los pies por delante y rodeado de toda una barahúnda, y nadie le había dado ninguna explicación. Miró hacia el frente entrecerrando los ojos y vio los cuartos traseros de un reno atalajado para tirar del trineo y guiado por uno de los lapones. Era uno de los renos con cencerro del rebaño. Tras dar un resoplido y piafar sobre la nieve, cuando el trineo estuvo en marcha y el cencerro de su cuello empezó a emitir un rítmico repiqueteo, el rebaño de quinientas cabezas se situó detrás y avanzó tras él ansiosamente. Por el rabillo del ojo, Jan alcanzó a ver a las decenas de renos que iban a la cabeza, empujando para ponerse en posición. La marea de renos marchaba detrás; los animales avanzaban apresuradamente formando una estrecha columna cuando el trineo se deslizaba veloz por la nieve rasa, y cuando el trineo frenaba, lo rodeaban como una riada y también se detenían. A veces, durante aquellas paradas involuntarias, Jan se descubría a sí mismo levantando la mirada desde donde estaba tumbado boca arriba, a treinta centímetros del suelo, y observando las cabezas de movimientos torpes, los grandes ojos tristes y los resoplantes hocicos que tenía justo encima. Cuando esto ocurría, sin embargo, aparecía uno de los dos lapones y arreaba al reno que tiraba del trineo, a veces dando también un tirón él mismo, hasta que superaban el obstáculo y se reanudaba el retumbar de las pezuñas y el siseo de la nieve bajo los patines del trineo.

El enorme rebaño avanzó a buen ritmo por el altiplano durante todo el día, dejando un ancho rastro de pisadas en la nieve que tapó las huellas del trineo que transportaba a Jan: el séquito más extraño y majestuoso que jamás haya escoltado a un fugitivo en una guerra. Tumbado en el trineo, Jan tenía la sensación de no tener ningún control sobre los acontecimientos, pero se contentó con dejar que estos siguieran su curso, ya que se había fijado en la posición del sol y sabía que por fin, pasara lo que pasase, se dirigía hacia el sur y hacia la frontera.

En algún momento de esa tarde se detuvieron. Los dos lapones le dieron carne de reno seca y un poco de leche de reno, y a continuación Jan los vio armar una pequeña tienda de campaña hecha con pieles. Los renos deambulaban por la zona y escarbaban en la nieve con las patas delanteras, intentando alcanzar las rocas enterradas a gran profundidad en busca de musgo. Los lapones no movieron a Jan del trineo. En conjunto lo agradeció, ya que era evidente que la tienda era solo para dos personas, pero al quedarse solo con el rebaño los renos siguieron produciéndole cierta inquietud. Se acercaban a él y le olisqueaban, claramente preguntándose si sería comestible, y Jan, que sabía muy poco acerca de los gustos de estos animales, no estaba seguro de si lo era o no. Si llegó a cerrar los ojos en algún momento, el aliento cálido y los hocicos húmedos y peludos le despertaron.

Después de que los lapones se retiraran, empezó a salir un ruido extrañísimo de su tienda: una especie de canto monótono que iba aumentando de intensidad hasta convertirse en una serie de aullidos y que después volvía a apagarse y daba paso a unos gemidos. La primera vez que aquellos chillidos estremecedores recorrieron el altiplano, Jan pensó que los lapones debían de estar peleándose y cuando, al cabo de un rato, uno de ellos salió de la tienda y se le acercó tambaleándose por la nieve con los cuchillos en el cinturón, pensó que le esperaba una muerte que jamás podría haber previsto. Pero el lapón se inclinó sobre él y su aliento explicó todo el aterrador episodio. Los lapones se habían emborrachado y estaban cantando. Se habían puesto manos a la obra con el brandi que habían recibido como pago y uno de ellos había salido de la tienda haciendo eses sobre sus cortas y arqueadas piernas sin otra intención más aviesa que la de ofrecer un trago a Jan. Entonces Jan recordó que años atrás había leído o le habían mencionado algo sobre el canto de los lapones. Recibe el nombre de *yoik*. Por lo visto, es una especie de balada con la que se narran hazañas heroicas del pueblo lapón, pero no tiene nada que ver con el concepto habitual de música y, para los no instruidos en su arte, lo más seguro es que no parezca otra cosa que un gemido lastimero, como el de un perro aullando a la luna, solo que más triste.

El inesperado viaje de aquel día le había devuelto a Jan el interés por la vida, y cuando el lapón le lanzó la botella de brandi, se echó a reír. Con ese humor sarcástico que no le abandonó más que cuando estaba al borde de la muerte, durante un instante había tenido un atisbo fugaz de la ridícula humillación que habría supuesto, después de todo lo que había pasado, acabar siendo brutalmente asesinado por un lapón ebrio en la última etapa de su viaje a la frontera. Dio un trago a la botella y lo agradeció, pero entonces el lapón empezó a hablarle. Jan no entendió ni una sola palabra, pero el sentido general estaba claro: estaba animándole a que bebiera más, con esa embarazosa hospitalidad de la que hacen gala los borrachos de todas las naciones, y se iba a ofender si Jan se negaba. Sin embargo, sus experiencias de las últimas semanas le habían enseñado que un trago bastaba para hacerle sentir mejor y que dos podían sentarle fatal, de modo que sonrió, cerró los ojos y fingió que había perdido el conocimiento. Al cabo de un rato, el lapón se terminó la botella él solo y regresó a la tienda, donde volvió a dar comienzo el *yoik*.

Era un alivio haber dejado de pensar que iba a morir asesinado, pero la situación seguía siendo preocupante. Cuando se reanudaron los lastimeros sonidos de la jarana de los lapones, Jan pensó en las voces alemanas que había oído durante la noche y en las patrullas de esquiadores que decían que había en la frontera. No tenía ni idea de a qué distancia estaba de la frontera, pero tenía la sensación de que, en la gélida quietud del altiplano, una patrulla podría oír aquel ruido infernal desde una distancia de kilómetros. Le estaba poniendo nervioso y no habría forma de convencerlos de que pararan.

Los lapones siguieron saliendo de cuando en cuando para ofrecerle más brandi o simplemente para mirarle. A veces las botellas que traían estaban llenas; otras veces venían casi vacías. Jan se preguntó cuántas había comprado la organización y cuánto tardarían los dos hombres en recuperarse de aquella suntuosa y desacostumbrada bacanal y estar en condiciones de continuar con el viaje. Estaba completamente a merced de ellos. Se sintió como quizá se sentiría un pasajero de un avión si descubriera que el piloto y la tripulación están lejos de estar sobrios. Entre unas cosas y otras, pasó la noche muy desasosegado.

Pese a todo, los cantos fueron disminuyendo poco a poco durante la noche hasta dar paso a un bendito silencio y, en algún momento de la mañana siguiente, hubo algo de movimiento en la tienda y los lapones salieron, aparentemente indemnes, y se pusieron a desmontarla y a ponerle las guarniciones al reno. Parecían igual de enérgicos que siempre. Jan pensó que debían de tener una constitución excepcional. El rebaño quedó reunido enseguida, el trineo se puso en marcha y de nuevo comenzó la estampida.

Durante esa segunda jornada, Jan perdió todo el sentido de la orientación que le quedaba. No sabía adónde le llevaban y no podía preguntar cuáles eran los planes de los lapones ni intentar modificarlos, fueran los que fuesen. Pero el simple hecho de que estuviera ocurriendo algo, de que por fin se estuvieran tomando medidas concretas, le había hecho despertar de su apatía mental y hasta sentirse mejor físicamente que cuando le había parecido que no quedaba ninguna esperanza. Los bandazos y sacudidas del trineo y sus frenazos y arranques repentinos eran agotadores y le producían náuseas, pero reunió todas las fuerzas que aún le quedaban, si no por esperanza, al menos sí por curiosidad. Quería ver lo que iba a ocurrir a continuación. Ese deseo por sí solo debió de ayudarle a mantenerse con vida.

Todo sucedió muy deprisa. El trineo dio un frenazo, posiblemente por centésima vez, y el rebaño, impulsado por su propia inercia, se arremolinó a su alrededor una vez más. Entonces Jan vio que los dos lapones estaban tratando de decirle algo. Estaban señalando algo con sus bastones de esquí. Intentó mirar hacia donde señalaban, pero apenas veía nada entre los cientos de patas de reno. Prestó atención a las palabras de los lapones, pero para él no significaban absolutamente nada. Entonces entendió una palabra, solo una, la primera que comprendía de todas las que habían dicho hasta entonces. Oyó «Kilpisjärvi» y lo recordó. Es el nombre de un lago. Volvió a mirar, con una emoción repentina e incontrolable, y consiguió entrever una pronunciada pendiente que descendía desde el lugar donde estaba el rebaño y más abajo, al pie de la misma, una enorme extensión de nieve lisa e impoluta. Era el lago helado, lo tenía al alcance de la vista y había recordado que la frontera discurre por el medio de sus aguas. Los montículos de nieve del otro lado eran Suecia. Poco a poco le invadió la increíble y disparatada esperanza de que iba a salir victorioso.

Los lapones seguían hablando. Intentó apartar de su mente aquella deslumbrante llamarada de esperanza y prestarles atención. Cogían trozos de nieve empapada y los apretaban para que soltaran agua, volvían a señalar el lago y negaban con la cabeza. Así que era eso: estaban intentando decirle que el deshielo estaba demasiado avanzado y que el hielo del lago estaba podrido y no era seguro. Jan volvió a mirar al lago y entonces advirtió que había zonas translúcidas y verdosas allí donde el hielo se estaba derritiendo.

Recordó Kilpisjärvi en el mapa. Medía varios kilómetros de largo, al menos once o doce, y su cabecera estaba cerca de la carretera de verano, donde seguro que habría un puesto de vigilancia. En su otro extremo tenía que haber un río. Ahora lo recordaba: había un río y la frontera seguía su curso. Sin embargo, si el lago se estaba descongelando, el río estaría crecido y lleno de trozos de hielo y sería imposible atravesarlo. Tenían que cruzar el lago. Tenían que arriesgarse. Tenía que obligarles a intentarlo. A detener el rebaño y dejar que lo intentara solo él con el trineo: un hombre con esquís, un reno y el trineo. Pero no podía explicarse. Empezó a decirlo en noruego, pero le miraron con cara de no entender nada y se detuvo con una inmensa frustración. Trató de controlar la impaciencia y pensar en alguna forma de explicárselo con gestos. Si hubiera tenido papel y lápiz para hacerles un mapa y unos dibujos…

Se oyó un chasquido, el inconfundible silbido de una bala sobre sus cabezas y, a continuación, la detonación de un disparo de fusil. Los renos se pararon en seco y alzaron las cabezas, oliendo el peligro. Los lapones se quedaron paralizados, en silencio y con la mirada inmóvil. Jan levantó la cabeza con dificultad. En lo alto de otra colina había seis esquiadores. Uno de ellos estaba arrodillado con un fusil y, en la milésima de segundo que Jan tardó en dirigir la mirada hacia ellos, otro disparo les pasó por encima y tres de los hombres empezaron a descender de la colina y dirigirse hacia el rebaño a toda velocidad.

Después de unos segundos sin poder pronunciar palabra, los lapones empezaron a hablar con voces estridentes y alteradas. Jan se dio cuenta de que les estaba gritando: «¡Vamos! ¡Vamos! ¡Por el lago!». Los renos se movían con nerviosismo, corriendo en grupos y deteniéndose a olfatear el viento. Los lapones, la viva imagen de la indecisión, dirigían la mirada a Jan y de nuevo a la patrulla. Esta había llegado al pie de la colina y avanzaba por la llanada a toda prisa. Con un arrebato de fuerza, Jan casi consiguió levantar la cabeza y los hombros del trineo y, olvidando que sus palabras eran inútiles, gritó: «¡No estamos a tiro! ¡Moveos, por el amor de Dios! ¡Moveos!». Uno de los lapones le gritó una breve respuesta incomprensible. El otro agitó las manos mirando al fusilero, como suplicándole que no disparara. En un momento de inspiración, Jan se metió la mano en la chaqueta, sacó su inservible revólver y lo blandió ante los lapones, que se quedaron mirándolo horrorizados. Quién sabe lo que pensarían, si que los estaba amenazando o que quería defenderlos. Tras lanzar una última mirada a los esquiadores que se acercaban, uno de los dos se puso delante del reno que llevaba enganchado el trineo. El otro dio un grito y, de repente, como una ola que acabara de romper un dique, el rebaño empezó a bajar por la empinada pendiente de la colina en dirección al lago —con el trineo descendiendo a toda máquina y dando tumbos entre los renos, entre la nieve levantada por el embate de las pezuñas, entre los disparos que pasaban silbando por su lado—, atravesó la orilla congelada, avanzó por la crujiente superficie de hielo medio derretido en una estampida desenfrenada y siguió corriendo a toda velocidad hacia territorio sueco.

Epílogo

Las historias sobre huidas acaban cuando el fugitivo alcanza la libertad y se pone a salvo, pero a esta historia no se le puede poner el punto final sin contar lo que fue de sus protagonistas una vez que todo terminó.

Jan, Marius y los hombres de Manndal habían estado tanto tiempo soñando con la frontera sueca que apenas se habían parado a pensar qué ocurriría una vez que Jan estuviera al otro lado. Todos sabían que desde la frontera habría que recorrer un largo camino antes de llegar a un hospital o una ciudad, claro, pero desplazarse por un país sin alemanes parecía tan increíblemente fácil que a ninguno le preocupaba la distancia.

Sin embargo, desde la frenética huida por el lago hasta que Jan dio consigo en una cama de hospital en Suecia acabó transcurriendo un tiempo considerable. Una vez que pasó la tensión, su memoria quedó hecha fosfatina. Recuerda un día en una cabaña con un montón de lapones y otro bajando a toda velocidad en canoa por un río en el que una orilla era Finlandia —y, por lo tanto, estaba controlada por los alemanes— y la otra, Suecia. El río acabó conduciéndole hasta una oficina de telégrafos, desde donde se envió un mensaje urgente a la Cruz Roja sueca.

Esta excelente organización envió un hidroavión ambulancia, que realizó un peligroso amerizaje en un tramo del río donde aún quedaba hielo sin descongelarse. Antes de poder volver a despegar, un grupo de hombres tuvo que romper más hielo para que el piloto tuviera una pista más larga. Aquel despegue fue la última experiencia que Jan conserva en su memoria, ya que pasó un miedo espantoso. A partir de ahí, no recuerda absolutamente nada hasta el día en que un médico le dijo que llevaba una semana en el hospital.

En el hospital disfrutó de la insólita satisfacción de que le preguntaran qué cirujano le había amputado los dedos de los pies y de contestar como si tal cosa que lo había hecho él mismo. La satisfacción fue aún mayor cuando, más adelante, le dijeron que su intervención le había salvado los pies. La decisión definitiva sobre lo que se iba a hacer con sus pies tardó mucho tiempo en tomarse. La primera vez que los médicos los vieron estuvo muy cerca de perderlos, pero llamaron a un especialista que decidió intentar salvárselos y, al cabo de tres meses de tratamiento, declararon que estaban fuera de peligro.

En cuanto se despertó en el hospital, se puso a intentar enviar un informe confidencial a Londres para dar parte de lo sucedido. No era una tarea fácil. Suecia era neutral, por lo que, naturalmente, había alemanes y espías alemanes en el país. Si su informe hubiera acabado en manos de quien no debía, sin duda habría supuesto una sentencia de muerte para aquellos que le habían ayudado en Noruega. También le preocupaba el hecho de que los suecos le habían puesto en libertad tres años antes con la condición de que abandonara el país, así que estaban en todo su derecho de volver a enviarle a prisión. Pero parte de su historia había cruzado la frontera y no cabe duda de que los suecos que habían oído los rumores pensaban que se merecía el mejor trato que pudieran darle. Le permitieron ponerse en contacto con una secretaria de la Embajada noruega, a quien Jan dictó todo lo que fue capaz de recordar.

En Inglaterra ya sabíamos que la expedición había fracasado, claro, y habíamos recibido algunas noticias imprecisas de lo que le había sucedido al *Brattholm*. En el *Deutsche Zeitung* se había publicado un largo artículo, cargado de sarcasmo y petulancia, sobre los valientes y avizores defensores que habían ganado la batalla de Toftefjorden, y esta versión alemana de los hechos incluso se había reproducido de forma resumida en los periódicos de Londres a principios de junio, cuando Jan aún estaba inconsciente. Pero el informe de Jan reveló por primera vez la desafortunada casualidad que había delatado a su destacamento y fue también la primera noticia de que uno de los doce hombres que habían zarpado de las islas Shetland había sobrevivido.

El propio Jan volvió a Inglaterra en otoño, después de siete meses alejado de su unidad. En cierto modo, después de tanto tiempo soñando con ese momento, su regreso al Londres de la guerra debió de resultarle decepcionante. Cuando pasaron las recepciones de bienvenida y las felicitaciones oficiales, apenas había nadie con quien quisiera hablar de lo que le había ocurrido. La Compañía Linge, en la que había recibido su entrenamiento, era una compañía de aventureros en la que no se hablaba demasiado de las experiencias personales. Entre otras cosas, todos sus integrantes estaban esperando a que los convocaran también a ellos para ir a Noruega y sabían que era mejor no cargar con el peso de los secretos de otros. Los pocos oficiales con los que Jan podía hablar libremente ya habían leído su informe y estaban atareados haciendo otros planes, además de que, de todas formas, ya estaban saturados de historias sobre aventuras extremas. No había nadie con quien compartir las vívidas imágenes que aún conservaba en la mente: la nieve sin fin, el frío, las noches de un brillo deslumbrante, la sucesión de rostros de personas que habían arriesgado sus vidas por él y cuyos nombres nunca había llegado a conocer, los sonidos y los olores de las yermas tierras del norte, la soledad, la desesperanza, el dolor. En las grises y concurridas calles otoñales de Londres, todo aquello empezó a parecerle un sueño que solo él podía recordar. Era un sueño empañado y ensombrecido por la angustia de no saber lo que había ocurrido en aquellos desolados valles después de su marcha y, hasta el final de la guerra, vivió atormentado pensando en las atroces represalias con las que quizá se había pagado el precio de su propia vida. Para poder vivir con el peso de esa preocupación sobre los hombros, vertió todas sus energías en el día a día de la vida en el ejército, en aprender a caminar y correr sin perder el equilibrio y en volver a ponerse en forma con la esperanza de que le permitieran regresar a Noruega.

Pero si nadie en Inglaterra podía compartir la ansiedad de Jan, sí que existía un sentimiento equivalente en las tierras árticas de Noruega. Mes tras mes, en Furuflaten, Lyngseidet y Manndal, en Kåfjord, en Tromsø y en las islas, todos aquellos que habían ayudado a salvarle siguieron viviendo con el miedo constante a que aún se descubriera algo que los delatara ante los alemanes. Pero fue transcurriendo el tiempo sin que ocurriera nada catastrófico y aquel temor se fue desvaneciendo muy poco a poco. De hecho, los alemanes nunca descubrieron nada y nadie fue castigado jamás por la huida de Jan. Furuflaten y Lyngseidet sobrevivieron intactos a la guerra, pero Manndal, al otro lado del fiordo, fue el último lugar arrasado por los alemanes como parte de una inútil política de «tierra quemada» adoptada al iniciar su retirada. Su población tuvo que marcharse y todas las casas del pueblo quedaron reducidas a cenizas. El valle permaneció desierto durante mucho tiempo, pero ahora tiene nuevas y espaciosas casas y sus habitantes han regresado. Continúa estando tan aislado como siempre, ya que sigue sin haber carretera, pero la plácida vida del valle se ha reanudado y *herr* Nordnes tiene una nueva escuela con una nueva generación de alumnos, los hijos e hijas de los hombres que subieron al altiplano.

En el momento de escribir estas líneas, la partera de Ringvassøya sigue trabajando, la misma familia sigue viviendo en la casita de Toftefjorden y el viejo Bernhard Sørensen, que remó entre las luces de los reflectores para llevar a Jan al otro lado del seno, sigue sin tener problema en mojarse los pies a sus ochenta y dos años. Su hijo Einar, sin embargo, murió hace unos años, y los dos nietos que pidieron a Jan que les contara un cuento se han hecho mayores y se han ido a trabajar a la ciudad, por lo que ahora Bjørnskar se les ha quedado muy vacío al anciano y a su esposa.

Furuflaten es un pueblo muy próspero. Marius se ha asociado con otros tres hombres de la localidad, uno de los cuales es Alvin Larsen, quien estuvo con él la terrible noche de la ascensión de Revdal con el trineo. Tienen una empresa de construcción y también han abierto una fábrica en el pueblo, justo al lado del lugar por donde cruzaron la carretera con Jan a cuestas, bajando desde el instituto. Fabrican bloques de hormigón y un tipo especial de vivienda ártica prefabricada, así como otro producto de lo más inesperado: pantalones de confección. El negocio está creciendo: están empezando a hacer chaquetas a juego con los pantalones y tienen infinidad de planes.

Es un placer añadir que Marius se casó con Agnethe Lanes, a la que tan bruscamente trató la noche que subieron al altiplano. Han formado una familia y viven en una casa nueva construida junto a la cabaña en la que Jan entró dando tumbos. A Marius ha empezado a preocuparle su figura, pero sigue conservando su irresistible risita queda y no creo que llegue a perderla nunca.

En cuanto a Jan, al final se salió con la suya y volvieron a mandarle a Noruega como agente secreto, para lo cual zarpó una vez más desde la base de las islas Shetland. Fue así como se encontró en el país, en servicio activo, cuando se produjo la capitulación. En medio del júbilo nacional y del intenso trabajo que conllevó la aceptación de la rendición alemana, descolgó el teléfono y pidió conferencia con el número de su padre, y así supo por fin que su familia se encontraba bien. Cuando pudo ir a verlos a Oslo, su hermana Bitten, aquella colegiala por la que había estado preocupado durante tanto tiempo, le dejó asombrado: ahora tenía veinte años y, como pudo comprobar Jan de inmediato, se había hecho mayor sin problemas pese a no haber tenido a su hermano para guiarla.

Ahora Jan es un hombre casado —su mujer, Evie, es estadounidense— y de nuevo trabaja con su padre, importando instrumentos matemáticos y topográficos del extranjero. Nadie que conozca a Jan hoy en día, concentrado en sus teodolitos y en su familia, viviendo en una casa en un pinar a las afueras de Oslo, se imaginaría la historia que conserva en su memoria. Pero cualquiera vería que tiene un final feliz.

APÉNDICES

Apéndice I

Tabla cronológica

Marzo

24	El *Brattholm* zarpa de las islas Shetland.
29	Recalada en Senja.
30	Combate en Toftefjorden.
31	Jan llega a casa de la partera en Ringvassøya.

Abril

3	Llegada a Bjørnskar.
4	Cruza el seno en un bote de remos.
5	Hasta Kjosen en lancha motora; atraviesa Lyngseidet al amanecer.
5-8	Perdido en los Alpes de Lyngen.
8	Encuentra la granja de Marius en Furuflaten.
12	Cruza Lyngenfjorden para llegar a Revdal.
12-25	En la cabaña de Revdal.
25	Ascensión de Revdal.
25	En la tumba de nieve hasta el 2 de mayo.

Mayo

1	Marius y Agnethe suben al altiplano.
2	Llegada de los hombres de Manndal: primer intento de cruzar la frontera.
9	Segundo intento de cruzar la frontera.
22	Traslado a la cueva de Manndalen.
26	Nueva subida al altiplano.

Junio

1	Cruza la frontera con Suecia.

Apéndice II

Relato del incidente del Brattholm *publicado en un periódico alemán (*Deutsche Zeitung in Norwegen, *8 de junio de 1943)*

UN BARCO PESQUERO CON UN EXTRAÑO CARGAMENTO

Desarticulado un grupo de saboteadores procedente de Gran Bretaña en la costa de Noruega

Al atardecer de un día de primavera, una embarcación de pesca de buen tamaño equipada para navegar por alta mar zarpa pausadamente del pequeño puerto de las islas Shetland. La bandera militar noruega, izada tan solo cuando el barco abandonaba el puerto, ondea con la suave brisa marina. No se ha descuidado ninguna medida de seguridad. Ya antes de zarpar se ha hecho todo lo posible para que nadie se acerque inoportunamente al barco o a su tripulación. Al fin y al cabo, que un pesquero se ponga a punto para viajar a Noruega no es algo que ocurra todos los días, ni siquiera en Inglaterra. No es de extrañar que se haya puesto el máximo esmero para que la operación empiece con buen pie.

Doce hombres componen la tripulación de este barco que navega con rumbo este. Cualquiera que oyera sus voces podría establecer enseguida que todos están hablando en noruego. Al frente de la expedición se encuentra un tal Sigurd Eskesund. Nació en una región montañosa de Noruega, pero sus padres fallecieron prematuramente siendo él muy joven, así que abandonó su país y, como tantos otros en esa época, puso rumbo a Estados Unidos. En Norteamérica se enfrentó al hambre y fue de un lado para otro probando suerte durante años, hasta que por fin encontró techo, comida y otras necesidades básicas en una granja. Con el estallido de la guerra regresó la amenaza del desempleo, y entonces le animaron a viajar a Inglaterra y alistarse en el Ejército noruego. Pasó dos días considerándolo, pero el tiempo le había ayudado a tomar una decisión. El espectro del hambre volvía a cernerse sobre él, a lo que se sumaban nuevas acusaciones de las que era objeto por ser extranjero, de modo que se presentó en el centro de reclutamiento. Poco después llegó a Inglaterra, donde recibió su formación militar, asistió a una escuela de sabotaje y fue entrenado para ser paracaidista. Pasaron meses, tiempo que en Londres y Escocia se empleó para fraguar planes, no relacionados con la audaz invasión de la que siempre se hablaba, sino tan solo con la decisión de dónde, cómo y cuándo utilizar las unidades de sabotaje noruegas. Ahora, por fin, una de estas operaciones está en marcha.

Han transcurrido cuatro días. Tres hombres miran hacia el este desde la cubierta superior del barco noruego. Hoy van vestidos de civiles, de acuerdo con las órdenes que han recibido. Son los tres miembros del equipo de sabotaje; los tripulantes de verdad ya no tienen permitido salir a asomarse. A su entender, una vez más se han tomado todas las precauciones necesarias. «Espero que nuestra costa esté detrás de ese banco de niebla», dice uno de los hombres, Harald, pues ya tendrían que haber llegado a su destino. Ayer tuvieron problemas con el motor que les obligaron a reducir la velocidad.

Llegan a una pequeña isla alejada del continente y solo habitada por unos cuantos pescadores. Debería ser perfecta como escondite. Esperan que lo sea, pues ya ninguno se siente a gusto en su embarcación averiada, sobre todo cuando hay un avión alemán haciendo un vuelo de reconocimiento que constantemente desciende hacia ella. En los rostros de los doce hombres a bordo del pesquero *Brattholm* hay gestos de consternación: ¿nos han reconocido? Es cierto que ahora la bandera militar noruega está arriada, pero aún cabe el riesgo de que los alemanes no estén del todo satisfechos.

Los tres miembros del equipo de sabotaje tienen una cosa clara: nada más desembarcar, instalarán su radiotransmisor e informarán a Londres de que las operaciones de reconocimiento aéreo y las defensas costeras de los alemanes son bien eficaces. No hay forma de burlarlas. Ni siquiera un pesquero ingeniosamente camuflado tiene ninguna posibilidad, aunque bien sabe Dios que lleva un buen número de barriles de arenques a bordo para disimular. No hay más que desmontarlos, sin ningún miedo a mojarse las botas con agua de mar o a que algún pescado escurridizo se escape retorciéndose. No, basta con abrir esos barriles para encontrarse con unas excelentes ametralladoras bien engrasadas. Lo mismo ocurre con las cajas de pescado, solo que estas contienen granadas de mano.

Ahora la costa se revela entre la niebla. Escogen una pequeña bahía que queda protegida por altas rocas: es probable que allí puedan ocultar bien el barco. Algo reconfortados, aunque igual de tensos y nerviosos, los miembros del equipo de sabotaje reman hasta la orilla en un bote. Es una distancia considerable, por lo que se alegran cuando por fin tocan tierra y saltan a la playa. ¡Después de tantos años vuelven a pisar suelo noruego!

Se ponen en marcha hacia un lugar del que ven salir humo. Una anciana se acerca a ellos: ¡su primera compatriota en su propio país! ¿Cómo los recibirán en esta remota islita? Empiezan a hacerle preguntas: están buscando a alguien que entienda de motores y que pueda ayudarles a reparar el de su barco. Pero la anciana no quiere ayudarles. Después encuentran a un muchacho que accede a ir a buscar a su padre, que es pescador. Les dice que por allí apenas se ven extranjeros. Harald mira a Sigurd, pero este actúa como si no hubiera oído al muchacho. Intenta negociar con el pescador, que le dice que no les puede aconsejar. Su breve conversación con ellos le ha bastado para formarse una opinión sobre estos intrusos. Sigurd se pregunta qué está pasando.

Siguen intentándolo, como mendigos desairados en una tierra extraña. Uno tras otro, los habitantes de la isla se encogen de hombros y les dicen que no pueden ayudarles. Llegados a este punto, los tres hombres empiezan a ofrecer dinero y, más tarde, alimentos, traídos expresamente para utilizar como soborno. Pero ni siquiera eso funciona.

Sin haber cumplido su misión, no les queda más remedio que volver a su barco refunfuñando y cansados. Maldita sea, ¿qué van a hacer ahora? Allí el barco ya no les sirve para nada. Tienen que esconder su preciado cargamento. Llevan mil kilos de dinamita en la bodega, ¿dónde van a meterla? «En primer lugar —dice Sigurd—, regresemos al barco a consultar los mapas otra vez y a pensarlo». No se imaginan la sorpresa que les espera.

Desanimados por la frialdad con que los han recibido en lo que un día fue su patria y por el fracaso de sus ruegos e intentos de soborno, de nuevo se hacen a la mar en el bote. Apenas han alcanzado a ver su barco cuando ven un buque de guerra alemán a corta distancia. Dan la vuelta para volver a dirigirse hacia la orilla. Aún hay una opción: ¡huir! Pero entonces oyen cómo les dan el alto. Los tres reman con todas sus fuerzas. Una ráfaga de fuego de ametralladora procedente del buque alcanza la superficie del agua. «¡Adelante!», grita Sigurd. Una nueva ráfaga destroza el costado del bote, que empieza a llenarse de agua. No queda otra que intentar llegar nadando hasta la orilla. Entonces ven que desde el buque alemán se han echado dos barcas al agua. Están intentando cortarles la retirada. ¡Es una decisión a vida o muerte! El agua está fría y paraliza el corazón.

Cuando por fin llegan a tierra, los está esperando un grupo de soldados y marineros alemanes. El largo trayecto a nado por el agua fría, la fuerte corriente y quizá también la experiencia en la isla los han debilitado más de lo que pensaban. Impotentes, temblando de frío y despojados ya de toda fuerza de voluntad, suben al muelle de piedra arrastrándose y se dejan apresar. La operación de sabotaje «M» ha quedado desarticulada. Los noruegos, que creían estar ayudando a liberar su país, han sido cruel e inútilmente sacrificados por Inglaterra una vez más. Cuando esos compatriotas que contribuyeron a su captura oyeron el comunicado de la Wehrmacht, expresaron su veredicto con una sola palabra: «Engañados».

Este libro se terminó de imprimir
el 29 de abril de 2018.

*«¿Qué podemos hacer?
¡La paz, idiotas!»*

Mariscal Von Rundsted